统计学原理

丁东洋　周丽莉　编

科学出版社

北京

内 容 简 介

本书系统介绍了统计学的基础理论及应用,主要内容包括数据的收集、数据的整理与显示、数据分布特征的描述、抽样分布与推断、χ^2 检验与方差分析、相关与回归分析、时间序列分析与统计指数等。另外,对 SPSS 的基本应用在部分章节有所介绍,同时选择了典型的例题和习题揭示统计学的应用。

本书通俗易懂,可作为高等院校相关专业统计学课程的教材或教学参考书。

图书在版编目(CIP)数据

统计学原理 / 丁东洋,周丽莉编. —北京:科学出版社,2017.3
ISBN 978-7-03-051012-9

Ⅰ. ①统… Ⅱ. ①丁… ②周… Ⅲ. ①统计学

Ⅳ. ①C8

中国版本图书馆 CIP 数据核字(2016)第 302079 号

责任编辑:滕亚帆 田轶静 / 责任校对:郑金红
责任印制:张 伟 / 封面设计:华路天然设计工作室

科 学 出 版 社 出版
北京东黄城根北街 16 号
邮政编码:100717
http://www.sciencep.com

北京建宏印刷有限公司 印刷
科学出版社发行 各地新华书店经销

*

2017 年 3 月第 一 版   开本:787×1092 1/16
2017 年 9 月第二次印刷   印张:14 3/4
字数:340 000
定价:41.00 元
(如有印装质量问题,我社负责调换)

前 言

英国著名作家威尔斯 (H. G. Wells, 1866～1946) 曾说过，"统计思维总有一天会像读与写一样成为一个有效率公民的必备能力"。这一论断在今天早已成为现实。尤其是以各个不同领域的数据和变量为具体研究对象的应用统计学，充分体现了统计方法应用的广泛性，统计学已经成为必备的工具和技能之一。因而本书的定位也是面向非统计专业的经济管理类专业用书。

统计学是经济管理类专业的核心课程。而从课程设置方面看，非统计专业的统计学教学课时一般为 48 课时，在培养的过程中，相应的教学模式主要是培养学生掌握通用的统计方法和理论，并且能够熟练掌握常用的统计软件完成相关的应用方法，进而达到适应自身所在领域数据分析工作的培养目标。多年的教学经验告诉我们，一方面，统计学教材中内容过多，在有限的学时内无法完成教学；另一方面，需要一定的课时讲解统计软件以强调和实现统计学的应用性。尤其对于非统计专业的学生，其中一些专业通常不会再开设一门讲解统计软件的课程，而且统计软件的学习需要跟随学习的内容做大量的实际演练，所以在统计教材相应的章节中简要介绍统计软件的操作在一定程度上能够提高学习的效率，在带领学生学习软件操作的同时，达到统计方法实用性的培养目标。

本书的编写是依据统计学教学大纲，在总结多年的教学经验基础上，参阅大量的国内外相关书籍完成的。从章节的结构上看，本书在参照已有教材的同时，做了一定的调整。一是按照统计学的数据收集、整理、分析和解释的框架设置章节，二是按照变量间关系的组合选择统计方法的讲授，例如，分析定性变量和定性变量间关系的 χ^2 检验，分析定性变量和定量变量间关系的方差分析，分析定量变量和定量变量间关系的回归分析等内容在本书中都有涉及。从内容的难度上看，本书属于初级统计学的水平，数学方法及概率论知识缺乏的同学也能够阅读和掌握书中方法。

在此感谢南昌大学教材出版资助和南昌大学廉政研究中心的资助。特别感谢南昌大学公共管理学系白茹、冯春丽、梁议心、王超、杨瑞等同学在数据收集和习题整理等方面所做的工作。

由于编者水平有限，书中难免有不完善之处，诚望读者批评指正。

编 者

2016 年 9 月

目　　录

第一章　导　论

第一节　什么是统计学

一、统计学的含义和发展历程

统计学 (statistics) 是研究如何收集数据、整理、分析、解释数据，并由数据得出结论的学科。数据的收集是取得数据的过程。数据的整理是对数据进行加工处理的过程，主要是指用统计图表展示数据。数据的分析和解释是核心内容，指的是通过统计描述和统计推断的方法探索数据的内在规律性，进而对结果进行解释说明，并从数据分析中得出客观结论。

统计的本质就是关于统计目的、统计对象和统计方法的思想，从 17 世纪中末期开始，经过三个多世纪的发展，形成了今天的统计学。从统计学的发展过程看，它可以分为三个阶段：古典统计学时期、近代统计学时期和现代统计学时期，贯穿整个过程的主线是统计方法的逐步充实、完善和发展。

(一) 古典统计学时期

17 世纪末到 18 世纪末，是统计学的萌芽时期，即古典统计学时期。当时有两大学派：国势学派和政治算术学派。国势学派认为统计学是关于国家显著事项的学问，主要通过对国家组织、人口、军队、领土、居民职业和资源财产等事项的记述对国情国力进行研究，代表人物是德国的康令 (H. Coning, 1606~1681) 和阿亨瓦尔 (G. Achenwall, 1719~1772)。政治算术学派主张以数字、重量和尺度来研究社会经济现象及其相互关系，代表人物是英国的威廉·配第 (W. Petty, 1623~1687) 和约翰·格朗特 (J. Graunt, 1620~1674)。马克思称威廉·配第为"政治经济学之父，在某种程度上也可以说是统计学的创始人"。约翰·格朗特则是利用大量数据研究社会人口变动规律的创始人。

(二) 近代统计学时期

18 世纪末到 19 世纪末，是近代统计学时期。这一时期的一个重大成就是大数定律和概率论被引进统计学。之后，最小二乘法、误差理论和正态分布理论等相继成为统计学的重要内容。这一时期也曾有两大学派：数理统计学派和社会统计学派。数理统计学派始于 19 世纪中叶，代表人物是比利时的凯特莱 (A. Quetelet, 1796~1874)。社会统计学派始于 19 世纪末，首创人物为德国的克尼斯 (K. G. A. Knies, 1821~1898)，认为统计学是一门社会科学，是研究社会现象变动原因和规律性的实质性科学。

(三) 现代统计学时期

19 世纪末到现在，是现代统计学时期。这一时期的显著特点是数理统计学由于同自然科学、工程技术科学紧密结合及被广泛应用于各个领域而获得迅速发展，各种新的统计理论与方法，特别是推断统计理论与方法得以大量涌现，例如，英国统计学家卡尔·皮尔逊 (K. Pearson, 1857~1936) 的 χ^2 分布理论，统计学家戈赛特 (W. S. Gosset, 1876~1937) 的小样本 t 分布理论，统计学家费希尔 (R. A. Fisher, 1890~1962) 的 F 分布理论和实验设计方法，波兰统计学家奈曼 (J. Neyman, 1894~1981) 和英国统计学家皮尔逊 (E. S. Pearson, 1895~1980) 的置信区间估计理论和假设检验理论，以及非参数统计法、序贯抽样法、多元统计分析法、时间序列跟踪预测法等都应运而生，并逐步成为现代统计学的主要内容。现代统计学时期是统计学发展最辉煌的时期。

在中国，由于其独特的历史环境，一般将统计分为文科意义上的"统计学"和理科意义上的"数理统计学"。这是由于新中国成立初期的统计学被认为主要用于国民经济核算和计划经济服务，随着统计分析工具应用的推广和深入，文科意义上的统计学已经逐渐淡化。尤其是 2011 年中华人民共和国国务院学位委员会在新的研究生专业目录中将统计学上升为一级学科，标志着中国的统计学与国际通用的词汇"Statistics"基本一致。

二、统计学的应用领域

一般来说，统计学的研究对象是数据，而数据可以来源于自然科学领域，也可以来源于社会科学领域，因而统计学的应用领域非常广泛。美国著名统计学家萨维奇 (L. J. Savage, 1917~1971) 曾经说过，"统计学基本上是寄生的。靠研究其他领域内的工作而生存。这不是对统计学的轻视，这是因为对很多寄主来说，如果没有寄生虫就会死"，这句话形象地说明了统计学学科的应用广泛性。在很多领域，统计学与实质性科学相结合，形成了众多的交叉学科或边缘学科。如生物统计学、商务统计学、统计物理学、统计天文学等。有些学科在名称中没有"统计"字样，但其方法主体都是统计，如经济计量学、数据挖掘等。总体上看，各统计分支学科大体都基于一个共同的内核，这就是统计学的基本思想和基本方法。而在各个领域中，统计学的研究对象具有相同的特点。

(1) 数量性。数量性是统计学研究对象的基本特点。统计数据是客观事物量的反映，通过数据来测度事物的类型、量的顺序、量的大小和量的关系。一切客观事物都有质和量两个方面，事物的质与量总是密切联系，共同规定着事物的性质。但在认识的角度上，质和量是可以区分的，可以在一定的质的情况下，单独地研究数量方面，通过认识事物的量进而认识事物的质。因此，事物的数量是我们认识客观现实的重要方面，通过分析研究统计数据资料，研究和掌握统计规律性，可以达到我们统计分析研究的目的。

(2) 总体性。统计研究虽然是从个别入手，对个别单位的具体事实进行观察研究，但其目的是达到认识总体数量特征。自然、社会经济现象的数据资料和数量对比关系等一般是在一系列复杂因素的影响下形成的。在这些因素中, 有起着决定和普遍作用的主要因素, 也有起着偶然和局部作用的次要因素。由于种种原因, 在不同的个体中, 它们相互结合的方式和实际发生的作用都不可能完全相同。所以, 对于每个个体, 就具有一定的随机性质, 而对有足够多的个体的总体来说又具有相对稳定的共同趋势, 显示出一定的规律性。统计研究对象的总体性, 是从个体的实际表现的研究过渡到对总体的数量表现的研究的。例如, 进行居民入户调查, 虽然是对具体的每个调查户进行观察, 但其目的是要反映一个地区居民的收入和消费等状况。

(3) 变异性。统计研究的是同质总体的数量特征, 其前提是总体各单位的特征表现存在着差异, 而这些差异不是由某些特定的原因事先给定的。就是说, 总体各单位除了必须有某一共同标志表现作为它们形成统计总体的客观依据以外, 还必须要在所要研究的标志上存在变异的表现。否则, 就没有必要进行统计分析研究了。例如, 在校学生作为统计数据资料对象, 每个学生在性别、年龄、成绩等方面是会有不同表现的。这样, 统计分析研究才能对其表现出来的差异探索统计规律性。

三、统计学的分科

统计方法已被应用到自然科学和社会科学的众多领域, 统计学也发展成为由若干分支学科组成的学科体系。从统计方法的构成来看, 统计学可以分为描述统计学 (descriptive statistics) 和推断统计学 (inferential statistics); 从统计研究的重点来看, 统计学可以分为理论统计学 (theoretical statistics) 和应用统计学 (applied statistics)。

(一) 描述统计学和推断统计学

描述统计学是指收集由试验或调查所获得的资料, 进行整理、归类, 计算出各种用于说明总体数量特征的数据, 并用图形或表格的形式将它们显示出来。统计描述的主要内容包括数据的收集、数据的加工处理、数据的显示方法、数据分布特征的概括与分析。

推断统计学是指利用概率论的理论, 根据试验或调查获得的样本信息科学地推断总体的数量特征。统计推断可以用于对总体数量特征的估计, 也可以用于对总体某些假设的检验, 所以, 统计推断方法包括参数估计法和假设检验法。

描述统计学和推断统计学的划分一方面反映了统计方法发展的前后两个阶段, 另一方面也反映了应用统计方法探索客观事物数量规律性的不同过程。统计研究过程的起点是统计数据, 终点是探索出客观现象内在的数量规律性。在这一过程中, 如果收集到的是总体数据 (如普查数据), 则经过描述统计之后就可以达到认识总体数量规律性的目的; 如果所获得的只是研究总体的一部分数据 (样本数据), 那么要找到总体的数量规律性, 就必须应用概率论的理论并根据样本信息对总体进行科学的推断。

显然, 描述统计和推断统计是统计方法的两个组成部分。描述统计是整个统计学的基础, 推断统计则是现代统计学的主要内容。由于在对现实问题的研究中, 所获得的数据主要是样本数据, 所以推断统计在现代统计学中的地位和作用越来越重要, 已成为统计学的核心内容。当然，这并不等于说描述统计不重要，如果没有描述统计收集可靠的统计数据并提供有效的样本信息，即使再科学的统计推断方法也难以得出切合实际的结论。描述统计学到推断统计学的发展过程，既反映了统计学发展的巨大成就，也是统计学发展成熟的重要标志。

(二) 理论统计学和应用统计学

理论统计学主要研究统计学的一般理论和统计方法的数学理论。由于现代统计学用到了几乎所有方面的数学知识，从事统计理论和方法研究的人员需要有坚实的数学基础。理论统计学是统计方法的理论基础，没有理论统计学的发展，统计学也不可能发展成今天这样一个完善的科学知识体系。

应用统计学是研究如何应用统计方法去解决实际问题的。统计学是一门收集和分析数据的科学。由于在自然科学及社会科学研究领域中，都需要通过数据分析来解决实际问题，因而，统计方法的应用几乎扩展到所有的科学研究领域，如农业、动物学、人类学、考古学、审计学、晶体学、人口学、牙医学、生态学、经济学、教育学等。

第二节　统计学的基本概念

一、统计总体与样本

统计总体就是根据一定的目的确定的所要研究对象的全体。统计总体是由客观存在的、具有某种共同性质的许多个别单位所构成的整体。构成总体的这些个别单位称为总体单位。例如，所有的工业企业就是一个总体，这是因为在性质上每个工业企业的经济职能是相同的，即都是从事工业生产活动的基本单位，统计上称之为同质性。这些工业企业的集合就构成了统计总体。对于该总体，每一个工业企业就是一个总体单位。统计总体的另一个特点是大量性，统计总体是由具有某种共同性质的许多个别单位所构成的整体，那么，所研究的单位就不是个别的或少量的。

总体可以分为有限总体和无限总体。总体所包含的单位数是有限的，称为有限总体，如在某一时间段内进行的人口普查、库存物资普查。总体所包含的单位数是无限的，称为无限总体，如连续生产的某种产品的生产数量、大海里的鱼资源数等。对有限总体可以进行全面调查，也可以进行非全面调查。但对无限总体只能抽取一部分单位进行非全面调查，据以推断总体。

样本是从总体抽取出的，由部分单位组成的集合体，是总体的代表。在抽样推断中，总体又被称为母体，相应地，样本也被称为子样。抽取样本应注意样本的单位必须取自总体，这是因为抽取样本的目的是推断总体。而且一个总体可以抽取许多样本，样本个数的多少与抽样方法直接相关。

二、统计标志

(一) 标志

总体各单位所具有的属性或特征称为标志。从不同角度考察, 每个总体单位可以有许多特征, 如每个职工可以有性别、年龄、民族、工种等特征, 这些都是职工的标志。总体是由单位构成的, 单位是标志的承担者。进行统计研究就是从观察、登记标志的表现入手的, 并对标志的表现进行综合以揭示总体的数量特征, 由此可见, 标志是统计研究的基础。

(二) 标志的分类

(1) 按照标志在总体中各单位的具体表现是否相同, 可分为不变标志和可变标志。当一个标志在各个单位的具体表现都相同时, 这个标志称为不变标志; 当一个标志在各个单位的具体表现有可能不同时, 这个标志称为可变标志或变异标志。例如, 在教师总体中, 职业这一标志在各单位的表现都是相同的, 都是教师, 所以职业就是不变标志。一个总体中, 至少要有一个不变标志, 才能把各单位结合成为一个总体。而教师的性别、年龄、民族等则是变异标志。变异标志是统计研究的主要内容, 因为如果标志在各总体单位之间的表现都相同, 那就没有进行统计研究的必要了。因而总体的同质性是问题研究的基础, 而总体的变异性则是问题研究的本体。

(2) 按照标志所反映单位的不同特征, 可以分为品质标志和数量标志。品质标志表示事物质的特性, 是不能用数值表示的, 如职工的性别、民族、工种等。数量标志表示事物量的特性, 是可以用数值表示的, 如职工年龄、工资、工龄等。品质标志主要用于分组, 将性质不相同的总体单位划分开来, 便于计算各组的总体单位数, 计算结构和比例指标。数量标志既可用于分组, 也可用于计算标志总量及其他各种质量指标。

三、统计指标

(一) 统计指标的含义

统计指标是反映统计总体数量特征的概念与相应数值的。例如, 2015 年我国国内生产总值为 67.67 万亿元, 这就是统计指标。每项指标都由两项要素构成, 即指标的名称和指标的取值。指标的名称是对所研究现象本质的抽象概括, 即对研究现象总体数量特征的质的规定性。指标的数值是反映所研究现象在具体时间、地点、条件下的规模、水平或比率关系等, 所以指标数值必须包括时间状态、空间范围、计量单位、计算方法的限定, 不得随意变动。

指标是反映总体的数量特征, 标志是反映单位的属性特征, 两者的关系如同总体与单位的关系一样, 总体是由单位构成, 而指标是通过各标志的具体表现综合汇总而得的。由个体过渡到总体, 由标志过渡到指标, 是人们对现象认识的深化和发展。只有对大量个体标志的综合而形成统计指标，并通过统计指标获得个体单位难以显现的信息，才能揭示现象的本质属性和数量特征。

(二) 统计指标的分类

统计指标按其说明总体内容的不同分为数量指标和质量指标。

(1) 数量指标。是指说明总体外延规模的统计指标，如人口数、企业数、工资总额、商品销售额等。数量指标所反映的是总体的绝对数量，具有实物的或货币的计量单位，其数值的大小，随着总体范围的变化而变化，它是认识总体现象的基础指标。

(2) 质量指标。是指说明总体内部数量关系和总体单位水平的统计指标。例如，人口的年龄构成、性别比例、农业——轻工业——重工业比例、平均单产、平均工资等。它通常是用相对数和平均数的形式表现的，其数值的大小与范围的变化没有直接关系。

统计指标按其作用和表现形式的不同，可分为总量指标、相对指标和平均指标。总量指标又分为实物指标、劳动指标和价值指标三种。这些统计指标的涵义、内容、计算方法和作用各不相同，将在第九章中详细叙述。

(三) 统计指标体系

统计指标是反映总体数量特征的概念，但单个指标只能说明现象的某一侧面的情况，若要全面反映客观现象的全貌，描述现象发展的全过程，就必须设置统计指标体系，利用统计指标体系，以全面刻画现象的本质特征及其现象各方面相互依存、相互制约的关系。

统计指标体系就是各种相互联系的统计指标所构成的一个有机整体，用来说明所研究现象各个方面相互依存和相互制约的关系。统计指标体系因各种现象本身联系的多样性和统计研究的目的不同而分为不同的类别。

根据所研究问题的范围大小，可以建立宏观统计指标体系和微观统计指标体系。宏观统计指标体系就是反映整个现象大范围的统计指标体系。例如，反映整个国民经济和社会发展的统计指标体系。微观统计指标体系就是反映现象较小范围的统计指标体系，如反映企业或事业单位的统计指标体系。介于这两者之间的可以称为中观统计指标体系，如反映各地区或各部门的统计指标体系。

根据所反映现象的不同范围和内容，统计指标体系可以分为综合性统计指标体系和专题性统计指标体系。综合性统计指标体系是较全面地反映总系统及各个子系统的综合情况的统计指标体系，如国民经济和社会发展统计指标体系。专题性统计指标体系则是反映某一个方面或问题的统计指标体系，例如，经济效益指标体系就是专题性统计指标体系。

统计指标体系也可以指若干个统计指标之间的联系表现为一个方程关系。例如，工资总额 = 平均工资×职工人数；商品销售额 = 商品销售量 × 商品销售价格；等等。统计指标体系对于统计分析和研究具有重要的意义。通过一个设计科学的统计指标体系，可以描述现象的全貌和发展的全过程，分析和研究现象总体存在的矛盾以及各种因素对现象总体变动结果的方向和程度，也可以对未来的指标进行计算和预测，对未来现象发展变化的趋势进行预测。

思考与练习

一、思考题

(1) 怎样理解统计的不同含义？

(2) 统计学的含义是什么？怎样理解统计学与统计数据的关系？

(3) 统计学的研究对象是什么？统计学研究对象有哪些特点？

(4) 怎样认识描述统计学与推断统计学之间的联系与差别？

(5) 怎样区别统计总体与总体单位？

(6) 什么是统计标志？标志有哪些分类？品质标志和数量标志有什么区别？

(7) 统计指标的含义及其特点是什么？

(8) 标志与指标的区别与联系是什么？

(9) 什么是数量指标、质量指标？

(10) 什么是统计指标体系？有哪些分类？

二、练习题

(1) 某班级共有 50 名学生，其中男生 30 人、女生 20 人。男生平均身高是 170cm，女生平均身高是 160cm。学校想了解该班全体学生的身体状况，分别对每名学生的肺活量、身高、体重、视力、跳远进行了测量。

回答以下问题：

1) 描述其统计总体和总体单位。

2) 指出哪些是品质标志？哪些是数量标志？

(2) 要调查某地区销售的电视机品牌情况，试指出总体、总体单位是什么？

第二章　数据的收集

要从数量上认识客观对象，就必须通过调查或实验来收集数据。要收集什么数据，采用哪种方法去收集数据，首先需要界定变量，明确数据类型。

第一节　变量和数据

一、变量

统计中的标志和指标都是可变的，例如，人的性别有男女之分，各时期、各地区、各部门的工业总产值各有不同等，这种差别叫做变异。变异就是有差别的意思，包括质的差别和量的差别。变异是统计的前提条件。

变量就是可以取不同值的量，这是数学上的一个名词。在社会经济统计中，变量包括各种数量标志和全部统计指标，它都是以数值表示的，不包括品质标志。变量就是数量标志的名称或指标的名称，变量的具体数值表现则称为变量值。例如，职工人数是一个变量，因为各个工厂的职工人数不同。某工厂有 852 人，另一工厂有 1686 人，第三个工厂有 964 人，等等，都是职工人数这个变量的具体数值，也就是变量值。要注意区分变量和变量值。如上例，852 人、1686 人、964 人三个变量值的平均数，不能说是三个"变量"的平均数，因为这里只有"职工人数"这一个变量，并没有三个变量。以整数值变化的变量，称为离散型变量；也可以有连续数值变化的变量，即可以用小数值表示的变量，称为连续型变量。离散型变量的各变量值之间是以整数位断开的，如人数、机器台数、工厂数等，都只能按整数计算；连续型变量的数值是接连不断的，相邻的两数值之间可作无限分割，如身高、体重、年龄等。

变量值按是否连续可分为连续变量与离散变量两种。在一定区间内可任意取值的变量叫连续变量，其数值是连续不断的，相邻两个数值可作无限分割，即可取无限个数值。例如，生产零件的规格尺寸、人体测量的身高、体重、胸围等为连续变量，其数值只能用测量或计量的方法取得。可按一定顺序一一列举其数值的变量叫做离散变量，其数值表现为断开的。例如，企业个数、职工人数、设备台数、学校数、医院数等，都只能按计量单位数计数，这种变量的数值一般用计数方法取得。

二、数据

(一) 数据的计量层次

统计数据是对客观现象进行计量的结果。对客观现象进行计量，就必须弄清楚数的计量尺度问题。根据对研究对象计量的不同精确程度,将计量层次由低到高,由粗略到精确分为四个层次:定类尺度、定序尺度、定距尺度和定比尺度。

(1) 定类尺度。将数字作为现象总体中不同类别或不同组别的代码,这是最低层次的尺度。在这种情况下,不同的数字仅表示不同类 (组) 别的品质差别,而不表示它们之间量的顺序或量的大小。这种尺度的主要数学特征是"="或"≠"。例如,将国民经济按其经济类型,可以分为国有经济、集体经济、私营经济、个体经济等,并用 (01) 代码表示国有经济,(02) 表示集体经济,(03) 表示私营经济,(04) 表示个体经济。并且用 (011) 代表国有经济中的国有企业,(012) 代表国有联营企业;用 (021) 表示集体经济中集体企业,(022) 表示集体联营企业;用 (031) 表示私营经济中的私营独资企业,(032) 表示私人合伙企业,(033) 表示私营有限责任公司;用 (041) 表示个体经济中的个体工商户, (042) 表示个人合伙等。其中两位代码表示经济大类,而三位代码则表示各类中的构成。不同代码反映同一水平的各类 (组) 别,并不反映其大小顺序。各类中虽然可以计算它的单位数,但不能反映第一类的一个单位可以相当于第二类的几个单位等。

(2) 定序尺度。定序尺度不但可以用数表示量的不同类 (组) 别,而且也反映量的大小顺序关系,从而可以列出各单位、各类 (组) 的次序。这种尺度的主要数学特征是">"或"<"。例如,对合格产品按其性能和好坏,分成优等品、一等品、合格品等。这种尺度虽然也不能表明一个单位一等品等于几个单位二等品,但却明确表示一等品性能高于二等品,而二等品性能又高于三等品等。定序尺度除了用于分类 (组) 外,在变量数列分析中还可以确定中位数、四分位数、众数等指标的位置。

(3) 定距尺度。定距尺度也称间隔尺度,是对事物类别或次序之间间距的计量,它通常使用自然或度量衡单位作为计量尺度。定距尺度是比定序尺度高一层次的计量尺度。定距尺度的计量结果表现为数值,可以进行加或减的运算,但却不能进行乘或除的运算,其原因是在等级序列中没有固定的,有确定意义的"零"值。例如,我们不能说40℃比20℃暖和2倍,温度中没有真实零,而且0℃可以转换为32℉。

(4) 定比尺度。定比尺度是在定距尺度的基础上,确定可以作为比较的基数,将两种相关的数加以对比,而形成新的相对数,用以反映现象的构成、比重、速度、密度等数量关系。由于它是在比较基数上形成的尺度,所以能够显示更加深刻的意义。定比尺度的主要数学特征是"÷"或"×"。例如,将某地区人口数和土地面积进行对比来计算人口密度指标,说明人口相对的密集程度。甲地区人口可能比乙地区多,但甲地区的土地更广阔,用人口密度指标就可以相对说明甲地区人口不是多了,而是少了。又如将一个国家 (地区) 的国内生产总值与该国 (地区) 居民对比。计算人均国内生产总值,可以反映国家 (地区) 的综合经济能力。

上述四种计量尺度对事物的计量层次是由低级到高级,由粗略到精确逐步递进的。高层次的计量尺度具有低层次计量尺度的全部特性,但不能反过来。显然,我们可以很容易地将高层次计量尺度的测量结果转化为低层次计量尺度的测量结果,比如将考试成绩的百分制转化为五等级分制。在统计分析中,一般要求测量的层次越高越好,因为高层次的计量尺度包含更多的数学特性,所运用的统计分析方法越多,分析时也就越方便,因此应尽可能使用高层次的计量尺度。

(二) 数据的类型

(1) 统计数据按照所采用的计量尺度不同, 可以分为定性数据与定量数据两类。统计数据是采用某种计量尺度对事物进行计量的结果, 采用不同的计量尺度会得到不同类型的统计数据。从上述四种计量尺度计量的结果来看, 可以将统计数据分为四种类型: 分类数据、顺序数据、定距数据和定比数据。前两类数据说明的是事物的品质特征, 不能用数据表示, 其结果均表现为类别, 也称为定性数据或品质数据 (qualitative data); 后两类数据说明的是现象的数量特征, 能够用数值来表现, 因此也称为定量数据或数值型数据 (quantitative data)。由于定距尺度和定比尺度属于同一测度层次, 所以可以把后两种数据看成同一类数据, 统称为定量数据或数值型数据。

区分测量的层次和数据的类型是十分重要的, 因为对不同类型的数据需要采用不同的统计方法来处理和分析。比如, 对定类数据, 通常计算出各组的频数或频率, 计算其众数和异众比率, 进行列联表分析和 χ^2 检验等; 对定序数据, 可以计算其中位数和四分位差, 计算等级相关系数等非参数分析; 对定距或定比数据还可以用更多的统计方法进行处理, 如计算各种统计量、进行参数估计和检验等。我们所处理的大多为数量数据。

这里需要特别指出的是, 适用于低层次测量数据的统计方法, 也适用于较高层次的测量数据, 因为后者具有前者的数学特性。比如, 在描述数据的集中趋势时, 对定类数据通常是计算众数, 对定序数据通常是计算中位数, 但对定距和定比数据同样也可以计算众数和中位数。反之, 适用于高层次测量数据的统计方法, 则不能用于较低层次的测量数据, 因为低层次数据不具有高层次测量数据的数学特性。比如, 对于定距和定比数据可以计算平均数, 但对于定类数据和定序数据则不能计算平均数。理解这一点, 对于选择统计分析方法是十分有用的。

(2) 统计数据按照其表现形式不同, 可以分为绝对数、相对数和平均数三类。绝对数是用以反映现象或事物绝对数量特征的数据, 它以最直观、最基本的形式体现现象或事物的外在数量特征, 有明确的计量单位。例如, 人的身高 176cm、体重 65kg、地区的人口数 500 万人、属地面积 11000km^2、国内生产总值 1250 亿元、企业销售收入 15 亿元、利润 2.1 亿元等, 都是有明确计量单位的绝对数。绝对数是表现直接数量标志或总量指标的形式。相对数是用以反映现象或事物相对数量特征的数据, 它通过另外两个相关统计数据的对比来体现现象 (事物) 内部或现象 (事物) 之间的联系关系, 其结果主要表现为没有明确计量单位的无名数, 少部分表现为有明确计量单位的有名数 (限于强度相对数)。具体地, 相对数又包含结构相对数 (如某地区三大产业比重分别为 12%, 48% 和 40%), 比例相对数 (如新生婴儿男女性别比 107:100), 比较相对数 (如 A 地区的人均 GDP 是 B 地区的 1.2 倍), 动态相对数 (如某地区 GDP 的发展速度为 109%), 强度相对数 (如某地区的人口密度为 300 人/km^2, 人口出生率为 11‰) 和计划完成程度相对数 (如企业产量计划完成程度为 120%) 等六种。相对数是表现相对指标的形式。平均数是用以反映现象或事物平均数量特征的数据, 体现现象某一方面的一般数量水平。例如, 某班级同学的平均年龄 19 岁, 某年某企业职工的平均月收入 1500 元, 某年某地区居民的平均月消费支出 800 元等, 都是平均数。具体地, 平均数可以按计算方式不同分为算术平均数、调和平均数、几何平均数等数值平均数与众数、中位数等位置平均数, 按时间状态不同分为静态平均数与动态平均数。平均数是表现平均指标的形式。通过各种尺度计量而成的统计数据, 最终都可以归结为绝对数、相对数和平均数这三大表现形式。

(3) 统计数据按照其来源不同, 可以分为观测数据与实验数据两类。观测数据是通过统计调查或观测的方式而获取的反映研究现象客观存在的数量特征的数据, 这类数据是在没有人为控制的条件下获得的。有关社会经济现象的统计数据几乎都是观测数据, 如前面提到的各种统计数据。实验数据是在人为控制的条件下, 通过实验的方式而获得的关于实验对象的数据。自然科学研究中的数据大多属于实验数据, 如生物实验数据、产品性能实验数据、药物疗效实验数据等, 都属于这类数据。随着实验方法在经济等领域的应用, 逐步形成了实验经济等学科, 在经济等领域出现了许多实验数据。

(4) 统计数据按照其加工程度不同, 可以分为原始数据与次级数据两类。原始数据是指直接向调查对象搜集的、尚待加工整理、只反映个体特征的数据, 或通过实验采集的原始记录数据。原始数据是统计数据搜集的主体。次级数据也称为加工数据或二手数据, 是指已经经过加工整理, 能反映总体数量特征的各种非原始数据。次级数据又包括直接根据原始数据整理而来的汇总数据和根据各种已有数据进行推算而来的推算数据。如果次级数据已能满足有关分析和研究需要, 我们就不应再去搜集原始数据, 以免造成浪费。次级数据的来源包括各种统计年鉴、有关期刊和有关网站等。

(5) 统计数据按照其时间或空间状态不同, 可以分为时序数据与截面数据两类。时序数据是时间序列数据的简称, 是对同一现象在不同时间上搜集到的数据 (即空间状态相同, 时间状态不同), 描述的是现象某一方面 (或某几方面) 的数量特征随时间而变化的情况, 例如, 把我国 1979 年以来的 GDP 数据按时间先后顺序加以排列, 就形成了我国 GDP 的时序数据。截面数据是对一些同类现象在相同或近似相同的时间上搜集到的数据 (即空间状态不同, 时间状态相同), 描述的是在相同时间状态下同类现象的数量特征在不同空间状态的差异情况, 例如, 我国某年各省、市、区的 GDP 数据, 就是截面数据。有时, 时序数据与截面数据可以结合起来, 成为平行数据 (即时间、空间状态都不同), 例如, 列出历年各省、市、区的 GDP 数据, 就成了平行数据。

第二节　数据的来源

统计数据收集是根据统计研究预定的目的要求和任务, 运用科学的调查方法与手段, 有计划、有组织地向客观实际收集数字资料的过程。从统计工作的性质看, 统计数据的收集是社会调查的组成部分; 从统计工作过程的阶段性看, 统计数据的收集处于统计工作过程的基础阶段。统计数据主要来源于两种渠道: 一是来源于直接的调查和科学试验, 对使用者来说, 这是统计数据的直接来源, 称为第一手或直接的统计数据; 二是来源于别人调查或试验的数据, 对使用者来说, 这是统计数据的间接来源, 称为第二手或间接的统计数据。

二手数据有两个基本来源: 内部信息数据和外部信息数据。内部二手信息数据是从被调查单位内部直接获取的与调查有关的信息数据资料, 如资产负债表、现金流量表、各种统计台账、统计报表等。外部信息数据来源非常广泛, 有各级政府、非营利机构、贸易组织和行业机构、商业性出版物等。其中政府机构所编辑出版的统计资料是宏观、微观信息数据的主要来源。在我国, 中华人民共和国国家统计局出版的统计资料汇编刊物主要有:《中国统计年鉴》《国民收入统计资料汇编》《中国物价统计年鉴》《全国城镇居民家庭收支调查》《中国农村统计年鉴》《中国劳动工资统计年鉴》《中国证券期货统计摘要》《世界经济年鉴》《中国金融年鉴》《中国证券期货统计年鉴》《中国经济年鉴》等。当前在计算机基础上发展而来的在线信息数据库 (on-line database) 是一种新型的重要外部信息源。如果具备了一定的设备, 任何人都可以及时地获取在线信息数据, 相比传统外部信息源更加便捷。

在一手数据获得的途径中, 通常自然科学领域主要依靠实验设计, 社会科学领域主要依靠社会调查。

一、实验设计

统计是要分析数据的, 但首先需要考察的是, 数据的来源是否合适, 实验采集的数据是否符合分析的目的要求。由于安排不科学, 实验数据不能反映现象的真实情况, 或不能用以估计总体的数量特征, 那么接着一系列分析工作也就白费了。例如, 要比较某农作物 A 品种和 B 品种的收获率高低, 分别在两地段播种 A 品种和 B 品种, 结果获得 A 品种单位面积产量高于 B 品种的数据。如果根据这个数据判断 A 品种优于 B 品种, 这个结论就太不可靠了。原因是影响收获率高低的因素不但有种子品种的差异, 还有土地区位、肥沃程度等差异, 所以我们需要事先做出安排, 在实验结果数据的差异中排除可控因素 (土地) 的差异, 而显示不可控因素 (品种) 的差异。所谓实验的统计设计就是指设计实验的合理程序, 使收集得到的数据符合统计分析方法的要求, 以便得出有效的客观结论。它主要适用于自然科学研究和工程技术领域的统计数据收集。

实验的统计设计要遵循三个基本原则:

(1) 重复性原则。即允许在相同条件下重复多次实验。如果只能用一次实验所得的数据作为总体的估计量, 精度就很差, 这时实验的误差等于观察的误差, 观察误差可能是实验误差的结果, 很难用观察的数据来代表总体情况。多次重复实验的好处是显然的, 其一, 可以获得更加精确的效应估计量, 其二, 可以获得实验误差的估计量。这些都是提高估计精度或缩小误差范围所需要的。

(2) 随机性原则。随机性是指在实验设计中, 对实验对象的分配和实验次序都是随机安排的。这种安排可以使可控的影响因素作用均匀化, 突出不可控影响因素的作用。例如, 在种子品种的实验中如果不是将 A 品种固定在甲地段、B 品种固定在乙地段, 而是两地段随机地选择不同品种多次重复实验, 可以断定这种安排在不同品种收获率的差异中, 由于土地因素的影响减少了, 所以品种因素的影响提高了。所以随机化原则是实验设计的重要原则。

(3) 区组化原则。即利用类型分组技术,对实验对象按有关标志顺序排队,然后依次将各单位随机地分配到各处理组,使各处理组组内标志值的差异相对扩大,而处理组组间的差异相对缩小,这种实验设计安排称为随机区组设计。这样就可以提高处理组的估计精度。

二、社会调查

社会调查的理论依据是大量观察法。大量观察法是统计学所特有的方法,是指对所研究的事物的全部或足够数量进行观察的方法。在现象总体中,个别单位往往受偶然因素的影响,如果任选其中之一进行观察,其结果不足以代表总体的一般特征;只有观察全部或足够的单位并加以综合,影响个别单位的偶然因素才会相互抵消,现象的一般特征才能显示出来。大量观察的意义在于可使个体与总体之间在数量上的偏误相互抵消。

大量观察法的数学依据是大数定理。大数定理是随机现象的基本规律。大数定理的一般概念是:在观察过程中,每次取得的结果不同,这是偶然性导致的,但大量、重复观察结果的平均值却几乎接近确定的数值。狭义的大数定理就是指概率论中反映上述规律性的一些定理,表述平均数的规律性与随机现象的概率关系。

三、社会调查的组织形式

社会调查的组织形式是指组织调查、收集信息资源的方式方法。社会调查的组织形式多种多样,这里简要介绍按照调查范围分类的组织形式,关于社会调查的详细内容不是本书阐述的重点。社会调查按调查的范围划分,可分为全面调查和非全面调查两大类。

(一) 全面调查

1. 普查

普查是根据特定的统计研究目的而专门组织的一次性的全面调查,用以收集所研究现象总体的全面资料 (即总体中的所有个体都是观测单位)。一般而言,普查所要收集的资料大多属于处于一定时点上的社会经济现象的总量及分类数,如全国人口总数及分类数等。但有时,普查也可用来反映一定时期的现象的总量,如某年的出生人口总数及性别分类数等。

普查是一个国家或地区用于定期掌握国情国力 (如人口、经济发展状况等) 的统计调查方式,为政府制定社会经济发展战略和方针政策提供依据。此外,普查所取得的资料,还可以为经常性的抽样调查提供抽样框和各种辅助资料,提高抽样调查的效果。我国目前主要有人口普查、经济普查和农业普查三种。

普查的组织方式一般有两种:一是建立专门的普查机构,配备一定数量的普查人员,对观测单位直接进行登记,如我国历次的人口普查等。二是利用观测单位的原始记录和核算资料,颁发调查表,由观测单位按要求填报,如物资库存普查等。但后一种方式也需要有专门的机构和专门的人员来组织领导。有时,为了满足国家的迫切需要,还可以采用快速普查的形式，即改变一般普查"逐级布置、逐级汇总"的做法，直接由最高普查机构把任务布置到基层单位，基层单位直接把资料报送给最高普查机构，越过中间环节，实行越级汇总、集中汇总。

由于普查一般在全国范围内进行，涉及面广，工作量大，需要动员大量的人力、物力和财力，对数据的准确性、时效性和完整性要求高，所以必须统一领导、统一要求和统一行动，普查时需遵循以下几项原则：一是必须统一规定数据所属的标准时点，以避免因现象的变化而产生重复登记或遗漏登记；二是在普查范围内各调查点要统一行动，在方法、步调上保持一致，并力求在最短的期限内完成登记工作；三是普查项目要统一规定，一经确定就不能任意增长更改，同一种普查的各次普查项目要力求保持一致和稳定，以便对比分析；四是要选择最合适的普查工作时间，尽量减少乃至避免普查对其他各项正常工作的影响；五是要实现普查的周期化，按固定的周期进行，例如，我国的人口普查、农业普查每十年进行一次，经济普查每五年进行一次。

2. 全面统计报表制度

全面统计报表制度是依照国家有关法规，自上而下地统一布置，以一定的原始记录为依据，按照统一的表式、统一的指标项目、统一的报送时间和报送程序，自下而上逐级地定期提供统计资料的一种调查方式。

统计报表的主要特点有：第一，报表资料的来源是建立在各个基层单位原始记录的基础上，基层单位可利用其资料对生产、经营活动进行监督管理。第二，由于统计报表是逐级上报和汇总的，各级领导部门能获得管辖范围内的报表资料，了解本地区、本部门的经济和社会发展情况。第三，由于统计报表是属于经常性（连续性）调查，调查项目相对稳定，有利于积累资料，并进行动态对比分析。全面统计报表的实施范围，是调查对象的全部单位均要填报。我国统计报表中也有非全面统计报表，非全面统计报表的实施范围只是调查对象中的部分单位填报。

(二) 非全面调查

非全面调查是对调查对象中的一部分单位进行调查，以取得调查对象的部分资料，用来推断总体或反映总体的基本情况。非全面调查可分为抽样调查、重点调查和典型调查。

1. 抽样调查

抽样调查是一种非全面调查，就是从总体中抽取样本，以样本推断总体。根据抽取样本的方式不同，抽样调查可分为概率抽样和非概率抽样两类。概率抽样是按照随机原则抽取样本，即总体中的每个个体都有已知的、非零的概率被抽取到样本中来，它具有以下五个方面的特点：一是在样本的抽取上遵循随机原则，即总体中的个体是否被抽中不受主观因素的影响，而是由可知的、非零的概率来确定。二是在调查的功能上能以部分推断总体。抽样调查是非全面调查，但却能依据样本与总体之间的内在联系和抽样分布规律，以样本的观测结果去推断总体的数量特征。三是在推断的手段上运用概率估计的方法。我们必须认识到以样本估计总体不能做出完全精确可靠的推断，只能以一定的概率为保证做出具有一定精度的估计，这是由样本的非唯一性所决定的，因为样本与总体之间不存在函数关系。当然，概率保证程度的高低与推断的精确度是可以根据需要调整的。四是在推断的理论上，以大数定律和中心极限定理为依据。大数定律阐明：随着样本容量的增加，样本平均数将趋于接近总体平均数；中心极限定理表明：只要样本容量足够大，样本统计量的分布（如样本平均数的分布）就趋于服从正态分布。因此，只要样本容量足够大，抽样推断就可以正态分布为依据，以样本估计总体就可以有充分的把握和足够的精度，这也正是大量观察法的要求。五是在推断的效果上，抽样误差可以计算并加以控制。以随机样本去估计总体，不可能不产生偶然性误差，即抽样误差。但根据大数定律、中心极限定理和抽样分布规律，我们能用某一指标来衡量抽样误差的一般水平，这一指标就是抽样标准误差。它是可以计算的，并能通过各种有效的办法把它控制在要求的范围内。

概率抽样从抽样方法上看，可以分为重复抽样和不重复抽样两种。重复抽样是指要从容量为 N 的总体中抽取一个容量为 n 的样本，则每次从总体中抽取一个个体后又放回总体参加下一次抽样，连续抽 n 次，n 个观测值构成样本数据。其特点是：总体的每个个体都有数次被抽中的可能性，n 次抽样之间相互独立，每次抽样时总体都有 N 个个体可供抽选，样本由小于等于 n 个不同的个体所组成。不重复抽样是指若要从容量为 N 的总体中抽取一个容量为 n 的样本，则每次从总体中抽取一个个体后不再将它放回总体参加下一次抽样，连续抽 n 次，n 个观测值构成样本数据。其特点是：总体中每个个体都只有一次被抽中的可能性，n 次抽样之间不相互独立（前面的抽样结果影响后面的抽样），每抽一次，总体中可供抽选的个体就减少一个，样本由 n 个不同的个体所组成。但不论是重复抽样还是不重复抽样，每个个体被抽中的概率都是可以计算的。

概率抽样从抽样组织形式上看，可分为简单随机抽样、分层抽样、等距抽样、整群抽样和多阶段抽样五种。简单随机抽样也称纯随机抽样或完全随机抽样，是指未对总体中的个体进行事先分组或组合，直接从总体中完全随机地抽取样本的一种抽样组织形式，是抽样调查最基本的组织形式，具体的样本抽取方式有抽签法和随机数表法等。分层抽样也称类型抽样，是指先将总体的 N 个个体按某一标志分为若干层，然后每层分别抽取部分个体作为层内样本，构成总容量为 n 的样本，最后以样本的观测结果去估计或推断各层及总体数量特征的一种抽样组织形式。分层抽样的特点是必须具备总体所有个体的名录和至少一个分层标志的全面资料，各层的抽样相互独立，样本对总体的代表性取决于层内差异而与层间差异无关，要尽量把总体差异通过分层而转化为层间差异等。分层抽样适合于差异大的总体。等距抽样也称系统抽样或机械抽样，是指先将总体的 N 个个体按某种标志排队并等分成 n 段，每段 k 个个体，在第一段的 k 个个体中随机抽取一个个体后，再每隔 k 个个体抽取下一个个体，共 n 个个体构成样本的一种抽样组织形式。在将 N 个个体排队时，可以头尾相连，形成一个圆圈。用以排队的标志可以与调查标志有关，也可以与调查标志无关。等距抽样的具体方式又有一般等距抽样、中点等距抽样（即每段都取中间一个个体来构成样本）和对称等距抽样（即排队标志值高的和低的个体在样本中对称出现）之分。等距抽样的特点：依固定的间隔和规定的顺序来抽取个体，属于不重复抽样，有时连对个体进行编号和排队的步骤都可以省去（例如，按门牌号每隔 20 户抽取一户居民家庭进行收支调查）。整群抽样也称集团抽样，是指当总体的所有个体形成若干群后，从中随机抽取部分群并对抽中群进行全面观测的一种抽样组织形式。整群抽样的特点是群的形成可以是自然也可以是人为, 可以大小相同也可以大小有别, 要尽量把总体差异转化为群内差异等。整群抽样一般属于不重复抽样。多阶段抽样也称多级抽样, 它是以整群抽样为基础, 先从总体的所有大群中抽取若干大群, 抽中的大群中再抽取若干小群, 抽中的小群中再抽取若干更小的群, 如此下去, 最后才抽取所要观测个体的一种抽样组织形式。最简单的多阶段抽样是两阶段抽样, 即总体抽群, 群抽个体。多阶段抽样的特点是整群抽样和分层抽样两种组织形式的综合 (如两阶段抽样, 前一阶段为整群抽样, 后一阶段则相当于分层抽样)。非概率抽样是凭人们的主观判断或根据便利性原则来抽取样本。这时, 总体中每个个体被抽取的可能性是难以用概率来表示和计算的。具体地, 非随机抽样调查又有任意抽样、典型抽样、定额抽样和流动总体抽样等几种。任意抽样也称随意抽样, 是指调查者利用现成的名册、号簿和地图等资料而随意地选取一些个体作为样本, 或者利用偶遇的方式选取观测单位进行调查, 样本通常由自愿者组成。例如, 在街头随意采访一些偶遇的过往行人了解民意或进行商品需求调查等, 就属于任意抽样。这种抽样简便易行, 但样本容易产生偏差。典型抽样也称判断抽样, 即调查者凭自己对调查对象的了解和主观判断能力, 有意识地从总体中选取若干具有代表性 (即具有平均水平或具有一般特征) 的个体作为样本, 这种抽样可以发挥调查者的主观能动性并充分利用已掌握的有关信息, 避免产生极端的偏误。当观测的个体数比较多时, 可以对总体的数量特征做出估计。但主观随意性较大, 对调查结果缺乏评估的客观标准, 估计的误差也难以计算和控制。定额抽样也称划类选典抽样, 即在对调查对象总体按一定标志分类后, 每类分别按一定比例依主观判断抽取若干有代表性的个体作为样本。这种抽样由美国著名专家盖洛普首创, 曾流行一时。它具有与判断抽样相同的优缺点。流动总体抽样, 是采用 "捕获—放回—再捕获" 的方式来估计总体。例如, 要估计某湖泊的鱼资源量, 先从中随机捕获一部分鱼, 分别称重并做记号后放回该湖, 过一段时间待鱼群充分流动混合后, 再捕获一定数量的鱼, 观测其中曾被做记号的鱼的数量与质量并计算比重, 据此推断该湖泊的鱼资源量。

理论与实践都已经证明, 概率抽样比非概率抽样更具科学和优越性, 因此, 我们通常所指的抽样一般就是概率抽样。但作为一种补充, 非概率抽样也具有重要的应用价值, 只要相关条件具备就值得运用。抽样调查具有经济节省、时效性强、准确度高、灵活方便等优点, 使之在各个领域得到广泛的应用。一是用于认识那些不能或难以进行全面调查的总体的数量特征, 如无限总体、范围过大的有限总体等, 以及具有破坏性的产品质量检测等; 二是用于认识那些发展变化比较稳定和有规律性而不必进行全面调查的现象总体的数量特征, 如人的身高、男女性别比、食盐的消费量等; 三是用于收集灵敏度高、时效性强或时间要求紧迫的统计数据, 如市场需求信息、生产过程中的产品质量状况、易变化现象的波动情况 (物价等) 等; 四是用于与其他数据收集方式相结合, 相互补充和核对 (例如, 与普查相结合, 既可以取得普查未能取得的数据, 还可以对普查的质量进行抽查验证; 与重点调查相结合, 可以形成目录抽样, 更全面地认识总体数量特征); 五是用于对总体特征的某种假设进行检验, 判断这种假设的真伪, 决定方案的取舍, 为行动决策提供依据。社会经济领域中常见的抽样调查有人口抽样调查、居民家计抽样调查、市场抽样调查、社会问题抽样调查和民意抽样调查等。

2. 重点调查

重点调查是专门组织的一种非全面调查，它是在总体中选择个别的或部分重点单位进行调查，以了解总体的基本情况。所谓重点单位，是指在总体中具有举足轻重地位的单位。这些单位虽然少，但它们调查的标志值在总体标志总量中占有绝大比重，通过对这些单位进行调查，就能掌握总体的基本情况。例如，鞍钢、武钢、首钢、包钢和宝钢等特大型钢铁企业，虽然在全国钢铁企业中只是少数，但它们的产量却占全国钢铁产量的绝大比重。对这些重大企业进行调查，便能省时省力又能及时地了解全国钢铁生产的基本情况，满足调查任务的要求。

重点调查的优点在于调查单位少，可以调查较多的项目指标，了解较详细的情况，取得及时的资料，使用较少的人力和时间，取得较好的效果，当调查任务只要求掌握总体的基本情况，而且总体中确实存在重点单位时，采用重点调查是比较适宜的。但必须指出，由于重点单位与一般单位的差别较大，通常不能由重点调查的结果来推算整个调查对象的总体指标。

重点调查的关键问题是确定重点单位，首先重点多少，要根据调查任务确定。一般来说，选出的单位应尽可能少些，而其标志值在总体中所占比重应尽可能大些，其基本标准是所选出的重点单位的标志必须能够反映研究总体的基本情况。其次选择重点单位时，要注意重点是可以变动的，即要看到一个单位在某一问题上是重点，而在另一问题上不一定是重点；在某一调查总体上是重点，在另一调查总体中不一定是重点，在这个时期是重点，在另一时期不一定是重点，因此，对不同问题的重点调查，或同一问题不同的重点调查，要随着情况的变化而随时调整重点单位。当然选中的单位应是管理健全、统计基础工作较好的单位，以有利于统计调查的实施。

重点调查主要采取专门调查的组织形式，有时也可以颁发定期统计报表，由调查的重点单位填报，定期观察这些重点单位的主要技术经济指标的完成情况及其变动，重点调查收集资料的方法，主要指用以企事业单位的原始资料为依据的报告法。

3. 典型调查

典型调查也是专门组织的一种非全面调查，它是根据调查研究的目的和要求，在对总体进行全面分析的基础上，有意识地选择其中有代表性的典型单位进行深入细致的调查，借以认识事物的本质特征、因果关系和发展变化的趋势。所谓有代表性的典型单位，是指那些最充分、最集中地体现总体某方面共性的单位。只要客观地、正确地选择典型单位，通过对典型单位的深入细致的调查，既收集详细的第一手数字资料，又掌握生动具体的情况，就可以获得对总体本质特征的深刻认识，特别是对一些复杂的社会经济问题的研究，典型调查可以了解得更深入、更具体、更详尽。

典型调查通常是为了研究某种特殊问题而专门组织的非全面的一次性调查。但是，有时为了观察事物发展变化的过程和趋势，系统地总结经验，也可对选定的典型单位连续地进行长时间的跟踪调查。例如，对新生事物或处于萌芽状态的事物的研究，就适宜采用这种定点的跟踪调查。

以上调查组织形式还可以从不同的角度进行分类，统计调查按时间标志可分为连续

(经常) 性调查和不连续性调查两大类。连续 (经常) 性调查是指随着研究现象的变化, 连续不断地进行调查登记。例如, 统计报表制度, 就是一种连续性调查。不连续性调查是指间隔一段较长的时间, 对事物的变化进行一次性调查。如普查、典型调查、重点调查等一般是不连续性调查。统计调查按组织形式可分为定期报表形式和专门调查。定期报表制度是按国家统一规定的表式和内容, 定期地向各级领导机构报送统计资料的一种形式。专门调查是为某一专题研究而组织的专项调查, 一般地, 普查、抽样调查和典型调查等可以是专门调查。

四、数据收集的具体技术

(一) 统计调查的方案设计

在统计资料收集工作正式开始之前, 必须事先设计一个切实可行、周密细致的工作方案, 依此方案进行客观实际调查。统计资料收集的方案主要包括如下几项内容。

(1) 确定调查目的。确定调查目的就是明确统计调查要解决什么问题。

(2) 确定调查对象和调查单位。所谓调查对象, 是指需要调查的现象总体, 该总体是由许多性质相同的调查单位组成的。所谓调查单位, 是指所要调查的具体单位, 它是进行调查登记的标志的承担者。例如, 调查的目的是获取国有企业的资产负债分布状况, 那么, 所有的国有企业就是调查对象, 而具体的每一个国有企业就是调查单位。明确调查单位, 还必须把它与报告单位区别。报告单位亦称填报单位, 它是负责向上报告调查内容、提交统计资料的单位。报告单位一般是在行政上、经济上具有一定独立性的单位, 而调查单位可以是个人、企事业单位, 也可以是物。根据不同的调查目的, 调查单位与报告单位有时是一致的, 有时是不一致的。例如, 进行工业企业普查, 每个工业企业既是调查单位又是报告单位; 进行工业企业职工基本状况普查, 调查单位是工业企业的每一位职工, 而报告单位是每个工业企业。

(3) 确定调查项目。调查项目就是调查中所要登记的调查单位的特征, 即调查单位所承担的基本标志, 它由一系列品质标志 (或称质量标志、属性标志) 和数量标志所构成。

(4) 调查表格和问卷的设计。将各个调查项目按照一定的顺序排列在一定的表格上, 就构成了调查表。利用调查表, 能够有条理地填写需要收集的资料, 便于调查后对资料进行汇总整理。

调查表一般有两种形式, 一种是一览表, 另一种是单一表。一览表是把许多调查单位填写在一张表上。在调查项目不多时, 采用该类表式, 它较为简便, 便于合计和核对数据。单一表则由每个调查单位填写一份, 可容纳较多标志, 又便于整理分类, 一般用于项目较多的调查。统计调查要采用哪一种表式, 是根据调查目的、调查任务而定的。

问卷调查是一种特殊的调查形式, 根据调查目的, 在调查对象中随机选择或有意识地确定调查单位, 以书面文字或表格形式了解被调查者的意见, 调查者自愿、自由地回答问卷中所提出的问题。调查表格和问卷的设计应简明扼要, 以保证所收集资料的准确。

(5) 确定调查时间。统计调查时间包括两种含义, 即调查时间和调查期限。调查时间是指调查资料所属的时间, 在统计调查中, 如果所调查的是时期现象, 就要明确规定调查资料所反映的起止日期。例如，调查 2015 年第一季度的汽车产量，则调查时间是从 1 月 1 日起至 3 月 31 日止三个月。

(6) 确定调查的组织实施计划。调查组织工作包括确定调查机构、组织和培训调查人员，落实调查经费的来源和开支办法，确定调查资料的报送方法和公布调查结果的时间。

(二) 统计数据的收集方法

在实际调查中，收集数据的具体方法主要有以下几种。

1. 访问调查

访问调查又称派员调查，它是调查者与被调查者通过面对面地交谈从而得到所需资料的调查方法。访问调查的方式有标准式访问和非标准式访问两种。标准式访问又称结构式访问，它是按照调查人员事先设计好的、有固定格式的标准化问卷，有顺序地依次提问，并由受访者做出回答；非标准式访问又称非结构式访问，它事先不制作统一的问卷或表格，没有统一的提问顺序，调查人员只是给一个题目或提纲，由调查人员和受访者自由交谈，以获得所需的资料。

2. 邮寄调查

邮寄调查是通过邮寄或其他方式将调查问卷送至被调查者，由被调查者填写，然后将问卷寄回或投放到指定收集点的一种调查方法。邮寄调查是一种标准化调查，其特点是调查人员和被调查者没有直接的语言交流，信息的传递完全依赖于问卷。邮寄调查的问卷发放方式有邮寄、宣传媒介传送、专门场所分发三种。

邮寄调查的基本程序是：在设计好问卷的基础上，先在小范围内进行预调查，以检查问卷设计中是否存在问题，以便纠正，然后选择一定的方式将问卷发放下去，进行正式的调查，再将问卷按预定的方式收回，并对问卷进行处理和分析。

3. 电话调查

电话调查是调查人员利用电话同受访者进行语言交流，从而获得信息的一种调查方式。电话调查具有时效快、费用低等特点。随着电话的普及，电话调查的应用也越来越广泛。电话调查可以按照事先设计好的问卷进行，也可以针对某一专门问题进行电话采访。用于电话调查的问题要明确、问题数量不宜过多。

4. 座谈会

座谈会也称为集体访谈法，它是将一组受访者集中在调查现场，让他们对调查的主题 (如一种产品、一项服务或其他话题等) 发表意见，从而获取调查资料的一种方法。通过座谈会，研究人员可以从一组受访者那里获得所需的定性资料，这些受访者与研究主题有某种程度上的关系。为获得此类资料，研究人员通过严格的甄别程序选取少数受访者，围绕研究主题以一种非正式的、比较自由的方式进行讨论。这种方法适用于收集与研究课题有密切关系的少数人员的倾向和意见。

5. 个别深度访问

深度访问是一次只有一名受访者参加的特殊的定性研究。"深访"这一术语也暗示着要不断深入受访者的思想当中，努力发掘其行为的真实动机。深访是一种无结构的个人访问，调查人员运用大量的追问技巧，尽可能让受访者自由发挥，表达他的想法和感受。

6. 网上调查

网上调查在20世纪90年代开始兴起，发展也很迅速，互联网样本可以分为三类：随意样本、过滤性样本、选择样本。

随意样本，即网上任何人，只要其愿意，都可以成为被调查单位，没有任何限制条件。过滤性样本是指通过对期望样本特征的配额限制一些自我挑选的未具代表性的样本。这些特征通常是一些统计特征，如性别、收入、地理区域位置或与产品有关的标准，如过去的购买行为、工作责任、现有产品的使用情况等。过滤性样本的使用与随意样本基本类似。

过滤性样本通常是以分支或跳问形式安排问卷，以确定被选者是否适宜回答全部问题。有些互联网调研能够根据过滤性问题立即进行市场分类，确定被访者所属类别，然后根据被访者不同的类型提供适当的问卷。

另外一种方式是一些调研者创建了样本收藏室，将填写过分类问卷的被访者进行分类重置。最初问卷的信息用来对被访者进行归类分析，被访者按照专门的要求进行分类，而只有那些符合统计要求的被访者，才能填写适合该类特殊群体的问卷。

互联网选择样本用于互联网中需要对样本进行更多限制的目标群体。被访者均通过电话、邮寄、E-mail或个人访问方式进行补充完善，当认定符合标准后，才向他们发送E-mail问卷或直接到与问卷连接的站点。在站点中，通常使用密码账号来确认已经被认定的样本，因为样本组是已知的，因此可以对问卷的完成情况进行监视或督促未完成问卷以提高回答率。

选择样本对于已建立抽样数据库的情形最为适用，例如，以顾客数据库作为抽样框选择参与顾客满意度调查的样本。

第三节　调　查　问　卷

问卷又称调查表或询问表，是以问题的形式系统地记载调查内容的一种印件。问卷可以是表格式、卡片式或簿记式。设计问卷，是询问调查的关键。完美的问卷必须具备两个功能，即能将问题传达给被问的人和使被问者乐于回答。要完成这两个功能，问卷设计时应当遵循一定的原则和程序，运用一定的技巧。

一、问卷设计的原则

(1) 有明确的主题。根据调查主题，从实际出发拟题，问题目的明确，重点突出，没有可有可无的问题。

(2) 结构合理、逻辑性强。问题的排列应有一定的逻辑顺序，符合应答者的思维程序。

一般是先易后难、先简后繁、先具体后抽象。

(3) 通俗易懂。问卷应使应答者一目了然，并愿意如实回答。问卷中语气要亲切，符合应答者的理解能力和认识能力，避免使用专业术语。对敏感性问题采取一定的技巧调查，使问卷具有合理性和可答性，避免主观性和暗示性，以免答案失真。

(4) 控制问卷的长度。回答问卷的时间控制在 20min 左右，问卷中既不浪费一个问句，也不遗漏一个问句。

(5) 便于资料的校验、整理和统计。

二、问卷设计的程序

(1) 确定主题和资料范围。根据调查目的的要求，研究调查内容、所需收集的资料及资料来源、调查范围等，酝酿问卷的整体构思，将所需要的资料一一列出，分析哪些是主要资料，哪些是次要资料，哪些是可要可不要的资料，淘汰那些不需要的资料，再分析哪些资料需要通过问卷取得、需要向谁调查等，并确定调查地点、时间及对象。

(2) 分析样本特征。分析了解各类调查对象的社会阶层、社会环境、行为规范、观念习俗等社会特征；需求动机、潜在欲望等心理特征；理解能力、文化程度、知识水平等学识特征，以便针对其特征来拟题。

(3) 拟定并编排问题。首先构想每项资料需要用什么样的句型来提问，尽量详尽地列出问题，然后对问题进行检查、筛选，看它有无多余的问题，有无遗漏的问题，有无不适当的问句，以便进行删、补、换。

(4) 进行试问试答。站在调查者的立场上试行提问，看看问题是否清楚明白，是否便于资料的记录、整理；站在应答者的立场上试行回答，看看是否能答和愿答所有的问题，问题的顺序是否符合思维逻辑。估计回答时间是否合乎要求。有必要在小范围进行实地试答，以检查问卷的质量。

(5) 修改、付印。根据试答情况，进行修改，再试答，再修改，直到完全合格以后才定稿付印，制成正式问卷。

三、问题的形式

根据调查内容不同，问题可分为事实性问题、意见性问题和解释性问题。

事实性问题要求被调查者依据现有事实来做出回答，不必提出主观看法。如"您使用什么品牌的牙膏？""您的职业是什么？"等。意见性问题用于了解被调查者的意见、看法、评价、态度、要求和打算等，如"您喜欢××牌的牙膏吗？""您对您目前的职业是否满意？"等。解释性问题用于了解被调查者行为、意见、看法等产生的原因，了解个人内心深层的动机。如"您为什么要购买××牌的牙膏？""您为什么要从事××职业？"等。事实性问题回答比较简单，统计处理比较容易，但收集到的资料不够深入；意见性问题和解释性问题则在回答难度和统计处理难度上逐步加重，但所收集的资料能比较深入地说明所研究的问题。

根据回答方式不同，问题可分为开放式问题和封闭问题。开放式问题也称为自由回答式问题，是指不提供备选答案而需要被调查者自由做出回答的问题。例如，"您对我国目前高校招生政策有什么看法？”等。这类问题适用于事先无法列出或不能知道所有可能答案的情况，有利于被调查者给出不受限制或富有启发性的回答，增大回答的信息量。但这类问题回答结果的统计处理比较难，并可能掺杂不太有价值的信息，若被调查者的文化程度偏低就难以做出回答。封闭式问题，是指已列出所有可能答案以供选择的问题。例如，“您家现住房的面积是多少？①50m² 以下，②50～80m²，③80～100m²，④100m² 以上”等。这类问题适用于能一一罗列全部可能答案且答案个数不是很多的情况，回答简单，统计处理和分析比较容易。但这类问题使回答带有一定的强迫性，得出的信息有时比较粗糙（如某居民家庭现住房面积 68m²，在开放式回答中能给出准确回答，而在封闭式回答中只能选择答案②，区间幅度为 30m²）。有时，在问卷中还设计半封闭半开放式的问题，以取得更多的信息。例如，“您家有照相机吗？□有，□无；若有，是什么牌子？（　　　）”，“您的职业是什么？①教师，②公务员，③军人，④企业管理人员，⑤职工，⑥个体户，⑦其他（　　　）”等。

四、问卷调查设计原则

1. 问卷设计的原则

(1) 所列问题必须符合客观实际情况。即问题符合当前社会经济发展状况和科学发展水平，符合大多数人的思想意识、文化素质、语言习惯、生活水平和生活方式等。例如，我国城镇居民家庭耐用消费品，20 世纪 70 年代以手表、自行车、缝纫机为代表，80 年代以电视机、冰箱、洗衣机为代表，90 年代则以空调机、照相机、音响设备、电脑等为代表，进入 21 世纪则以各种数码产品、家用轿车等为代表，并且不同的年代对耐用消费品的理解也不一样。如果不考虑经济发展的客观实际情况，现在仍以手表、自行车等为内容来设计问题，显然不切实际。

(2) 问题不能太多。一份问卷包括多少问题，应根据调查目的、调查对象特点、人财物力量及时间要求等来考虑。在满足需求的情况下，问题要尽量精简，以最大限度减轻被调查者的负担，避免其产生厌烦情绪，提高问卷的有效回收率。

(3) 问题必须是被调查者有能力回答的。凡是不太可能或不太容易被理解和回答的问题，应该避免出现，尤其是要避免出现理论性或专业性很强的问题。例如，向普通居民提“加强国际合作有何重要意义？”“我国物价指数编制方法是否科学？”等问题，就有可能超出被调查者回答能力的范围。此外，向未使用家用轿车者询问“每月私车汽油消费量多少？”，向未婚者询问“您有几个子女？”等问题，以及需要回忆很长时间才能勉强回答的问题，都会使被调查者感到手足无措。

(4) 不要直接提社会上禁忌的和敏感性的问题。由于风俗或民族习惯的不同，有些问题可能会引起误会，甚至产生民族纠纷，因此要加以避免。而涉及个人利益和声誉的一些问题，则具有很强的敏感性和隐私性，如“您有多少储蓄存款？”“您是否曾在考试中作弊？”等，可能会由于被调查者的自我防卫心理而拒绝回答。

(5) 问题不能带有诱导性和倾向性，要保持客观中立。即问题不能流露出调查者或问卷设计者自己的倾向或暗示，以免左右被调查者的回答。例如，“××牌啤酒泡沫丰富、口味清纯,您的印象如何?"就带有明显的倾向性。在问题中应避免出现"多数人认为""某权威机构认为""某有名人物认为"等词语。

(6) 问题的内容要单一。一个问题只能包含一个询问内容,否则就会使被调查者难以回答。例如,"您的父母是教师吗?"这一问题就有缺陷,因为父和母是两个人,可能其中一位是教师而另一位不是教师,这就使被调查者不知该回答"是"还是回答"否"。因此,对于比较复杂的问题,要按询问内容进行分解。

(7) 问题的语言要简单易懂、标准规范。每一个问题对每个被调查者而言都只能有一种解释,问题中用语的定义必须清楚明确。例如,"您上个星期总共看了几小时书?"这一问题中,书是否包括报刊、杂志?"您是否经常看电视?"这一问题中,"经常"的标准是什么?等等,都可能引起歧义。因此,问题中要避免涵义不明确、概念不清楚、容易引起不同理解、过于抽象的词语,也不能用缩略语。

(8) 问题的排列要讲究逻辑性。一般地,问题的排列应该是先比较容易回答的问题,再比较难回答的问题;先事实性问题,再意见性问题和解释性问题;先封闭式问题,再开放式问题。在调查内容的时间上,则应该先过去,再现在,后未来。问题与问题之间要注意内有联系,要有严密的逻辑性。

2. 问题答案的设计原则

(1) 所列答案应包括所有可能的回答。只有将全部可能的答案列出,才能使每个应答者都有答案可选,不至于无合适答案而放弃回答。为防止答案遗漏,可用"其他_____"来弥补。

(2) 不同答案之间不能相互包含。一个问题所列出的各个答案必须互不相容,互不重叠,否则应答者可能做出有重复内容的双重选择,影响调查效果。例如,"您喜欢阅读哪类图书?①文学艺术类,②自然科学类,③社会科学类,④经济管理类,⑤会计类,⑥统计类"这一设计中,有关答案之间就相互包容了,因为会计类属于经济管理类或社会科学类,因此对应答者的回答难以做出正确的统计分析。

(3) 答案的表达必须简单易懂、标准规范。一是要尽可能简单明确;二是要用标准规范的语言,不使用晦涩难懂的词语;三是分类要符合通用标准的分类,符合惯例,如职业分类、产业分类等。

(4) 每一项答案都应有明显的填答标记,答案与答案之间要留下足够的空格。答案的填答标记有 A、@、①、□、(   )、[   ]等,打"√"、打"×"或涂黑。

五、问卷的结构

调查问卷一般可以看成是由三大部分组成:卷首语 (开场白) 正文和结尾。

(一) 卷首语

问卷的卷首语或开场白是致被调查者的信或问候语。其内容一般包括下列几个方面:

(1) 称呼、问候,如"××先生、女士:您好"。

(2) 调查人员自我说明调查的主办单位和个人的身份。

(3) 简要地说明调查的内容、目的、填写方法。

(4) 说明作答的意义或重要性。

(5) 说明所需时间。

(6) 保证作答对被调查者无负面作用，并替他保守秘密。

(7) 表示真诚的感谢，或说明将赠送小礼品。

信的语气应该是亲切、诚恳而礼貌的，简明扼要，切忌啰唆。问卷的开头是十分重要的。大量的实践表明，几乎所有拒绝合作的人都是在开始接触的前几秒钟内就表示不愿参与。如果潜在的调查对象在听取介绍调查来意的一开始就愿意参与，那么绝大部分都会合作，而且一旦开始回答，几乎都会继续并完成，除非在非常特殊的情况下才会中止。

(二) 正文

问卷的正文实际上也包含了三大部分。

第一部分包括向被调查者了解最一般的问题。这些问题应该是适用于所有的被调查者，并能很快很容易回答的问题。在这一部分不应有任何难答的或敏感的问题，以免吓坏被调查者。

第二部分是主要的内容，包括涉及调查的主题的实质和细节的大量的题目。这一部分的结构组织安排要符合逻辑性并对被调查者来说应是有意义的。

第三部分一般包括两部分的内容，一是敏感性或复杂的问题，以及测量被调查者的态度或特性的问题；二是人口基本状况、经济状况等。

(三) 结尾

问卷的结尾一般可以加上 1 或 2 道开放式题目，给被调查者一个自由发表意见的机会。然后，对被调查者的合作表示感谢。在问卷最后，一般应附上一个"调查情况记录"。这个记录一般包括：

(1) 调查人员 (访问员) 姓名、编号；

(2) 受访者的姓名、地址、电话号码等；

(3) 问卷编号；

(4) 访问时间；

(5) 其他，如设计分组等。

第四节　SPSS 的基本说明

统计要与大量的数据打交道，涉及繁杂的计算和图表绘制。现代的数据分析工作如果离开统计软件几乎无法正常开展。本书的部分章节将简要介绍统计软件 SPSS (statistics package for social science) 的基本操作。

SPSS for Windows 是一种运行在 Windows 系统下的社会科学统计软件包。SPSS 软件包集数据整理、分析过程、结果输出等功能为一体，采用窗口操作界面，统计分析方法涵盖面广，用户操作使用方便，输出数据表格图文并茂，并且随着它的功能不断完善，统计分析方法不断充实,大大提高了统计分析工作的效率。从 1968 年由美国斯坦福大学开发使用至今，已经拥有全球数以万计的用户，分布在通信、医疗、银行、证券、保险、制造、商业、市场研究、科学教育等众多的行业领域，成为世界上应用最广泛的专业统计软件之一。

SPSS 的基本功能包括数据管理、统计分析、图表分析、输出管理等，具体内容包括描述统计、列联分析，总体的均值比较、相关分析、回归模型分析、聚类分析、主成分分析、时间序列分析、非参数检验等多个大类，每个类中还有多个专项统计方法。SPSS 设有专门的绘图系统，可以根据使用者的需要将给出的数据绘制各种图形，能够满足用户的不同需求。自 20 世纪 60 年代 SPSS 诞生以来，为适应各种操作系统平台的要求经历了多次版本更新，各种版本的 SPSS for Windows 大同小异，在本书中我们选择 PASW Statistics 18.0 作为统计分析应用试验活动的工具。

1．SPSS 的运行模式

SPSS 主要有三种运行模式：

(1) 批处理模式。这种模式把已编写好的程序 (语句程序) 存为一个文件，提交给【开始】菜单上 "【SPSS for Windows】→【Production Mode Facility】" 程序运行。

(2) 完全窗口菜单运行模式。这种模式通过选择窗口菜单和对话框完成各种操作。用户无须学会编程，简单易用。

(3) 程序运行模式。这种模式是在语句 (syntax) 窗口中直接运行编写好的程序或者在脚本 (script) 窗口中运行脚本程序的一种运行方式。这种模式要求掌握 SPSS 的语句或脚本语言。

本试验指导手册为初学者提供入门试验教程，采用 "完全窗口菜单运行模式"。

2．SPSS 的启动

打开 Windows "【开始】→【程序】→【PASW】"，在它的次级菜单中单击 "SPSS 12.0 for Windows" 即可启动 SPSS 软件，进入【SPSS for Windows】对话框。

3．SPSS 软件的退出

SPSS 软件的退出方法与其他 Windows 应用程序相同，有两种常用的退出方法：

◆ 按 "【文件】→【退出】" 的顺序使用菜单命令退出程序。

◆ 直接单击 SPSS 窗口右上角的 "关闭" 按钮，回答系统提出的是否存盘的问题之后即可安全退出程序，如图 2-1 所示。

4．SPSS 的主要窗口介绍

SPSS 软件运行过程中会出现多个界面，各个界面用处不同。其中，最主要的界面有三个：数据编辑窗口、结果输出窗口和语句窗口。

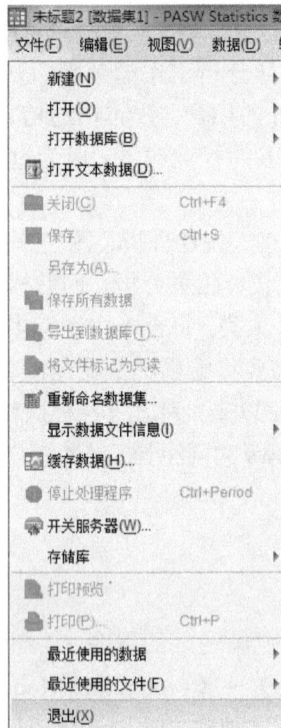

图 2-1　SPSS 的文件操作菜单

a. 数据编辑窗口

启动 SPSS 后看到的第一个窗口便是数据编辑窗口。在数据编辑窗口中可以进行数据的录入、编辑以及变量属性的定义和编辑，是 SPSS 的基本界面。主要由以下几部分构成：标题栏、菜单栏、工具栏、编辑栏、变量名栏、观测序号、窗口切换标签、状态栏，如图 2-2 所示。

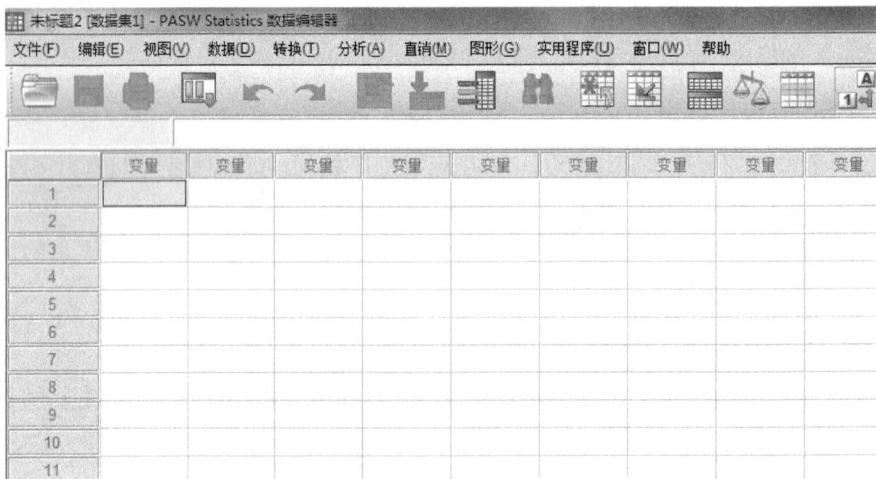

图 2-2　SPSS 的数据编辑窗口

◆ 标题栏：显示数据编辑的数据文件名。

◆ 菜单栏：通过对这些菜单的选择，用户可以进行几乎所有的 SPSS 操作。关于菜单的详细的操作步骤将在后续实验内容中分别介绍。

为了方便用户操作，SPSS 软件把菜单项中常用的命令放到了工具栏中。当鼠标停留在某个工具栏按钮上时，会自动跳出一个文本框，提示当前按钮的功能。另外，如果用户对系统预设的工具栏设置不满意，也可以用[视图]→[工具栏]→[设定]命令对工具栏按钮进行定义。

◆ 编辑栏：可以输入数据，以使其显示在内容区指定的方格里。

◆ 变量名栏：列出了数据文件中所包含变量的变量名。

◆ 观测序号：列出了数据文件中的所有观测值。观测的个数通常与样本容量的大小一致。

◆ 窗口切换标签：用于"数据视图"和"变量视图"的切换。即数据浏览窗口与变量浏览窗口。数据浏览窗口用于样本数据的查看、录入和修改。变量浏览窗口用于变量属性定义的输入和修改。

◆ 状态栏：用于说明显示 SPSS 当前的运行状态。SPSS 被打开时，将会显示"PASW Statistics Processor"的提示信息。

b. 结果输出窗口

在 SPSS 中大多数统计分析结果都将以表和图的形式在结果观察窗口中显示。窗口右边部分显示统计分析结果，左边是导航窗口，用来显示输出结果的目录，可以通过单击目录来展开右边窗口中的统计分析结果。当用户对数据进行某项统计分析时，结果输出窗口将被自动调出。当然，用户也可以通过双击后缀名为".spo"的 SPSS 输出结果文件来打开该窗口，如图 2-3 所示。

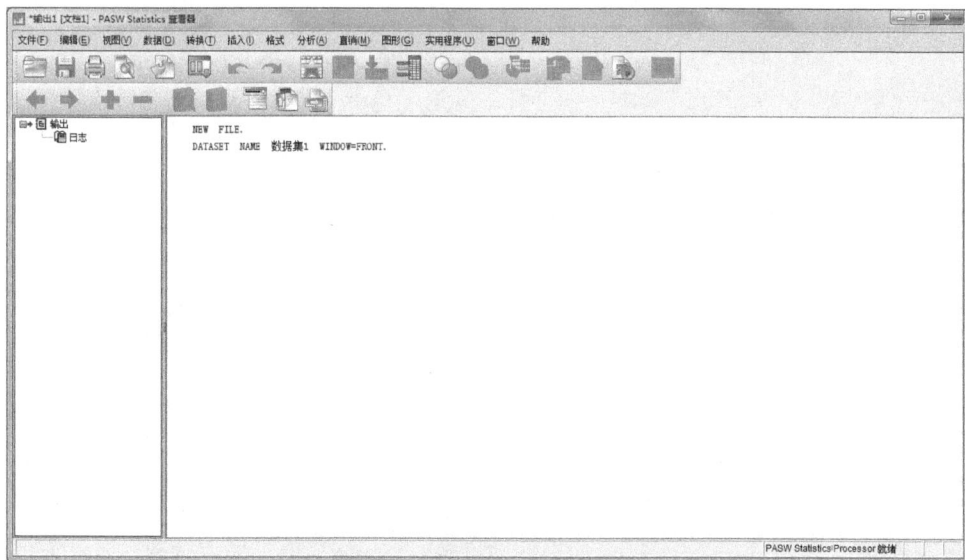

图 2-3 SPSS 的结果输出窗口

思考与练习

一、思考题

(1) 统计数据有哪些类型？

(2) 数据的计量尺度分为哪几种？不同计量尺度各有什么特点？

(3) 数据调查有哪些形式？

(4) 请根据大学生在校消费情况设计一份调查问卷。

(5) 什么是二手数据？使用二手数据需要注意些什么？

二、练习题

(1) 试指出下列的变量属于哪个测量层次。

1) 性别；2) 籍贯；3) 高校教师的职称；4) 民族；5) 温度；6) 宗教信仰；7) 托福成绩；8) 人的体重；9) 产品等级；10) 每月上课天数。

(2) 某方便面生产企业想通过市场调查了解以下问题：某种品牌方便面的知名度和市场偏好情况。

你认为这项调查采取哪种调查方式比较合适？

第三章 数据的整理与显示

第一节 数据的整理

数据整理从广义上讲,包括两种整理。第一种是对统计调查所搜集到的各种数据进行分类和汇总,称为汇总性整理,亦称汇总。第二种是对现成的综合统计资料进行整理。统计的数据整理,指的是第一种整理。整理的过程通常包括数据的预处理、分组和汇总等几个方面的内容,它是统计分析之前的必要步骤。

一、数据的预处理

数据的预处理是数据整理的先前步骤,是在对数据分类或分组之前所做的必要处理,包括数据的审核、筛选、排序等。

在对统计数据进行整理时,首先要进行审核,以保证数据的质量,为进一步的整理与分析打下基础。从不同渠道取得的统计数据,其审核内容和方法有所不同,不同类型的统计数据在审核内容和方法上也有所差异。

调查结束后,当数据中发现的错误不能予以纠正,或者有些数据不符合调查的要求而又无法弥补时,就需要对数据进行筛选。数据筛选包括两方面内容:一是将某些不符合要求的数据或有明显错误的数据予以剔除;二是将符合某种特定条件的数据筛选出来,对不符合特定条件的数据予以剔除。

数据排序是按一定顺序将数据排列,以便于研究者通过浏览数据发现一些明显的特征或趋势,找到解决问题的线索。除此之外,排序还有助于对数据检查纠错,为重新归类或分组等提供依据。在某些场合,排序本身就是分析的目的之一。例如,了解究竟哪家企业是中国汽车产业的三巨头,美国《财富》杂志排出的世界 500 强企业。

二、统计分组

1. 概念

根据统计研究的目的和客观现象的内在特点,按某个标志 (或几个标志) 把被研究的总体划分为若干个不同性质的组,称为统计分组。统计分组必须遵循两个原则:穷尽原则和互斥原则。所谓穷尽原则,就是使总体中的每一个单位都应有组可归,或者说各分组的空间足以容纳总体所有的单位。例如,把从业人员按文化程度分组,分为小学毕业、中学毕业 (含中专) 和大学毕业三组,那么,那些文盲或识字不多的以及大学以上的学历者则无组可归。如果将分组适当调整为:文盲及识字不多、小学程度、中学程度、大学及大学以上,这样分组,就可以包括全部从业人员的各种不同层次的文化程度,符合了分组的穷尽原则。所谓互斥原则,就是在特定的分组标志下,总体中的任何一个单位只能归属于某一组，而不能同时或可能归属于几个组。例如，某商场把服装分为男装、女装、童装三类，这不符合互斥原则，因为童装也有男、女装之分。若先把服装分为成年与儿童两类，然后每类再分为男女两组，这就是互斥原则。

2. 种类

统计分组可以按照不同的标志进行分类。分组的标志是对资料进行分类的标准和依据，分组的标志选择是否得当，关系到能否正确地反映总体数量特征及其变化规律。

按分组标志的多少，可分为简单分组和复合分组。简单分组就是对研究现象按一个标志进行分组，它只能从某一方面说明和反映事物的分布状况和内部结构。许多简单分组从不同角度说明同一个总体，就构成了一个平行的分组体系。例如，为了了解高校教师基本情况，可以选择按年龄、文化程度等标志进行简单分组。许多场合，要用两个或两个以上的标志分组，即先按一个标志分组，在此基础上再按第二个标志分小组，再层叠地按第三个标志分成更小的组，这称为复合分组。例如，把高校教师先按照性别分为男女两个大组，然后对不同性别按照年龄进行二次分组，如男性教师按照 35 岁以下和35 岁以上分为青年教师组和非青年教师组；女性教师按照 40 岁以下和 40 岁以上分为青年教师组和非青年教师组。再按照职称差异分为中级及以下、副高级和高级技术职称组，形成复合分组。

按分组的作用和任务不同，分为类型分组、结构分组和分析分组。把复杂的现象总体，划分为若干个不同性质的部分，就是类型分组。例如，我国全社会消费品零售额分为国有及国有控股商业零售额、集体商业零售额、私营及个体商业零售额和其他类型商业零售额。在对总体分组的基础上计算出各组对总体的比重，借此研究总体各部分的结构，即结构分组。类型分组与结构分组往往紧密地联系在一起。为研究现象之间依存关系而进行的统计分组即分析分组。例如，工人的劳动生产率与产值之间、商品流通费用率与商品销售额之间的依存关系，都可以按分析分组法来研究它们之间的关系。

按分组标志的性质不同，分为品质分组和数量分组。品质分组就是按品质标志进行分组。一般地，对于以定类尺度或定序尺度计量的，采用品质分组。例如，职工按性别分组，企业按经济类型分组等。数量分组就是按数量标志分组，数量标志的变异性体现在它不断变动自身的数量上，故也称为变量分组。例如，企业按产值、工人数分组。品质分组所形成的数列称为品质数列，变量分组所形成的数列称为变量数列。这是我们最为常用的分类方法，下面分别进行介绍。

三、频数分布

在统计分组的基础上，将总体所有的单位按某一标志进行归类排列，称为频数分布或次数分布。频数分布是统计整理的一种重要形式，通过对零乱的、分散的原始资料进行有次序的整理，形成一系列反映总体各组之间单位分布状况的数列，即分布数列。根据分组标志特征的不同，分布数列可分为品质分布数列和变量分布数列。按品质分组所形成的数列即品质分布数列，亦称品质数列。按数量分组所形成的数列叫变量分布数列，亦称变量数列。

(一) 品质分布数列

定类数据本身就是对事物的一种分类, 因此, 在整理时除了要列出所分的类别外, 还要计算出每一类别的频数、频率或比例、比率, 同时选择适当的图形进行显示, 以便对数据及其特征有一个初步的了解。

频数 (frequency) 也称次数, 是落在各类别中的数据个数。我们把各个类别及其相应的频数全部列出来就是频数分布或称次数分布 (frequency distribution)。将频数分布用表格的形式表现出来就是频数分布表。

例 3-1　为研究某大学本科学生个性选修课的偏好, 随机抽取 200 名学生就选课偏好做了问卷调查, 其中一个问题是:"你最喜欢选修的课程类别是什么?", 题目为单选题, 选项如下:

①文学历史;②经济管理;③新闻传播;④数学计算;⑤外语;⑥其他。

这里的变量就是"课程类别", 属于分类变量。调查数据经分类整理后形成频数分布表。见表 3-1。

表 3-1　某大学学生个性选修课类型偏好的频数分布表

课程类型	人数/人	比例	频率/%
文学历史	85	0.425	42.5
经济管理	59	0.295	29.5
新闻传播	11	0.055	5.5
数学计算	28	0.14	14.0
外语	10	0.05	5.0
其他	7	0.035	3.5
合计	200	1	100

很显然, 如果不做分组整理, 观察 200 个人对不同课程的偏好情况, 既不便于理解, 也不便于分析。经分类整理后, 可以大大简化数据, 很容易看出关注"文学历史"类课程的同学最多, 而关注"其他"的人数最少。这里面有几个相关概念需要说明:

(1) 比例 (proportion)。比例是一个总体中各个部分的数量占总体数据的比重, 通常用于反映总体的构成或结构。假定总体数量 N 被分成 K 个部分, 每一部分的数量分别为 N_1, $N_2, \cdots, N_K$, 则比例定义为 $\dfrac{N_i}{N}$。显然, 各部分的比例之和等于 1, 即

$$\frac{N_1}{N} + \frac{N_2}{N} + \cdots + \frac{N_K}{N} = 1$$

比例是将总体中各个部分的数值都变成同一个基数, 也就是都以 1 为基数, 这样就可以对不同类别的数值进行比较。比如, 在上面的例子中, 关注外语和新闻传播课程的人数比例差不多相同。

(2) 百分比 (percentage)。将比例乘以 100 就是百分比或百分数, 它是将对比的基数抽象化为 100 而计算出来的, 用%表示, 它表示每 100 个分母中拥有多少个分子。比如在上面的例子中, 频率一栏就是将比例乘以 100 而得到的百分比。百分比是一个更为标准化的

数值, 很多相对数都用百分比表示。当分子的数值很小而分母的数值很大时, 也可以用千分数 (‰) 来表示比例, 如人口的出生率、死亡率、自然增长率等都可用千分数来表示。

(3) 比率 (ratio)。比率是各不同类别的数量的比值。它可以是一个总体中各不同部分的数量对比, 比如在上面的例子中, 关注文学历史的人数与关注经济管理人数的比率是 85∶59。为便于理解, 通常将分母化为 1。比如, 关注数学计算和关注外语人数的比率是 2.8∶1。

(二) 变量分布数列

数值型数据分组的方法有单变量值分组和组距分组两种。

1. 单变量值分组

单变量值分组是把每一个变量值作为一组, 这种分组方法通常只适合于离散变量且变量值较少的情况。下面结合具体的例子说明分组的过程和频数分布表的编制过程。

例 3-2　某小学调查入学学生身高, 其中 50 个学生的身高资料 (单位：cm) 见表 3-2, 试采用单变量值对数据进行分组。

表 3-2　某小学学生入学身高表

120	122	124	129	139	107	117	130	122	125
108	131	125	117	122	133	126	122	118	108
110	118	123	126	133	134	127	123	118	112
112	134	127	123	119	113	120	123	127	135
137	114	117	128	124	115	139	128	124	121

为便于分组, 可先对上面的数据进行排序, 结果如表 3-3 所示。

表 3-3　某小学学生入学身高排序表

107	108	108	110	112	112	113	114	115	117
117	117	118	118	118	119	120	120	121	122
122	122	122	123	123	123	123	124	124	124
125	125	126	126	127	127	127	128	128	129
130	131	133	133	134	134	135	137	139	139

采用单变量值分组形成的频数分布表如表 3-4 所示。

表 3-4　某小学学生入学身高分组表

身高/cm	频数/人	身高/cm	频数/人	身高/cm	频数/人
107	1	119	1	128	2
108	2	120	2	129	1
110	1	121	1	130	1
112	2	122	4	131	1
113	1	123	4	133	2
114	1	124	3	134	2
115	1	125	2	135	1
117	3	126	2	137	1
118	3	127	3	139	2

从表3-4可以看出,在数据较多的情况下,单变量值分组由于组数较多,不便于观察数据分布的特征和规律,而且对于连续变量无法采用这种分组方法。

2. 组距分组

在连续变量或变量值较多的情况下,可采用组距分组,它是将全部变量值依次划分为若干个区间,并将这一区间的变量值作为一组。在组距分组中,一个组的最小值称为下限 (low limit),最大值称为上限 (upper limit)。采用组距分组需要经过以下几个步骤:

第一步:确定组数。一组数据分多少个组合适呢?这一般与数据本身的特点及数据的多少有关。由于分组目的之一是观察数据分布的特征,因此组数的多少应适中。若组数太少,数据的分布就会过于集中,而组数太多,数据的分布就会过于分散,这都不便于观察数据分布的特征和规律。组数的确定应以能够显示数据的分布特征和规律为目的。在实际分组时,可以按美国学者斯特杰斯 (H.A.Sturges) 提出的经验公式来确定组数 K。

$$K = 1 + \frac{\lg n}{\lg 2} \tag{3.1}$$

式中,n 为数据的个数,对结果用四舍五入的方法取整数即为组数。例如,对例 3-2 中的数据有:$K = 1 + \lg 50 \div \lg 2 \approx 7$,即应分为 7 个组。当然,这只是一个经验公式,实际应用时,可根据数据的多少和特点及分析的要求,参考这一标准灵活确定组数。

第二步:确定各组的组距。组距 (class width) 是一个组的上限与下限之差,可根据全部数据的最大值和最小值及所分的组数来确定,即组距 = (最大值 − 最小值) ÷ 组数。例如,对于例 3-2 的数据,最大值为 139,最小值为 107,则组距 = (139 − 107) ÷ 7 = 4.6。为便于计算,组距宜取 5 或 10 的倍数,而且第一组的下限应低于最小变量值,最后一组的上限应高于最大变量值,因此组距可取 5。

第三步:根据分组整理成频数分布表。按照统计分组的要求,采用左闭右开的区间处理方法计算频数,比如对上面的数据进行分组,110 应该属于 110~115 的一组。进而可得到下面的频数分布表(表 3-5)。

表 3-5 某小学学生入学身高分组表

按身高分组/cm	频数/人	频率/%
105~110	3	6
110~115	5	10
115~120	8	16
120~125	14	28
125~130	10	20
130~135	6	12
135~140	4	8
合计	50	100

采用组距分组时,一定要遵循"不重不漏"的原则。"不重"是指一项数据只能分在其中的某一组,不能在其他组中重复出现;"不漏"是指在所分的全部组别中每项数据都能分在其中的某一组,不能遗漏。

为解决"不重"的问题,统计分组时习惯上规定"上组限不在内",即当相邻两组的上下限重叠时, 恰好等于某一组上限的变量值不算在本组内, 而算在下一组内。例如, 在表 3-3 的分组中, 120 这一数值不计算在"115～120"这一组内, 而计算在"120～125"组中, 其余类推。当然, 对于离散变量可以采用相邻两组组限间断的办法解决"不重"的问题。例如, 可对例 3-2 的数据做如下的分组, 见表 3-6。

表 3-6　某小学学生入学身高分组表

按身高分组/cm	频数/人	频率/%
105～109	3	6
110～114	5	10
115～119	8	16
120～124	14	28
125～129	10	20
130～134	6	12
135～139	4	8
合计	50	100

对于连续变量, 可以采取相邻两组组限重叠的方法, 根据"上组限不在内"的规定解决"不重"的问题, 也可以对一个组的上限值采用小数点的形式, 小数点的位数根据所要求的精度具体确定。例如, 对身高可以分组为 105～109.99, 110～114.99, 115～119.99, 等等。

在组距分组中, 如果全部数据中的最大值和最小值与其他数据相差悬殊, 为避免出现空白组 (即没有变量值的组) 或个别极端值被漏掉, 第一组和最后一组可以采用"××以下"及"××以上"这样的开口组, 以解决"不漏"问题。例如, 在例 3-2 的 50 个数据中, 假定将最小值改为 94, 最大值改为 160, 采用上面的分组就会出现"空白组", 这时可采用开口组, 见表 3-7。

表 3-7　某小学学生入学身高分组表

身高/cm	频数/人	频率/%
110 以下	3	6
110～115	5	10
115～120	8	16
120～125	14	28
125～130	10	20
130～135	6	12
135 以上	4	8
合计	50	100

在组距分组时, 如果各组的组距相等则称为等距分组, 如上面的几种分组就是等距分组。有时, 对于某些特殊现象或为了特定研究的需要, 各组的组距也可以是不相等的, 称为不等距分组。比如, 对人口年龄的分组, 可根据人口成长的生理特点分成 0～6 岁 (婴幼儿组)、7～17 岁 (少年儿童组)、18～59 岁 (中青年组)、60 岁以上 (老年组) 等。

等距分组由于各组的组距相等, 各组频数的分布不受组距大小的影响。它同消除组距因素影响的频数密度 (即单位组距内分布的频数, 也称次数密度) 的分布是一致的, 因此可直接根据绝对频数来观察频数分布的特征和规律。而不等距分组因各组组距不同, 各组频数的分布受组距大小不同的影响, 所以各组绝对频数的多少并不能反映频数分布的实际状况。为消除组距不同对频数分布的影响, 需要计算频数密度, 即频数密度＝频数÷组距。频数密度能准确反映频数分布的实际状况。

此外, 组距分组掩盖了各组内的数据分布状况, 为反映各组数据的一般水平, 我们通常用组中值 (class midpoint) 作为该组数据的一个代表值, 即

$$组中值 = (下限值 + 上限值) /2 \tag{3.2}$$

$$向上开口组组中值 =上限 - 邻组组距/2 \tag{3.3}$$

$$向下开口组组中值 =下限 + 邻组组距/2 \tag{3.4}$$

但这种代表值有一个必要的假定条件, 即各组数据在本组内呈均匀分布或在组中值两侧呈对称分布。如果实际数据的分布不符合这一假定, 用组中值作为一组数据的代表值会有一定的误差。

为了统计分析的需要, 有时需要观察某一数值以下或某一数值以上的频数或频率之和, 因此还可以计算出累积频数或累积频率。

累积频数 (cumulative frequencies)。就是将各类别的频数逐级累加起来。其方法有两种: 一是从类别顺序的开始一方向类别顺序的最后一方累加频数 (定距数据和定比数据则是从变量值小的一方向变量值大的一方累加频数), 称为向上累积; 二是从类别顺序的最后一方向类别顺序的开始一方累加频数 (定距数据和定比数据则是从变量值大的一方向变量值小的一方累加频数), 称为向下累积。通过累积频数, 可以很容易看出某一类别 (或数值) 以下及某一类别 (或数值) 以上的频数之和。

累积频率或百分比 (cumulative percentages)。就是将各类别的百分比逐级累加起来, 也有向上累积和向下累积两种方法, 见表 3-8。

表 3-8 某小学学生入学身高分组表

按身高分组/cm	频数/人	频率/%	向上累积/%	向下累积/%
110 以下	3	6	6	100
110~115	5	10	16	94
115~120	8	16	32	84
120~125	14	28	60	68
125~130	10	20	80	40
130~135	6	12	92	20
135 以上	4	8	100	8
合计	50	100		

(三) 频数分布的类型

频数分布是统计分析的一种重要方法。由于各种社会经济现象的性质不同, 各种统计总体的频数分布存在着差异, 它们具有不同类型的分布特征。常见的频数分布曲线主要有钟形分布、J 形分布和 U 形分布等几种类型, 如图 3-1 所示。

图 3-1 中的 (a) 和 (b) 都属于钟形分布,特征是"两头小,中间大",即靠近中间的变量值分布的次数多,靠近两边的变量值分布的次数少,其曲线图宛如一口古钟。对称的钟形分布 (a) 一般指正态分布,有很多现象服从这种分布,如农作物的单位面积产量、零件的误差、商品的价格等。图 3-1 中的 (b) 为非对称分布,其中数值偏大的分布较多称为右偏分布,数值偏小的分布较多称为左偏分布。

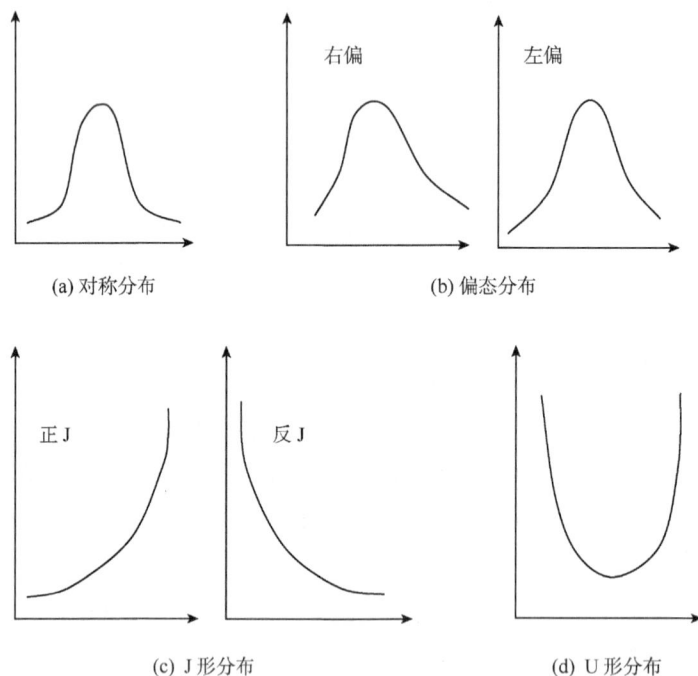

图 3-1   几种常见的频数分布

J 形分布有正 J 形和反 J 形两种,如经济学中供给曲线,随着价格的提高供给量以更快的速度增加,呈现为正 J 形;而需求曲线则表现为随着价格的提高需求量以较快的速度减少,呈现为反 J 形。

U 形分布的形状与钟形分布相反,靠近中间的变量值分布次数少,靠近两端的变量值分布次数多,形成"两头大,中间小"的 U 形分布。比如,人的死亡率分布就近似服从 U 形分布,因为人口中婴幼儿和老年人的死亡率较高,而中青年的死亡率则较低。

第二节   数据的显示

一、统计表

(一) 定义和结构

统计表是统计用数字说话的一种最常用的形式。把收集到的数字资料,经过汇总整理后，得出一些系统化的统计资料，将其按一定顺序填列在一定的表格内，这个表格就是统计表。广义的统计表包括统计工作各个阶段中所用的一切表格。狭义的统计表专指分析表和容纳各种统计资料的表格，也就是通常所说的统计表，它清楚地、有条理地显示统计资料，直观地反映统计分布特征，是统计分析的一种重要工具。

统计表的形式多种多样，根据使用者的要求和统计数据本身的特点，可以绘制形式多样的统计表。比如，表 3-9 就是一种比较常见的统计表。

从表式上看，统计表是由纵横交叉的线条组成的一种表格，表格包括总标题、横行标题、纵栏标题和指标数值四个部分。总标题是统计表的名称，它扼要地说明该表的基本内容，并指明时间和范围。它置于统计表格的正上方。横行标题是横行的名称，一般放在表格的左方。纵栏标题是纵栏的名称，一般放在表格的上方。横行标题和纵栏标题共同说明填入表格中的统计数字所指的内容。指标数值列在横行和纵栏的交叉处，用来说明总体及其组成部分的数量特征，它是统计表格的核心部分。

表 3-9　2014 年我国娱乐教育文化用品及服务类 CPI 数据 ← 总标题

分类	2014 年（上年 = 100）	城市	农村
耐用消费品及服务	97.3	96.9	98.6
教育	102.4	102.6	101.9
文化娱乐	101.3	101.3	101.1
旅游	105.0	104.8	105.9

主词栏　　　　　　　　　宾词栏

从内容上看，统计表由主词栏和宾词栏两个部分组成。主词栏是统计表所要说明的总体及其组成部分；宾词栏是统计表用来说明总体数量特征的各个统计指标。如表 3-9 所示，主词一般列在表的左方，宾词一般列在表的右方。必要时，主宾词可以变换位置或合并排列。

(二) 统计表的分类

(1) 按主词的结构分类，根据主词是否分组和分组的程度，分为简单表、分组表和复合表。

1) 简单表。表的主词未经任何分组的统计表为简单表。简单表的主词一般按时间顺序排列，或按总体各单位名称排列。通常是对调查来的原始资料初步整理所采用的形式，如表 3-10 即为按总体各单位名称排列的简单表。

2) 分组表。表的主词按照某一标志进行分组的统计表称为分组表。利用分组表可以提示不同类型现象的特征，说明现象内部的结构，分析现象之间的相互关系等，如表 3-11 所示。

表 3-10　2014 年世界人均 GDP 排名前十的国家

国家	位次	人均 GDP /美元
卢森堡	1	111716
挪威	2	97013
卡塔尔	3	93965
瑞士	4	87475
澳大利亚	5	61219
丹麦	6	60564
瑞典	7	58491
圣马力诺	8	56820
新加坡	9	56319
美国	10	54597

资料来源：国际货币基金组织. 2015. 世界经济展望. www.imf.org[2016-9-5].

表 3-11　某专业学生人数构成

学生人数按班级分组	人数/人
一班	80
二班	75
三班	78
合计	233

3) 复合表。主词按两个或两个以上标志进行分组的统计表，也称复合分组表，表 3-12 是一个复合表。

表 3-12　某年级学生人数构成

		人数/人	比例/%
按性别	男	4 1	41
	女	59	59
按专业	行政管理	62	62
	人力资源	38	38

(2) 按宾词设计分类，可分为宾词简单排列、分组平行排列和分组层叠排列等三种。

1) 简单排列。宾词不进行任何分组，按一定顺序排列在统计表上，如表 3-13 所示。

表 3-13　2006 年北京、上海和天津地区的地区生产总值构成　　　　(单位：亿元)

地区	劳动者报酬	生产税净额	固定资产折旧	营业盈余
北京	3496.57	1161.55	1251.09	1961.07
天津	1383.36	775.09	595.09	1605.61
上海	3756.56	1623.36	1730.51	3255.94

资料来源：《中国城市统计年鉴 (2007)》。

2) 分组平行排列。宾词栏中各分组标志彼此分开，平行排列，如表 3-14 所示。

表 3-14　某高校教师性别及学位情况

	教师总人数/人	性别		学位		
		男	女	博士	硕士	本科
教学岗位	638	290	348	254	308	76
行政岗位	334	108	226	118	176	40
合计	972	398	574	372	484	116

3) 分组层叠排列。统计指标同时有层次地按两个或两个以上标志分组, 各种分组层叠在一起, 宾词的栏数等于各种分组的组数连乘积, 如表 3-15 所示。

表 3-15　某高校教师性别及学位情况

	教师人数		博士学位			硕士学位			本科学位		
	男	女	男	女	小计	男	女	小计	男	女	小计
教学岗位	290	348	110	144	254	138	170	308	42	34	76
行政岗位	108	226	28	90	118	64	112	176	16	24	40
合计	398	574	138	234	372	202	282	484	58	58	116

(三) 统计表的设计要求

统计表的设计应符合科学、实用、简练、美观的要求。具体来说, 设计统计表时要注意以下几点。

第一, 标题设计。统计表的总标题, 横栏、纵栏标题应简明扼要, 以简练而又准确的文字表述统计资料的内容、资料所属的空间和时间范围。统计表的总标题应该位于表的上方。

第二, 线条设计。表中的上下两条线一般用粗线, 中间的其他线要用细线, 这样使人看起来清楚、醒目。通常情况下, 统计表的左右两边不封口, 列标题之间一般用竖线隔开, 而行标题之间通常不必用横线隔开。总之, 表中尽量少用横竖线。统计表各纵列若需合计, 一般应将合计列在最后一行, 各横行若需要合计, 可将合计列在最前一栏或最后一栏。

第三, 计量单位。统计表必须注明数字资料的计量单位。当全表只有一种计量单位时, 可以把它写在表头的右上方。如果表中各格的指标数值计量单位不同, 可在横行标题后添一列计量单位。

第四, 指标数值。表中的数据一般是右对齐, 有小数点时应以小数点对齐, 而且小数点的位数应统一。对于没有数字的表格单元, 一般用 "–" 表示, "–" 线填好的统计表不应出现空白单元格。

第五, 资料来源。在使用统计表时, 必要时可在表的下方加上注释, 特别要注意注明资料来源, 以便查证。

二、统计图

(一) 定性数据的图示

上面我们是用频数分布反映分类数据的频数分布。如果用图形来显示频数分布, 就会更加形象和直观。一张好的统计图表, 往往胜过冗长的文字表述。统计图的类型有很多, 多数统计图除了可以绘制二维平面图外, 还可以绘制三维立体图。图形的制作均可由计算机来完成。这里首先介绍反映定类数据的图示方法, 其中包括条形图和圆形图。如果两个总体或两个样本的分类相同且问题可比, 还可以绘制环形图。

(1) 条形图 (bar chart)。条形图是用宽度相同的条形的高度或长短来表示数据变动的图形。条形图可以横置或纵置, 有单式、复式等形式。例如, 根据表 3-1 数据绘制的条形图如图 3-2 所示。

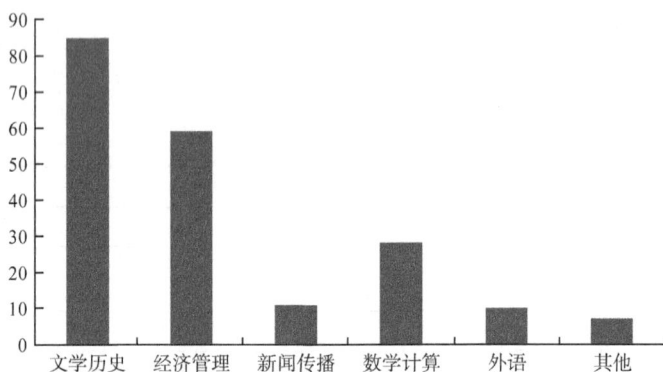

图 3-2　某大学同学个性选修课类型偏好条形图

(2) 饼图 (pie chart)。饼图也称圆形图, 是用圆形及圆内扇形的面积来表示数值大小的图形。饼图主要用于表示总体中各组成部分所占的比例, 对于研究结构性问题十分有用。在绘制饼图时, 总体中各部分所占的百分比用圆内的各个扇形面积表示。根据表 3-1 数据绘制的饼图如图 3-3 所示。

(3) 环形图 (annular chart)。环形图与圆形图类似, 但又有区别。环形图中间有一个"空洞", 总体中的每一部分数据用环中的一段表示。圆形图只能显示一个总体各部分所占的比例, 而环形图则可以同时绘制多个总体的数据系列, 按照由内到外的顺序绘制, 每一个总体的数据系列为一个环。因此环形图可以显示多个总体各部分所占的相应比例, 从而有利于进行比较研究。例如, 根据表 3-13 数据绘制三个城市 GDP 构成差异的环形图, 如图 3-4 所示。

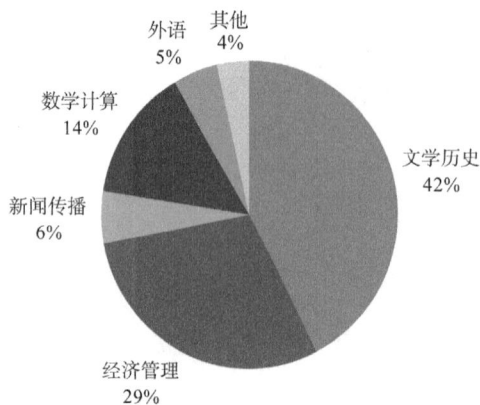

图 3-3　某大学同学个性选修课类型的偏好比例

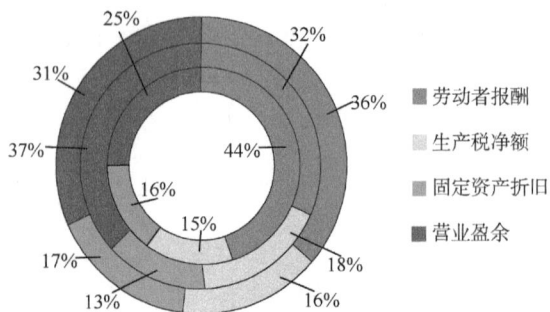

图 3-4　北京、上海和天津地区的地区生产总值构成比较

在图 3-4 中, 由内到外分别表示北京、上海和天津三个地区。

(二) 定量数据的图示

(1) 直方图 (histogram)。通过数据分组后形成的频数分布表, 可以初步看出数据分布的一些特征和规律。例如, 从表 3-5 可以看出, 该小学学生入学身高多数在 120～125cm, 共 14 人, 低于这一水平的共有 16 人, 高于这一水平的共有 20 人, 可见这是一种非对称分布。如果用图形来表示这一分布的结果, 会更加形象和直观。显示分组数据频数分布特征的图形主要是直方图。

直方图是用矩形的宽度和高度来表示频数分布的图形。在平面直角坐标中, 横轴表示数据分组, 纵轴表示频数或频率, 这样, 各组与相应的频数就形成了一个矩形, 即直方图。比如, 根据表 3-5 数据绘成的直方图如图 3-5 所示。

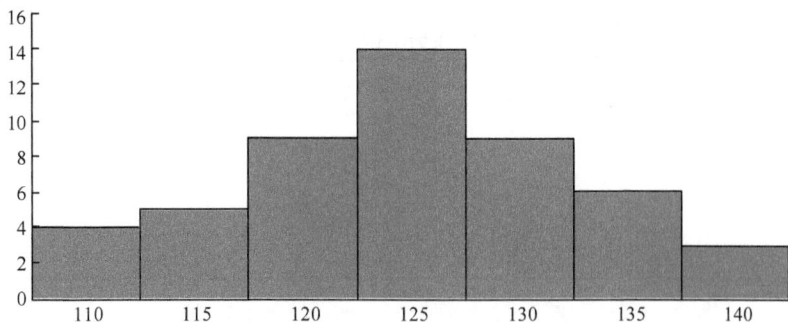

图 3-5　某小学学生入学身高的直方图

对于等距分组的数据, 可以用矩形的高度直接表示频数的分布。如果是不等距分组数据, 用矩形的高度来表示各组频数的分布就不再适用。这时, 可以用矩形的面积来表示各组的频数分布, 或根据频数密度来绘制直方图, 从而准确地表示各组数据分布的特征。实际上, 无论是等距分组数据还是不等距分组数据, 用矩形的面积或频数密度来表示各组的频数分布都更为合适, 因为这样可使直方图下的总面积等于 1。比如在等距分组中, 矩形的高度与各组的频数成比例, 如果取矩形的宽度 (各组组距) 为一个单位, 高度表示比例 (即频率) , 则直方图下的总面积等于 1。在直方图中, 实际上是用矩形的面积来表示各组的频数分布。

直方图与条形图不同, 条形图是用条形的长度 (横置时) 表示各类别频数的多少, 其宽度 (表示类别) 是无实际意义的; 直方图是用面积表示各组频数的多少, 矩形的高度表示每一组的频数或百分比, 宽度则表示各组的组距, 因此其高度与宽度均有意义。此外, 由于分组数据具有连续性, 直方图的各矩形通常是连续排列, 而条形图则是分开排列。

(2) 茎叶图 (stem-and-leaf)。通过直方图可以大体上看出一组数据的分布状况, 但直方图没有给出具体的数值。下面介绍的茎叶图, 既能给出数据的分布状况, 又能给出每一个原始数值。茎叶图由 "茎" 和 "叶" 两部分构成, 其图形是由数字组成的。通过茎叶图, 可以看出数据的分布形状及数据的离散状况, 比如, 分布是否对称, 数据是否集中, 是否有极端值等。

绘制茎叶图的关键是设计好树茎, 通常是以该组数据的高位数值作为树茎。树茎一经确定, 树叶就自然地长在相应的树茎上了。下面以表 3-5 对应的原始的数据做茎叶图, 见图 3-6。

树茎	树叶	频数
10	7 8 8	3
11	0 2 2 3 4 5 7 7 7 8 8 8 9	13
12	0 0 1 2 2 2 2 3 3 3 3 4 4 4 5 5 6 6 7 7 7 8 8 9	24
13	0 1 3 3 4 4 5 7 9 9	10

图 3-6　某小学入学学生身高的茎叶图

茎叶图所表现的数据分布特征与直方图十分类似。

(3) 散点图 (scatter diagram)。变量间的关系度量是统计学研究的重点。常用的描述两变量关系的图形就是散点图。简单地说，散点图是用两组数据构成多个坐标点，考察坐标点的分布，判断两变量之间是否存在某种关联或总结坐标点的分布模式。例如，假定一种新绝缘材料的开发者想确定 2in[①] 厚的材料样品受到不同压力时产生的压缩量。在不同压力下测试 5 张试验材料，表 3-16 给出了 x 值 $(10lb/in^2)$ 和产生的压缩量 $y(0.1in)$。

表 3-16　不同压力下试验材料的压缩量

实验材料	压力 $x/10lb/in^2$	压缩量 $y/0.1in$
1	1	1
2	2	1
3	3	2
4	4	2
5	5	4

将压力和压缩量的成对数据描绘在平面坐标上，形成的散点图见图 3-7。

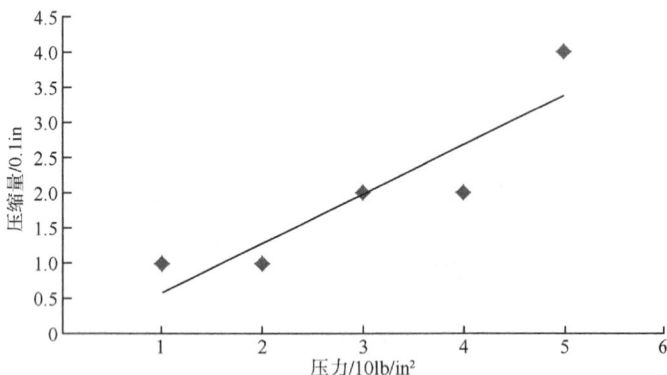

图 3-7　某试验材料的压力与压缩量的散点图

散点图可以初步地帮助我们判断变量间的关系，如图 3-7 中趋势线反映了压力和压缩量的线性关系。散点图还可判断常见的非线性关系，如二次函数关系、三角函数关系等。

(4) 线图 (line plot)。如果定距数据和定比数据是在不同时间上取得的，即时间序列数据，还可以绘制线图。线图是在平面坐标上用折线表现数量变化特征和规律的统计图。线图主要用于显示时间序列数据，以反映事物发展变化的规律和趋势。例如，2001～2014 年城

---

① 1in=2.54cm。

乡居民收入比变化情况如表 3-17 所示, 绘制线图见图 3-8。

表 3-17　2001~2014 年城乡居民收入比变化情况　　　　　　（单位：元）

年份	农村居民纯收入	城镇居民可支配收入
2001	2366	6860
2002	2476	7703
2003	2600	8472
2004	2936	9422
2005	3255	10493
2006	3587	11759
2007	4140	13786
2008	4761	15781
2009	5153	17175
2010	5919	19109
2011	6977	21810
2012	7917	24565
2013	8896	26955
2014	9892	28844

资料来源：中华人民共和国国家统计局. 2015. 中国统计年鉴 2015. 北京：中国统计出版社.

从图 3-8 可以清楚地看出, 城乡居民的家庭人均收入逐年提高, 而且城镇居民的家庭人均收入高于农村, 因而缩小城乡收入差距是一项系统工程, 随着近年来相关工作的开展, 2014 年城乡收入比首次缩小至 3 倍以下。

绘制线图时应注意以下几点：①时间一般绘在横轴, 指标数据绘在纵轴。②图形的长宽比例要适当, 一般应绘成横轴略大于纵轴的长方形, 其长宽比例大致为 10:7。图形过扁或过于瘦高, 不仅不美观, 而且会给人造成视觉上的错觉, 不便于对数据变化的理解。③一般情况下, 纵轴数据下端应从 0 开始, 以便于比较。

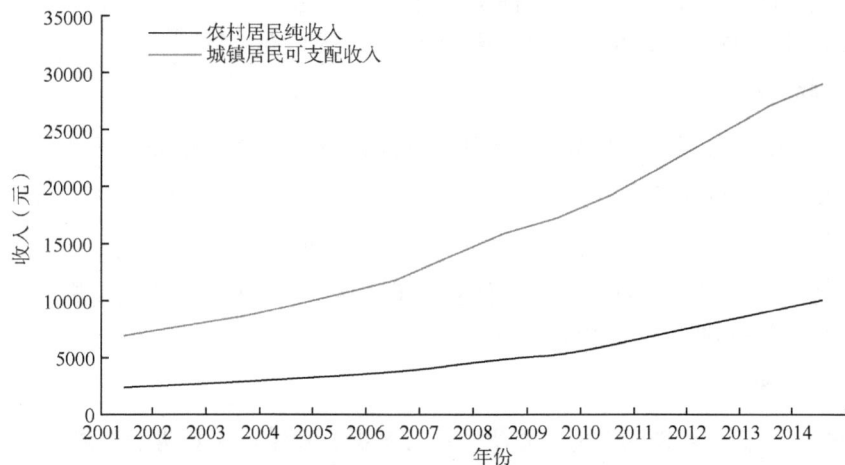

图 3-8　城乡居民城乡居民收入比变化

第三节　SPSS 的数据文件管理

SPSS 数据文件是一种结构性数据文件，由数据的结构和数据的内容两部分构成，也可以说由变量和观测两部分构成。SPSS 中的变量共有 10 个属性，分别是变量名 (name)、变量类型 (type)、长度 (width)、小数点位置 (decimals)、变量名标签 (label)、变量名值标签 (value)、缺失值 (missing)、数据列的显示宽度 (columns)、对齐方式 (align) 和度量尺度 (measure)。定义一个变量至少要定义它的两个属性，即变量名和变量类型，其他属性可以暂时采用系统默认值，待以后分析过程中如果有需要再对其进行设置。在 SPSS 数据编辑窗口中单击"变量视窗"标签，进入变量视窗界面即可对变量的各个属性进行设置。

1．创建一个数据文件

数据文件的创建分成三个步骤：

(1) 选择菜单"【文件】→【新建】→【数据】"新建一个数据文件，进入数据编辑窗口。窗口顶部标题为"PASW Statistics 数据编辑器"。

(2) 单击左下角【变量视窗】标签进入变量视图界面，根据试验的设计定义每个变量类型。

(3) 变量定义完成以后，单击【数据视窗】标签进入数据视窗界面，将每个具体的变量值录入数据库单元格内。

2．读取外部数据

当前版本的 SPSS 可以很容易地读取 Excel 数据，步骤如下：

(1) 按"【文件】→【打开】→【数据】"的顺序使用菜单命令调出打开数据对话框，在文件类型下拉列表中选择数据文件。

(2) 选择要打开的 Excel 文件，单击"打开"按钮，调出打开 Excel 数据源对话框。对话框中各选项的意义如下：

工作表下拉列表：选择被读取数据所在的 Excel 工作表。

范围输入框：用于限制被读取数据在 Excel 工作表中的位置。

3．数据编辑

在 SPSS 中，对数据进行基本编辑操作的功能集中在 Edit 和 Data 菜单中。

4．SPSS 数据的保存

SPSS 数据录入并编辑整理完成以后应及时保存，以防数据丢失。保存数据文件可以通过"【文件】→【保存】"或者"【文件】→【另存为】"的菜单方式来执行。在数据保存对话框中根据不同要求进行 SPSS 数据保存。

5．数据整理

在 SPSS 中，数据整理的功能主要集中在【数据】和【转换】两个主菜单下。

(1) 数据排序 (sort case)。数据按照某一个或多个变量的大小排序将有利于对数据的总体浏览，如对表 3-18 中的数据进行排序，基本操作说明如下：

表 3-18　某中学学生期末考试成绩

科目	成绩
数学	81
语文	76
英语	83
物理	77
化学	85
历史	88
政治	80
生物	83

选择菜单"【数据】→【排列个案】"，打开对话框，如图 3-9 所示。

图 3-9　排列个案

　　(2) 抽样 (select case)。在统计分析中，有时不需要对所有的观测进行分析，而可能只对某些特定的对象有兴趣。利用 SPSS 的"Select Case"命令可以实现这种样本筛选的功能。以上述数据为例，选择分数大于 80 的观测，基本操作说明如下：

　　◆ 选择"【数据】→【选择个案】"命令，打开对话框，如图 3-10 所示。

　　◆ 指定抽样的方式：【全部个案】不进行筛选；【如果条件满足】按指定条件进行筛选。本例设置：分数 > 80；设置完成以后，点击 continue，进入下一步。

　　◆ 确定未被选择的观测的处理方法，这里选择默认选项【过滤掉未选定的个案】。

　　◆ 单击"确定"进行筛选，结果如

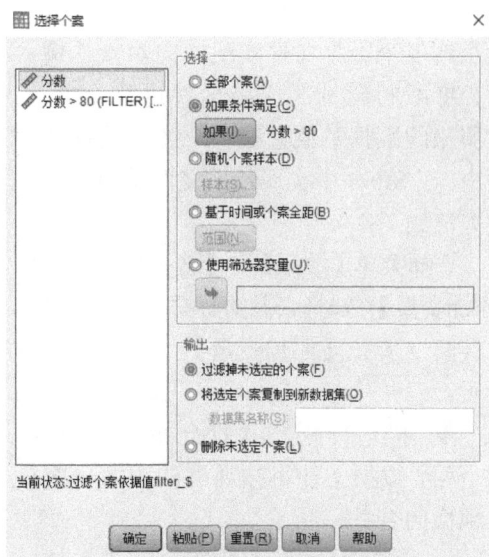

图 3-10　选择个案

	课程	分数	filter_$
1	数学	81.00	1
2	语文	76.00	0
3	英语	83.00	1
4	物理	77.00	0
5	化学	85.00	1
6	历史	88.00	1
7	政治	80.00	0
8	生物	83.00	1

图 3-11　选择个案的结果

图 3-11 所示。

(3) 增加个案的数据合并 (【合并文件】→【添加个案】)。将新数据文件中的观测合并到原数据文件中, 在 SPSS 中实现数据文件纵向合并的方法如下:

选择菜单【数据】→【合并文件】→【添加个案】, 如图 3-12, 选择需要追加的数据文件, 单击【选择】, 弹出【添加个案】对话框, 如图 3-13 所示。

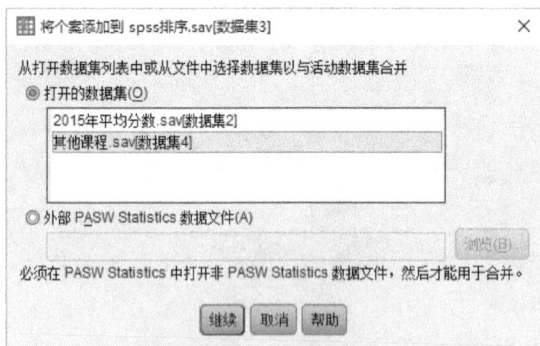

图 3-12　选择个体数据来源的文件

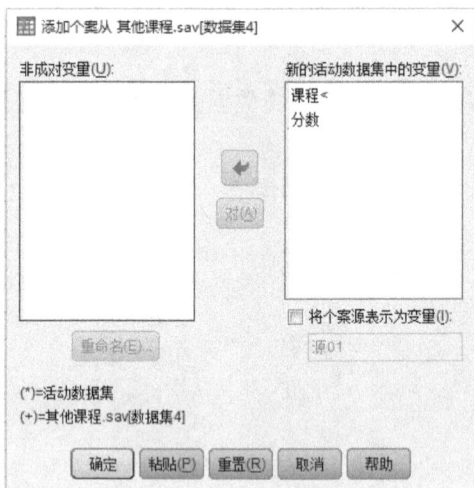

图 3-13　选择变量

(4) 增加变量的数据合并 (【合并文件】→【添加变量】)。增加变量时只把两个或多个数据文件实现横向对接。例如, 将不同年份的成绩文件进行合并, 收集来的数据被放置在一个新的数据文件中。在 SPSS 中实现数据文件横向合并的方法如下:

选择菜单【数据】→【合并文件】→【添加变量】, 选择合并的数据文件, 单击"打开", 弹出【添加变量】, 如图 3-14 所示。

◆ 单击"确定"执行合并命令。这样, 两个数据文件将按观测的顺序一对一地横向合并。

(5) 数据拆分 (split file)。在进行统计分析时, 经常要对文件中的观测进行

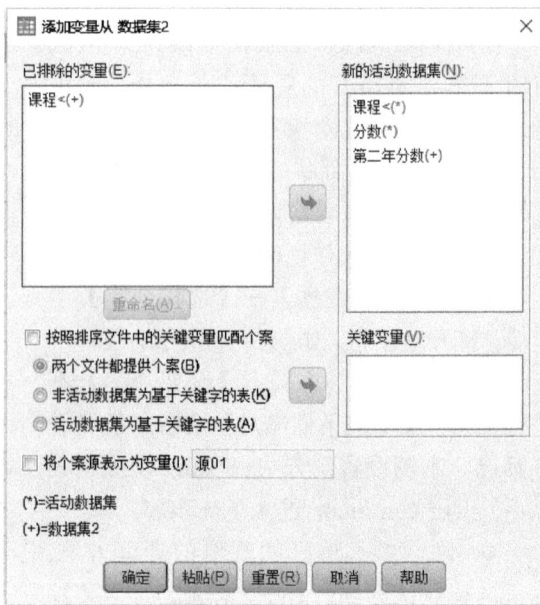

图 3-14　合并文件

分组，然后按组分别进行分析，如要求按性别不同分组。选择拆分数据后，输出结果的排列方式，该对话框提供了 3 种方式：对全部观测进行分析，不进行拆分；在输出结果中将各组的分析结果放在一起进行比较；按组排列输出结果，即单独显示每一分组的分析结果。

◆ 选择分组变量。

◆ 选择数据的排序方式。

◆ 单击"确定"按钮，执行操作。

(6) 计算新变量。在对数据文件中的数据进行统计分析的过程中，为了更有效地处理数据和反映事物的本质，有时需要对数据文件中的变量加工产生新的变量。比如经常需要把几个变量加总或取加权平均数，SPSS 中通过【计算】菜单命令来产生这样的新变量，其步骤如下：

◆ 选择菜单"【转换】→【计算变量】"，打开对话框，如图 3-15 所示。

◆ 在目标变量输入框中输入生成的新变量的变量名。单击输入框下面类型与标签按钮，在跳出的对话框中可以对新变量的类型和标签进行设置。

◆ 在数字表达式输入框中输入新变量的计算表达式，如"年龄 > 20"。

◆ 单击"如果"按钮，弹出子对话框。包含所有个体：对所有的观测进行计算；如果个案满足条件则包括：仅对满足条件的观测进行计算。

◆ 单击"确定"按钮，执行命令，则可以在数据文件中看到一个新生成的变量。

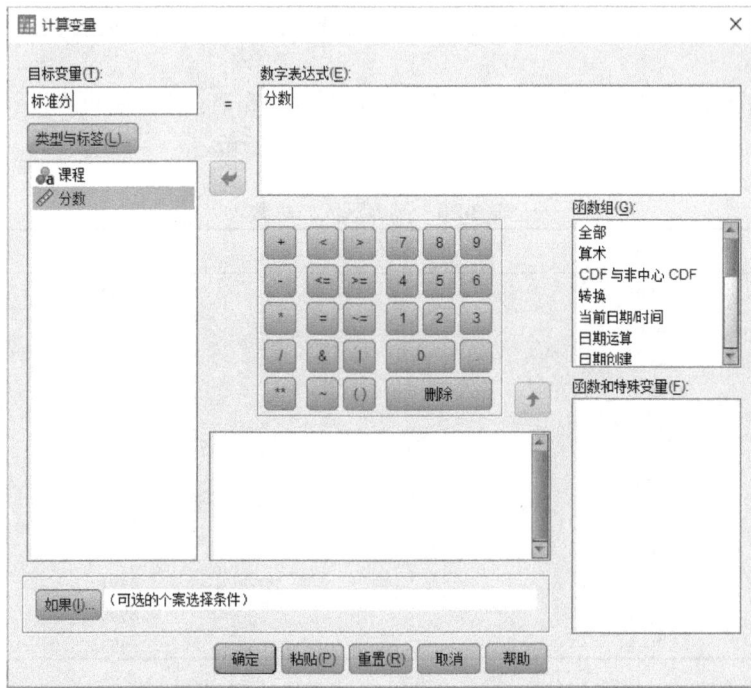

图 3-15　计算变量

思考与练习

一、思考题

(1) 数据的预处理包括哪些内容？

(2) 定类数据和定序数据的整理和图示方法各有哪些？

(3) 定距数据和定比数据的分组方法有哪些？简述组距分组的步骤。

(4) 直方图与条形图有何区别？

(5) 统计表由哪几个主要部分组成？

(6) 制作统计表应注意哪几个问题？

二、练习题

(1) 某汽车 4S 店连续 40 天的汽车销售总量如表 3-19 所示。

表 3-19　汽车销售总量　　　　　　　　　　　（单位：个）

41	25	29	47	38	34	30	38	43	40
46	36	45	37	37	36	45	43	33	44
35	28	46	34	30	37	44	26	38	44
42	36	37	37	49	39	42	32	36	35

要求：根据上面的数据进行适当分组，编制频数分布表，并绘制直方图。

(2) 已知 2001～2012 年某地区人口总数如表 3-20 所示。

表 3-20　某地区人口总数

年份	国内生产总值/人
2001	18548
2002	21618
2003	26638
2004	34634
2005	46759
2006	58478
2007	67884
2008	74463
2009	79553
2010	81911
2011	89404
2012	95533

其中，在 2009 年的该地区的人口构成中，20 岁以下的 14299 人，20～50 岁的 39150 人，50 岁以上的 26104 人。

要求：1) 根据 2001～2012 年的人口数据，利用统计软件绘制线图和条形图；

2) 根据 2009 年的人口构成数据, 绘制圆形图。

(3) 某高校对教职工的游泳水平进行汇总测试, 有效游泳距离调查结果如下 (单位: m):

　　70,　　80,　　60,　1900, 2100,　300,　　500,　　400,　100,　1100,

　1600,　800,　300,　1200, 2600,　500,　　180,　1110,　660,　420,

　　800,　720,　100,　240,　200,　870,　　200,　　100,　1700,　410,

　　900,　700,　400,　150,　250,　400,　1600,　　900,　200,　800

试根据上述数据分成以下几组: 100 以下, 100～200, 200～400, 400～800, 800～1600, 1600 以上, 并绘制频数 (率) 分布图表。

第四章　数据分布特征的描述

本章用代表性的数量特征指标对数据分布进行描述，以达到对统计分布更准确的认识。数据分布的特征，可以从三个方面进行测度和描述：一是分布的集中趋势，反映各数据向其中心值聚集的程度；二是分布的离散趋势，反映各数据远离其中心值的程度；三是分布的偏态和峰态，反映数据分布的形状。

第一节　分布的集中趋势

集中趋势是指一组数据向其中心值靠拢的倾向，测度集中趋势也就是寻找数据一般水平的代表值或中心值，一般采用统计平均数进行描述。统计平均数也称平均指标，是社会经济统计中常用的一种综合指标。在统计总体中，各个统计单位都有表明其属性和特征的标志，但这些标志在各统计单位的表现往往是不同的。例如，对企业职工而言，"工资"是职工的数量标志，但工资这个标志在各职工中的表现是不同的。这也就是我们在现实生活中所看到的，企业各职工工资报酬互有差别的现象。如果我们的目的是要对企业职工工资的总体水平有一个概括的、一般的认识，显然这就需要用全体职工的平均工资水平来说明。所以统计平均数就是用来表示社会经济现象总体各单位某一标志在一定时间、地点条件下所达到的一般水平。亦即，将总体各单位标志值的差异抽象化，反映总体在具体条件下各单位标志值达到的一般水平。在社会经济现象的分析中，统计平均数具有广泛的作用，主要体现在以下几个方面。

(1) 反映总体各单位变量分布的集中趋势和一般水平。在社会经济现象中，总体各单位某一变量从小到大形成一定的分布。由于标志值很小或很大的单位数都比较少，而逐渐靠近平均数的单位数逐渐增多，即标志值围绕平均数周围的单位数在总体单位数占有最大的比重，显示总体各单位向平均数集中，所以平均数是反映总体各单位变量分布的集中趋势和一般水平的指标。例如，居民人均收入的分布，收入很低或很高的居民户只是少数，而在人均收入附近的中等收入户数在总户数中占有绝大的比重，所以居民人均收入这一指标反映了居民收入分配的集中趋势，是居民收入在具体条件下所达到的一般水平。

(2) 比较同类现象在不同单位的发展水平。比较不同单位同类现象的发展水平，一般不能用总量指标来对比，因为总量指标会受到规模大小的影响，所以不能简单加以比较。例如，评价两个乡的农产品收获量生产水平，就不能直接用农产品收获量指标来对比，因为农产品产量会受耕地面积规模不同的影响。如果用单位面积产量来进行比较，就可以比较客观地说明问题。所以，平均指标在说明生产水平、经济效益或工作质量等方面以及投资项目评估、制订生产消耗定额、核算产品成本等许多场合都被广泛应用。

(3) 比较同类现象在不同时期的发展变化趋势或规律。社会经济现象的变离散趋势化受多种因素的影响，个别单位或标志总量的变化，易受偶然因素和现象离散趋势模的影响。用平均指标来分析，既可以消除偶然因素的作用，又能够避免受离散趋势现象规模的影响，比较确切地反映总体现象变化的基本趋势。例如，研究一个离散趋势地区居民消费水平的变动情况，个别居民户的消费变动有其特殊性，不足以用离散趋势反映一般水平的变化，而居民消费总额的变动又受居民人数多少的影响。如果将各年居民的平均消费水平进行对比，就可以明显地反映出居民消费水平离散趋势的变动趋势。

(4) 分析现象之间的依存关系。分析现象之间的依存关系，必须借助于平均指标。例如，将工业企业按照规模的大小进行分组，再计算各不同规模工业企业的劳动生产率、利润率等指标，就可以反映出企业规模的不同与劳动生产率或利润率之间的关系。

取得统计平均数的方法通常有两种：一是从总体各单位变量值中抽象出具有一般水平的量，这个量不是各个单位的具体变量值，但又要反映总体各单位的一般水平，这种平均数称为数值平均数。数值平均数有均值、调和平均数、几何平均数等形式。二是先将总体各单位的变量值按一定顺序排列，然后取某一位置的变量值来反映总体各单位的一般水平，把这个特殊位置上的数值看成平均数，称为位置平均数。位置平均数有众数、中位数、四分位数等形式。不同平均数的计算方法不同，也有不同的意义和不同的应用场合，并具有一定的数量关系。以下分别加以介绍。

一、数值平均数

(一) 算术平均数

算术平均数在统计学中一般称为均值 (mean)，总体单位的标志值总量除以总体单位数，表明总体单位标志值的平均水平。它是计算平均指标最常用的方法和最基本的形式。它是所有平均数中应用最广泛的平均数，因为它的计算方法是与许多社会经济现象中个别现象与总体现象之间存在的客观数量关系相符合的。

例如，企业职工的工资总额就是各个职工工资额的总和，职工的平均工资必等于职工的工资总额与职工总人数之比。所以，均值的基本公式应该是

$$均值 = \frac{总体标志总量（变量值总量）}{总体单位总量（变量值个数）} \tag{4.1}$$

计算时，要求各变量值必须是同质的，分子与分母必须属于同一总体，即公式的分子是分母具有的标志值，分母是分子的承担者。在实际工作中，就手工计算而言，由于所掌握的统计资料不同，利用上述公式进行计算时，可分为简单算术平均数和加权算术平均数两种。

(1) 简单算术平均数。根据未经分组整理的原始数据计算的均值。设一组数据为 x_1，$x_2, \cdots, x_n$，则简单均值的计算公式如下：

$$\bar{x} = \frac{x_1 + x_2 + \cdots + x_n}{n} = \frac{\sum x}{n} \tag{4.2}$$

例 4-1 某小学调查入学学生身高，其中 50 个学生的身高资料如表 4-1 所示。

表 4-1 某小学 50 个学生入学身高数据 （单位：cm）

120	122	124	129	139	107	117	130	122	125
108	131	125	117	122	133	126	122	118	108
110	118	123	126	133	134	127	123	118	112
112	134	127	123	119	113	120	123	127	135
137	114	117	128	124	115	139	128	124	121

计算入学学生的平均身高。根据公式计算如下：

$$\bar{x} = \frac{\sum_{i=1}^{n} x_i}{n} = \frac{120+122+\cdots+124+121}{50} = \frac{6149}{50} = 122.98（\text{cm}）$$

(2) 加权算术平均数。根据分组整理的数据计算的均值。其计算公式为：

$$\bar{x} = \frac{x_1 f_1 + x_2 f_2 + \cdots + x_n f_n}{f_1 + f_2 + \cdots + f_n} = \frac{\sum xf}{\sum f} \tag{4.3}$$

式中，f 代表各组变量值出现的频数。

例 4-2 将表 4-1 中的数据分组整理，这时计算平均身高的过程见表 4-2。

解

表 4-2 某小学 50 个学生入学身高均值计算表

按身高分组/cm	组中值 x	频数 f	xf
105～110	107.5	3	322.5
110～115	112.5	5	562.5
115～120	117.5	8	940.0
120～125	122.5	14	1715.0
125～130	127.5	10	1275.0
130～135	132.5	6	795.0
135～140	137.5	4	550.0
合计	—	50	6160.0

$$平均身高 = \frac{\sum xf}{\sum f} = \frac{6160}{50} = 123.2（\text{cm}）$$

这种根据已分组整理的数据计算的均值就称为加权算术平均数。这时，均值的大小，不仅取决于研究对象的变量值，而且受各变量值重复出现的频数（f）或频率（$f/\sum f$）大小的影响，如果某一组的频数或频率较大，说明该组的数据较多，那么该组数据的大小对均值的影响就大，反之则小。可见各组频数的多少（或频率的高低）对平均的结果起着一种权衡轻重的作用，因而这一衡量变量值相对重要性的数值称为权数。这里所谓权数的大小，并不是以权数本身值的大小而言的，而是指各组单位数占总体单位数的比重，即权数系数（$f/\sum f$）。权数系数亦称为频率，是一种结构相对数。

当然, 利用组中值作为本组平均值计算均值, 是在各组内的标志值分布均匀的假定下。计算结果与未分组数列的相应结果可能会有一些偏差, 应用时应予以注意。在统计分析过程中, 如果收集到的是经过初步整理的次级数据, 或数据要求不很精确的原始数据资料可用此法计算均值。如果要求结果十分精确, 那么需用原始数据的全部实际信息, 如果计算量很大, 可借助计算机的统计功能。

计算加权算术平均数有时会遇到权数的选择问题。在分配数列的条件下, 一般来说, 次数就是权数。但也有次数是不合适的权数的情况, 这在以相对数或平均数计算平均数时经常遇到。通常应符合所求的相对数本身的公式, 将分子视为总体标志总量, 分母视为总体单位总量。

例4-3　某房屋销售门店考核员工一个季度的销售计划完成情况资料如表4-3所示, 计算平均完成程度。

表4-3　某房屋销售完成情况表

销售完成程度/%	组中值 x /%	人数/人	计划销售 f /万元	实际销售 xf /万元
70 以下	65	2	800	480
70~80	75	3	2500	2235
80~90	85	10	5720	4800
90 以上	95	3	4400	5060
合计	—	18	24900	26175

$$平均销售计划完成程度 = \frac{实际销售额}{计划销售额} = \frac{\sum xf}{\sum f} = \frac{12575}{13420} = 93.7\%$$

这里虽然人数为频数, 但不是合适的权数。

(3) 均值性质。均值在统计学中具有重要的地位, 它是进行统计分析和统计推断的基础。首先, 从统计思想上看, 它是一组数据的重心所在, 是数据误差相互抵消后的必然性结果。比如对同一事物进行多次测量, 若所得结果不一致, 可能是测量误差所致, 也可能是其他因素的偶然影响, 利用均值作为其代表值, 则可以使误差相互抵消, 反映出事物必然性的数量特征。其次, 它具有下面一些重要的数学性质, 这些数学性质在实际工作中有着广泛的应用 (如在相关性分析和方差分析及建立回归方程中), 同时也体现了均值的统计思想。

1) 各变量值与其均值的离差之和等于零, 即 $\sum (x - \bar{x}) f = 0$;

2) 各变量值与其均值的离差平方和最小, 即 $\sum (x - \bar{x})^2 f = \min$。

(二) 调和平均数

1. 调和平均数的计算方法

调和平均数 (harmonic mean) 也称倒数平均数。与均值一样, 由于给定的资料条件不同, 有简单调和平均数和加权调和平均数两种, 其计算公式分别为

$$H = \frac{n}{\dfrac{1}{x_1} + \dfrac{1}{x_2} + \cdots + \dfrac{1}{x_n}} = \frac{n}{\displaystyle\sum_{i=1}^{n} \dfrac{1}{x_i}} \tag{4.4}$$

$$H = \frac{m_1 + m_2 + \cdots + m_n}{\dfrac{m_1}{x_1} + \dfrac{m_2}{x_2} + \cdots + \dfrac{m_n}{x_n}} = \frac{\displaystyle\sum_{i=1}^{n} m_i}{\displaystyle\sum_{i=1}^{n} \dfrac{m_i}{x_i}} \tag{4.5}$$

简单调和平均数的应用场合是各标志值对应的标志总量为 1 个单位 (或相等)。当各标志值对应的标志总量不为 1 个单位 (或不相等) 时, 则要用加权调和平均数。

例 4-4 市场上某种茶叶的价格是春天每两[①]12.5 元, 夏天每两 12.0 元, 冬天每两 11.0 元。若春、夏、冬各买 100 元钱的茶叶, 问所购买茶叶的平均价格是多少元每两?

茶叶的平均价格是总购买金额除以总购买数量。该例中有 3 个组, 各组标志总量 (购买金额) 都为 100 元, 各组变量值 (茶叶价值) 分别为 12.5 元, 12.0 元和 11.0 元, 但不知道所购买茶叶的数量, 所以要先分别计算出各组的茶叶购买数量。将这些计算过程归纳起来, 就是运用了调和平均数的公式。

$$H_A = \frac{\displaystyle\sum_{i=1}^{3} m_i}{\displaystyle\sum_{i=1}^{3} \dfrac{m_i}{x_i}} = \frac{100 + 100 + 100}{\dfrac{100}{12.50} + \dfrac{100}{12.0} + \dfrac{100}{11.0}}$$
$$= 300 / 25.42 = 11.8 (元)$$

如果采用简单算术平均数计算, 则所购买茶叶的每两平均价格为

$$\bar{x} = \frac{\sum x}{n} = \frac{12.5 + 12 + 11}{3} = 11.83 (元)$$

结果为什么不一样? 因为本例实际上是花了 300 元钱购买了 25.42 两茶叶, 而不是花了 3.55 元买了 3 两, 所以简单算术平均数的结果是错误的。一般的做法是, 如果掌握的是基本公式中的分母资料, 则采用均值, 如果掌握的是基本公式中的分子资料, 则采用调和平均数的计算公式。

2. 调和平均数特点

(1) 调和平均数易受极端值的影响, 且受极小值的影响比受极大值的影响更大。

(2) 只要有一个变量值为零, 就不能计算调和平均数。

(3) 当组距数列有开口组时, 其组中值即使按相邻组距计算了, 假定性也很大, 这时, 调和平均数的代表性就很不可靠。

(4) 调和平均数应用的范围较小。

(三) 几何平均数

几何平均数 (geometric mean) 也称几何均值, 它是 n 项标志值连乘积的 n 次方根。几

---

① 1 两 = 0.05 千克。

何平均数一般应用于具有等比趋势数列的平均数，因为这时标志值总量等于各标志值的连乘积。在社会经济现象中，许多现象变化的总比率或总速度常常是各项比率或各项速度的连乘积，所以要用几何平均数计算平均比率或平均发展速度。根据统计资料的不同，几何平均数也有简单几何平均数和加权几何平均数之分。

1．简单几何平均数

直接将 n 项变量连乘，然后对其连乘积开 n 次方根所得的平均数即为简单几何平均数。它是几何平均数的常用形式。计算公式为

$$G = \sqrt[n]{x_1 \cdot x_2 \cdot x_3 \cdot \cdots \cdot x_n} = \sqrt[n]{\prod_{i=1}^{n} x_i} \tag{4.6}$$

式中，G 代表几何平均数，$\prod$ 代表连乘符号。

例 4-5　某流水生产线有前后衔接的五道工序。某日各工序产品的合格率分别为 96%，94%，95%，95% 和 96%，整个流水生产线产品的平均合格率为

$$G = \sqrt[5]{96\% \times 94\% \times 95\% \times 95\% \times 96\%} = 95.2\%$$

2．加权几何平均数

与均值一样，当资料中的某些变量值重复出现时，相应地，简单几何平均数就变成了加权几何平均数。计算公式为

$$\bar{x}_G = \sqrt[\sum_{i=1}^{n} f_i]{x_1^{f_1} \cdot x_2^{f_2} \cdot x_3^{f_3} \cdot \cdots \cdot x_n^{f_n}} = \sqrt[\sum_{i=1}^{n} f_i]{\prod_{i=1}^{n} x_i^{f_i}} \tag{4.7}$$

式中，f_i 代表各个变量值出现的次数。

例 4-6　某企业最近 10 年销售额的年发展速度如表 4-4 所示，求年平均发展速度。

表 4-4　某企业近 10 年销售发展速度表

年发展速度/%	105	107	106	107	108	109
年数/频数	3	2	1	1	2	1

按公式计算 10 年的平均发展速度

$$\bar{x}_G = \sqrt[10]{1.05^3 \times 1.07^2 \times 1.06^1 \times 1.07^1 \times 1.08^2 \times 1.09^1} = 106.69\%$$

3．几何平均数特点

(1) 几何平均数受极端值的影响较均值小。

(2) 如果变量值有负值，计算出的几何平均数就会成为负数或虚数。

(3) 它仅适用于具有等比或近似等比关系的数据。

(4) 几何平均数的对数是各变量值对数的均值。

二、位置平均数

位置平均数就是根据总体中处于特殊位置上的个别单位或部分单位的标志值来确定

的代表值，它对于整个总体来说，具有非常直观的代表性，因此，常用来反映分布的集中趋势。常用的有众数 (mode)、中位数。

(一) 众数

所谓众数是指社会经济现象总体中最普遍出现的标志值。从分布的角度看，众数是具有明显集中趋势的数值。在概率密度曲线图上，众数就是曲线的最高峰所对应的标志值，用 Mo 表示。未经整理的资料是无法确定众数的。为了确定众数，一定要先将资料进行整理，编制分配数列。由于分组有单项式分组和组距式分组，而组距式分组又有等距分组和不等距分组之分，因而各种不同的资料条件确定众数的方法又有所不同，需要分别讨论。

(1) 由单项式分配数列确定众数。此方法比较简单，即出现次数最多的标志值就是众数。

例 4-7 某制鞋厂要了解消费者最需要哪种型号的男皮鞋，调查了某百货商场某季度男皮鞋的销售情况，得到资料如表 4-5 所示。

表4-5　某商场某季度男皮鞋销售情况

男鞋号码/cm	销售量/双
24.0	12
24.5	84
25.0	118
25.5	541
26.0	320
26.5	104
27.0	52
合计	1200

从表 4-5 可以看到，25.5cm 的鞋号销售量最多，如果我们计算均值，则平均号码为 25.65cm，而这个号码显然是没有实际意义的，而直接用 25.5cm 作为顾客对男皮鞋所需尺寸的集中趋势既便捷又符合实际。

(2) 由组距式分配数列确定众数。由组距数列确定众数，应首先确定众数组，然后再通过一定的公式计算众数的近似值。在等距分组条件下，众数组就是次数最多的那一组；在不等距分组的条件下，众数组则是频数密度或频率密度最高的那一组。众数值是依据众数组的次数与众数组相邻的两组次数的关系来近似计算的。计算公式为

$$M_0 = L + \frac{\Delta_1}{\Delta_1 + \Delta_2} \times d \tag{4.8}$$

或

$$M_0 = U - \frac{\Delta_2}{\Delta_1 + \Delta_2} \times d$$

式中，L 为众数所在组下限；U 为众数所在组上限；Δ_1 为众数所在组次数与其下限的邻组次数之差；Δ_2 为众数所在组次数与其上限的邻组次数之差；d 为众数所在组组距。

例4-8 根据表4-2某小学50个同学入学身高的数据，计算身高的众数。

解 从表4-2中的数据可以看出，最大的频数值是14，即众数组为120～125这一组，根据公式(4.8)得50个同学入学身高的众数为

$$M_0 = 120 + \frac{14-8}{(14-8)+(14-10)} \times 5 = 123（\text{cm}）$$

或

$$M_0 = 125 - \frac{14-10}{(14-8)+(14-10)} \times 5 = 123（\text{cm}）$$

值得注意的是，从分布的角度看，众数是具有明显集中趋势点的数值，一组数据分布的最高峰点所对应的数值即为众数。当然，如果数据的分布没有明显的集中趋势或最高峰点，众数也可能不存在；如果有两个最高峰点，也可以有两个众数。只有在总体单位比较多，而且又明显地集中于某个变量值时，计算众数才有意义。

(二) 中位数

中位数是将总体各个单位按其标志值的大小顺序排列，处于数列中点的那个单位的标志值。中位数用 M_e 表示。从中位数的定义可知，所研究的数据中有一半小于中位数，一半大于中位数。中位数的作用与均值相近，也是作为所研究数据的代表值。在一个等差数列或一个正态分布数列中，中位数就等于均值。

在数列中出现了极端变量值的情况下，用中位数作为代表值要比用均值更好，因为中位数不受极端变量值的影响；如果研究目的就是为了反映中间水平，当然也应该用中位数。例如，人口的平均年龄会受到一些特别长寿人年龄的影响，使计算结果偏大，而年龄中位数往往能够较好地体现人口年龄结构特征。中位数的确定方法，视所掌握的资料条件有所不同。

(1) 对于未分组的原始资料，首先必须将标志值按大小排序。设排序的结果为

$$x_1 \leqslant x_2 \leqslant x_3 \leqslant \cdots \leqslant x_n$$

则中位数就可以按下面的方式确定：

$$M_e = \begin{cases} x_{\frac{n+1}{2}} & （n\text{为奇数}） \\\\ \dfrac{x_{\frac{n}{2}} + x_{\frac{n}{2}+1}}{2} & （n\text{为偶数}） \end{cases} \tag{4.9}$$

例如，根据例4-1的原始数据，计算50个同学入学身高的中位数。中位数位置在 $(50+1)/2 = 25.5$，中位数在第25个数值 (123) 和第26个数值 (123) 之间，即 $M_e = (123+123)/2 = 123$ (件)。

(2) 由分组资料确定中位数。由组距数列确定中位数，应先按 $\dfrac{\sum f}{2}$ 的公式求出中位数所在组的位置，然后再按根据比例插值法计算中位数的近似值。

$$
\begin{cases}
\text{下限公式：} \quad M_e = L + \dfrac{(\sum f / 2) - S_{m-1}}{f_m} \times d \\[4mm]
\text{上限公式：} \quad M_e = U - \dfrac{(\sum f / 2) - S_{m+1}}{f_m} \times d
\end{cases}
\tag{4.10}
$$

式中，M_e 为中位数；L 为中位数所在组下限；U 为中位数所在组上限；f_m 为中位数所在组的次数；$\sum f$ 为总次数；d 为中位数所在组的组距；S_{m-1} 为中位数所在组以下的累计次数；S_{m+1} 为中位数所在组以上的累计次数。

例 4-9　根据例 4-2 某小学 50 个学生入学身高均值的数据，计算 50 个学生入学身高的中位数。

解

表 4-6　某小学 50 个学生入学身高中位数计算表

按身高分组/cm	频数/人	向上累计/人	向下累计/人
105～110	3	3	50
110～115	5	8	47
115～120	8	16	42
120～125	14	30	34
125～130	10	40	20
130～135	6	46	10
135～140	4	50	4

由表 4-6 可知，中位数的位置 = 50/2 = 25，即中位数在 120～125 这一组，$L = 120$，$S_{m-1} = 16$，$U = 125$，$S_{m+1} = 20$，$f_m = 14$，$d = 5$，根据中位数公式得

$$
M_e = 120 + \frac{\dfrac{50}{2} - 16}{14} \times 5 = 123.21（\text{cm}）
$$

或

$$
M_e = 125 - \frac{\dfrac{50}{2} - 20}{14} \times 5 = 123.21（\text{cm}）
$$

中位数是以它在所有标志值中所处的位置确定的全体单位标志值的代表值，不受分布数列的极大或极小值影响，从而在一定程度上提高了中位数对分布数列的代表性。

(3) 中位数实际上属于分位数的一种，常用的分位数还有四分位数和百分位数。通常令排序后处于 25% 和 75% 位置上的值为 Q_1，处于 50% 和 50% 位置上的值为 Q_2，处于 75% 和 25% 位置上的值为 Q_3。那么四分位数主要指的就是 Q_1 和 Q_3，也称为下四分位数 Q_L 和上四分位数 Q_U。而 Q_2 就是中位数。确定四分位数的方法对于未分组数据来说，主要是确定位置，计算公式如下：

$$
\begin{cases}
Q_L \text{位置} = \dfrac{n+1}{4} \\[4mm]
Q_U \text{位置} = \dfrac{3(n+1)}{4}
\end{cases}
\tag{4.11}
$$

而百分位数, 就是将数据排序后, 分成 100 等份, 对应 $k\%$ 位置上的值称为 $k\%$ 分位数。

(三) 众数、中位数和均值的关系

均值、众数和中位数之间的关系与次数分布数列有关。在次数分布完全对称时, 均值、众数和中位数都是同一数值, 见图 4-1;在次数分布非对称时, 均值、众数和中位数不再是同一数值了, 而是具有相对固定的关系。在尾巴拖在右边的正偏 (或右偏) 分布中, 众数最小, 中位数适中, 均值最大, 见图4-2;在尾巴拖在左边的负偏 (或左偏) 分布中, 众数最大, 中位数适中, 均值最小, 见图4-3。

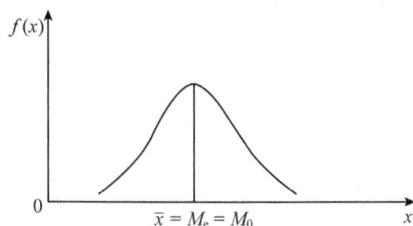

图 4-1 对称分布

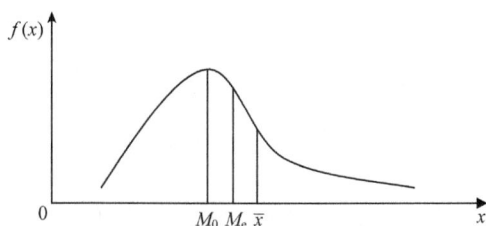

图 4-2 右偏分布

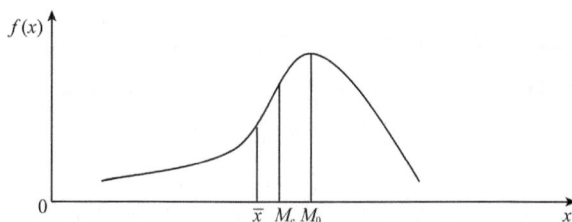

图 4-3 左偏分布

根据统计分析经验, 可以利用均值、中位数和众数的数量关系判断次数分布的特征。此外还可利用三者的关系相互之间进行估算。根据经验, 在分布偏斜程度不大的情况下, 不论右偏还是左偏, 三者存在一定的比例关系, 即众数与中位数的距离约为均值与中位数的距离 2 倍, 用公式表示为: $M_e - M_0 = 2 \times (\bar{x} - M_e)$, 由此可以得到三个推导公式

$$\begin{cases} \overline{x} = \dfrac{3M_e - M_0}{2} \\[2mm] M_e = \dfrac{M_0 - 2\overline{x}}{3} \\[2mm] M_0 = 3M_e - 2\overline{x} \end{cases} \tag{4.12}$$

总之，众数、中位数和均值各自具有不同的特点，掌握它们之间的关系和各自的特点，有助于我们在实际应用中选择合理的测度值来描述数据的集中趋势。

众数是一种位置代表值，易理解，不受极端值的影响。任何类型的数据资料都可以计算，但主要适合作为定类数据的集中趋势测度值。即使资料有开口组仍然能够使用众数。众数不适于进一步代数运算。有的资料众数根本不存在，当资料中包括多个众数时，很难对它进行比较和说明，应用不如均值广泛。

中位数也是一种位置代表值，不受极端值的影响。除了数值型数据，定序数据也可以计算，而且主要适合作为定序数据的集中趋势测度值，而且开口组资料也不影响计算。中位数不适于进一步代数运算，应用不如均值广泛。

均值的含义通俗易懂，直观清晰。全部数据都要参加运算，因此它是一个可靠的具有代表性的量。任何一组数据都有一个平均数，而且只有一个平均数。用统计方法推断几个样本是否取自同一总体时，必须使用均值。其还具有优良的数学性质，适合于代数方法的演算。均值是实际中应用最广泛的集中趋势测度值，主要适合于作为定距和定比数据的集中趋势测度值。最容易受极端值的影响，对于偏态分布的数据，均值的代表性较差。资料有开口组时，按相邻组组距计算假定性很大，代表性降低。

第二节　分布的离散趋势

一、离散趋势的测定——变异指标

变异指标也是社会经济统计分析中广泛应用的指标。在统计总体中，同质性是各个单位的共性。统计平均指标把同质总体各个单位的数量差异抽象掉，综合反映总体内部的集中趋势或共同倾向。变异指标则是从另一个侧面，反映总体内部的集中趋势或变异状况。变异指标值越大，表明总体各单位标志的变异程度越大。

变异指标是衡量平均指标代表性的尺度。一般地说，标志值分布越集中，频数分布的形态也越尖峭；标志值分布越分散，频数分布的形态也越平坦。这也可以通过变异指标来测度。同时，变异指标是进行抽样推断等统计分析的一个基本指标。在统计分析中，进行相关分析、趋势分析、抽样推断和统计决策等，都需要利用变异指标。常用的变异指标有：极差与四分位差、平均差、方差与标准差等。

二、极差与四分位差

(一) 极差

极差 (range) 也称为全距，是指总体各单位的两个极端标志值之差，即

$$R = 最大标志值 - 最小标志值 = x_{\max} - x_{\min} \tag{4.13}$$

因此，全距 (R) 可反映总体标志值的差异范围。

例 4-10　有两个样本中的数学成绩分别为：

第一组：60，70，80，90，100；

第二组：76，78，80，82，84。

很明显，两个小组的考试成绩平均分都是 80 分，但是哪一组的分数比较集中呢？如果用全距指标来衡量，则有

$$R_{甲} = 100 - 60 = 40 \,(分)$$

$$R_{乙} = 84 - 76 = 8 \,(分)$$

这说明第一组资料的标志变动度或离散趋势远大于第二组资料的标志变动度。

根据组距计算极差，是测定标志变动度的一种简单方法，但受极端值的影响，所以它往往不能充分反映社会经济现象的离散程度。

在实际工作中，全距常用来检查产品质量的稳定性和进行质量控制。在正常生产条件下，全距在一定范围内波动，若全距超过给定的范围，就说明有异常情况出现。因此，利用全距有助于及时发现问题，以便采取措施，保证产品质量。

(二) 四分位差

四分位差就是上四分位数与下四分位数之差

$$Q_{d} = Q_{U} - Q_{L} \tag{4.14}$$

反映了中间50%数据的离散程度。相比极差来看，四分位差不受极端值的影响，用于衡量中位数的代表性，而且主要用于顺序数据的离散程度的度量。

三、平均差

平均差 (mean absolute deviation) 是总体各单位标志对其均值的离差绝对值的均值。它综合反映了总体各单位标志值的变动程度。平均差越大，表示标志变动度越大，反之，则表示标志变动度越小。

在资料未分组的情况下，平均差的计算公式为

$$A.D = \frac{\sum |x - \bar{x}|}{N} \tag{4.15}$$

采用标志值对均值的离差绝对值之和，是因为各标志值对均值的离差代数和等于零。

仍以甲组学生数学成绩为例，计算平均差如下：

$$A.D = \frac{|60-80| + |70-80| + |80-80| + |90-80| + |100-80|}{5} = 12（分）$$

在资料已分组的情况下，要用加权平均差公式

$$A.D = \frac{\sum |x - \bar{x}| f}{\sum f} \tag{4.16}$$

例 4-11 某企业工人月工资分组数据如表 4-7 所示，要求计算平均差。

表 4-7 某企业工人月工资分组数据表

月工资/百元	组中值/x	职工人数/f	xf	$x - \bar{x}$	$|x - \bar{x}| f$
40 以下	35	10	350	13	130
40～50	45	20	900	3	60
50～60	55	15	825	7	105
60 以上	65	5	325	17	85
合计		50	2400		380

解 根据公式列表计算，得到

$$\bar{X} = \frac{\sum xf}{\sum f} = \frac{2400}{50} = 48（百元）$$

$$A.D = \frac{\sum |x - \bar{x}| f}{\sum f} = \frac{380}{50} = 7.6（百元）$$

由于平均差采用了离差的绝对值，不便于运算，这样使其应用受到了很大限制。

四、方差与标准差

方差 (variance) 和标准差 (standard deviation) 是测度数据变异程度的最重要、最常用的指标。方差是各个数据与其均值的离差平方的平均数，通常以 σ^2 表示。方差的计量单位和量纲不便于从经济意义上进行解释，所以实际统计工作中多用方差的算术平方根——标准差来测度统计数据的差异程度。标准差又称均方差，一般用 σ 表示。方差和标准差的计算也分为简单平均法和加权平均法，另外，对于总体数据和样本数据，公式略有不同。

(一) 总体方差和标准差

设总体方差为 σ^2，对于未经分组整理的原始数据，方差的计算公式为

$$\sigma^2 = \frac{\sum_{i=1}^{N}(X_i - \bar{X})^2}{N} \tag{4.17}$$

对于分组数据，方差的计算公式为

$$\sigma^2 = \frac{\sum_{i=1}^{K}(X_i - \bar{X})^2 f_i}{\sum_{i=1}^{K} f_i} \tag{4.18}$$

方差的平方根即为标准差，其相应的计算公式如下：

未分组数据

$$\sigma = \sqrt{\frac{\sum\limits_{i=1}^{N}(X_i - \bar{X})^2}{N}} \tag{4.19}$$

分组数据

$$\sigma = \sqrt{\frac{\sum\limits_{i=1}^{K}(X_i - \bar{X})^2 f_i}{\sum\limits_{i=1}^{K} f_i}} \tag{4.20}$$

(二) 样本方差和标准差

样本方差与总体方差在计算上的区别是：总体方差是用数据个数或总频数去除离差平方和，而样本方差则是用样本数据个数或总频数减 1 去除离差平方和，其中样本数据个数减 1 即 $n-1$ 称为自由度。设样本方差为 S_{n-1}^2，根据未分组数据和分组数据计算样本方差的公式分别如下所示。

未分组数据

$$S_{n-1}^2 = \frac{\sum\limits_{i=1}^{n}(x_i - \bar{x})^2}{n-1} \tag{4.21}$$

分组数据

$$S_{n-1}^2 = \frac{\sum\limits_{i=1}^{k}(x_i - \bar{x})^2 f_i}{\sum\limits_{i=1}^{k} f_i - 1} \tag{4.22}$$

未分组数据

$$S_{n-1} = \sqrt{\frac{\sum\limits_{i=1}^{n}(x - \bar{x})^2}{n-1}} \tag{4.23}$$

分组数据

$$S_{n-1} = \sqrt{\frac{\sum\limits_{i=1}^{k}(x - \bar{x})^2 f_i}{\sum\limits_{i=1}^{k} f_i - 1}} \tag{4.24}$$

例 4-12　根据例 4-11 的数据计算企业工人月工资的方差和标准差。方差的计算表如表 4-8 所示。

表 4-8 某企业工人月工资方差计算表

月工资/百元	组中值/x	职工人数/f	$x-\bar{x}$	$(x-\bar{x})^2$	$(x-\bar{x})^2 f$
40 以下	35	10	−13	169	1690
40~50	45	20	−3	9	180
50~60	55	15	7	49	735
60 以上	65	5	17	289	85
合计		50			2690

解 根据已知数据

$$\sigma^2 = \frac{\sum\limits_{i=1}^{K}(X_i - \bar{X})^2 f_i}{\sum\limits_{i=1}^{K} f_i} = 53.8$$

$$\sigma = \sqrt{53.8} = 7.33$$

方差和标准差也是根据全部数据计算的，它反映了每个数据与其均值相比平均相差的数值，因此它能准确地反映出数据的离散程度。方差和标准差是实际中应用最广泛的离散程度测度值。

五、离散系数 (coefficient of variation)

上面介绍的各离散程度测度值都是反映数据分散程度的绝对值，其数值的大小一方面取决于原变量值本身水平高低的影响，也就是与变量的均值大小有关。变量值绝对水平越高，离散程度的测度值自然也就越大，绝对水平越低，离散程度的测度值自然也就越小；另一方面，它们与原变量值的计量单位相同，采用不同计量单位计量的变量值，其离散程度的测度值也就不同。因此，对于平均水平不同或计量单位不同的不同组别的变量值，是不能直接用上述离散程度的测度值直接进行比较的。为了消除变量值水平高低和计量单位不同对离散程度测度值的影响，需要计算离散系数。

离散系数通常是就标准差来计算的，因此，也称为标准差系数，它是一组数据的标准差与其相应的均值之比，是测度数据离散程度的相对指标，其计算公式为

$$V_\sigma = \frac{\sigma}{\bar{X}} \quad \text{或} \quad V_S = \frac{S}{\bar{x}} \tag{4.25}$$

V_σ 和 V_S 分别表示总体离散系数和样本离散系数。

离散系数要是用于对不同组别数据的离散程度进行比较，离散系数大的说明该组数据的离散程度也大，离散系数小的说明该组数据的离散程度也小。

例 4-13 某管理局抽查了所属的 8 家企业，其产品销售数据如表 4-9 所示。试比较产品销售额与销售利润的离散程度。

表 4-9 某管理局所属 8 家企业的产品销售数据表

企业编号	产品销售额 X_1/万元	销售利润 X_2/万元
1	170	8.1
2	220	12.5
3	390	18.0
4	430	22.0
5	480	26.5
6	650	40.0
7	950	64.0
8	1000	69.0

解 由于销售额与利润额的数据水平不同，不能直接用标准差进行比较，需要计算离散系数。由表中数据计算得

$$\overline{X}_1 = 536.25（万元），\quad S_1 = 309.19（万元），\quad V_1 = \frac{309.19}{536.25} = 0.577$$

$$\overline{X}_2 = 32.5215（万元），\quad S_2 = 23.09（万元），\quad V_2 = \frac{23.09}{32.5125} = 0.710$$

计算结果表明，$V_1 < V_2$，说明产品销售额的离散程度小于销售利润的离散程度。

第三节 分布的形状

一、偏度

偏度用来衡量频数分配不对称程度或偏斜程度的指标。英国统计学家皮尔逊于 1895 年首次提出，具体的指标称为偏态系数，其计算公式包括如下所示：

根据原始数据计算

$$SK = \frac{n\sum\left(x_i - \overline{x}\right)^3}{(n-1)(n-2)s^3} \tag{4.26}$$

根据分组数据计算

$$SK = \frac{\sum\limits_{i=1}^{k}(M_i - \overline{x})^3 f_i}{ns^3} \tag{4.27}$$

偏态系数 =0 为对称分布，偏态系数 >0 为右偏分布，偏态系数 <0 为左偏分布。

二、峰度

峰度是衡量频数分配的集中程度，它也是分布曲线的尖峭程度的指标。具体指标为峰态系数，用公式表示如下：

根据原始数据计算

$$K = \frac{n(n+1)\sum(x_i - \bar{x})^4 - 3\left[\sum(x_i - \bar{x})^2\right]^2(n-1)}{(n-1)(n-2)(n-3)s^4}$$　　　　　(4.28)

根据分组数据计算

$$K = \frac{\sum_{i=1}^{k}(M_i - \bar{x})^4 f_i}{ns^4} - 3$$　　　　　(4.29)

上述公式由英国统计学家皮尔逊于 1905 年首次提出。峰态系数 =0 表示扁平峰度适中, 峰态系数 <0 表示扁平分布, 峰态系数 >0 表示尖峰分布。

第四节　SPSS 的描述统计

统计分析的目的在于研究总体特征。但是, 由于各种原因, 我们能够得到的往往只能是从总体中随机抽取的一部分观察对象, 他们构成了样本, 只有对样本进行研究, 我们才能对总体的实际情况做出可能的推断。因此描述性统计分析是统计分析的第一步, 做好这一步是进行正确统计推断的先决条件。通过描述性统计分析可以大致了解数据的分布类型和特点、数据分布的集中趋势和离散程度, 或对数据进行初步的探索性分析 (包括检查数据是否有错误, 对数据分布特征和规律进行初步观察)。

本节使用的数据来源于 SPSS 软件自带的数据文件 "University of Florida graduate salaries.sav", 该文件描述了 1989 年佛罗里达大学本科毕业生的年薪情况, 主要涉及的变量为性别、学院和年薪。下面利用 SPSS 的功能计算一些常用的描述统计量, 如均值、频数、方差等。

1. 频数分析

基本统计分析往往从频数分析 (frequencies) 开始。通过频数分析能够了解变量取值的状况, 对把握数据的分布特征是非常有用的。比如, 在某项调查中, 想要知道被调查者的性别分布状况。频数分析的第一个基本任务是编制频数分布表。SPSS 中的频数分布表包括的内容有:

(1) 频数 (frequency) 即变量值落在某个区间中的次数。

(2) 百分比 (percent) 即各频数占总样本数的百分比。

(3) 有效百分比 (valid percent) 即各频数占有效样本数的百分比。这里有效样本数 = 总样本 − 缺失样本数。

(4) 累计百分比 (cumulative percent) 即各百分比逐级累加起来的结果。最终取值为百分之百。

频数分析的第二个基本任务是绘制统计图。统计图是一种最为直接的数据刻画方式, 能够非常清晰直观地展示变量的取值状况。频数分析中常用的统计图包括: 条形图、饼图、直方图等。

2. 频数分析的应用步骤

在 SPSS 中频数分析的实现步骤如下所示。

选择菜单"【文件】→【打开】→【数据】"在对话框中找到需要分析的数据文件"University of Florida graduate salaries.sav",然后选择"打开"。

选择菜单"【分析】→【描述统计】→【频率】",如图 4-4 所示。

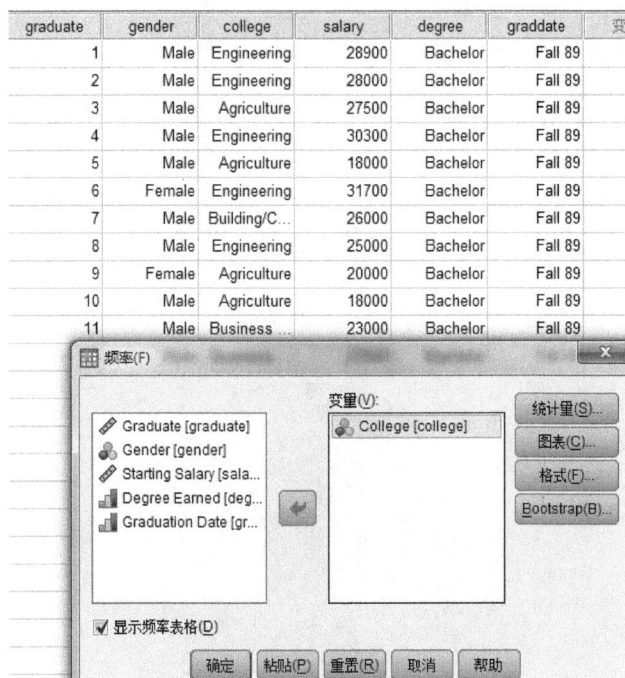

图 4-4 频率对话框

确定所要分析的变量,如"College"。

在变量选择确定之后,在同一窗口上,点击"图表"按钮,打开图表对话框,如图 4-5 所示,选择统计输出选项。

图 4-5 图表子对话框

点击"频率"对话框中的"确定"按钮，即得到表 4-10 的结果。

表 4-10　College 频数分布表

		频率	百分比/%	有效百分比/%	累积百分比/%
有效	Agriculture	415	37.7	37.7	37.7
	Architecture	10	0.9	0.9	38.6
	Building/Construction	55	5.0	5.0	43.6
	Business Administration	322	29.3	29.3	72.9
	Forestry	2	0.2	0.2	73.1
	Education	13	1.2	1.2	74.3
	Engineering	281	25.5	25.5	99.8
	Fine Arts	2	0.2	0.2	100.0
	合计	1100	100.0	100.0	

图 4-6 是变量"College"的饼图，图 4-7 为条形图。

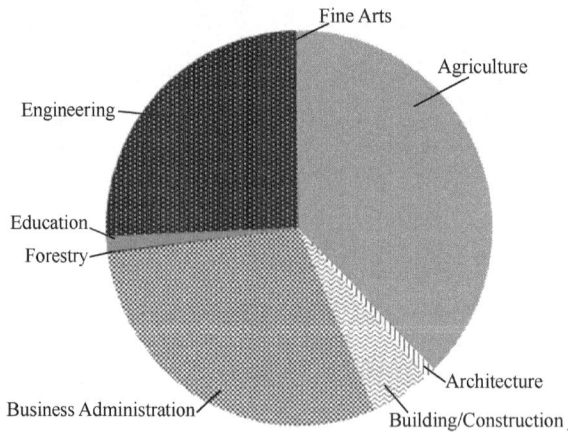

图 4-6　"College"的饼图分布

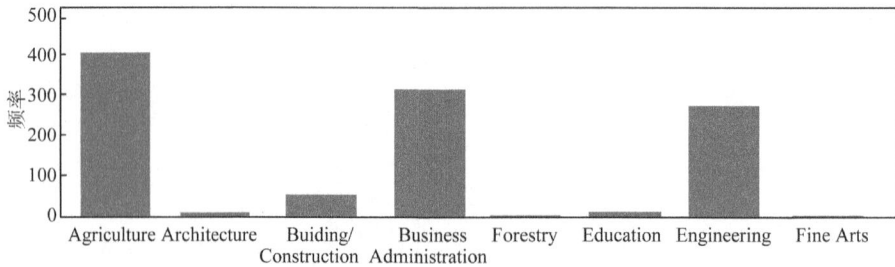

图 4-7　"College"的条形图

3. 描述统计

SPSS 的【描述】命令专门用于计算各种描述统计 (descriptives) 性统计量。利用上述数据，选择变量"Starting Salary"进行分析，具体操作步骤如下：

选择菜单"【分析】→【描述统计】→【描述】"，如图 4-8 所示。

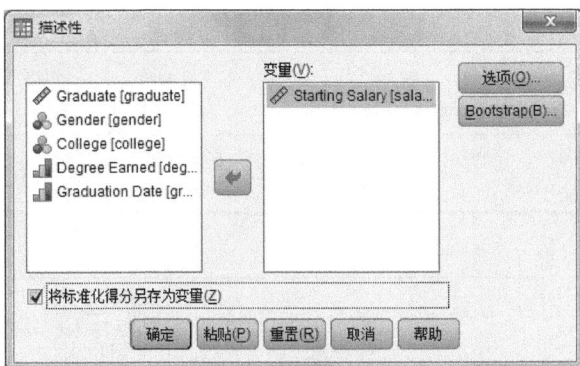

图 4-8 描述功能对话框

将待分析的变量移入"变量"列表框,如果对所选择的每个变量进行标准化处理,则产生相应的 Z 分值,作为新变量保存在数据窗口中。其变量名为相应变量名前加前缀 z。标准化计算公式为

$$Z_i = \frac{x_i - \overline{x}}{s}$$

单击"选项"按钮,如图 4-9 所示,选择需要计算的描述统计量。各描述统计量同"频率"命令中的"统计量"子对话框中大部分相同,这里不再重复。

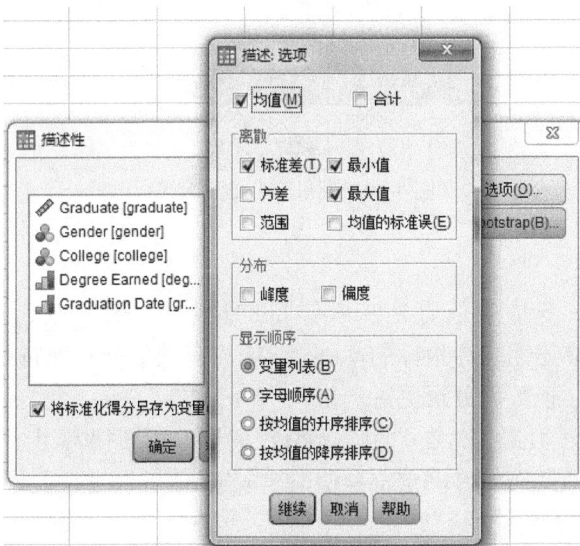

图 4-9 选项子对话框

在主对话框中单击"确定"执行操作。

结果输出窗口给出了所选变量的相应描述统计,如表 4-11 所示。从表中可以看到,毕业之初的年薪差异较大,而且离散程度非常高。

另外,从偏态和峰度指标看出,薪金的分布呈现轻微的右偏,但是有一定程度的尖峭。为了验证这一结论,可以利用"频率"命令画出变量的直方图,如图 4-10 所示。

表 4-11　　描述统计量表

	N 统计量	极小值 统计量	极大值 统计量	均值 统计量	标准差 统计量	偏度		峰度	
						统计量	标准误	统计量	标准误
初始薪金	1100	7200	65500	26064.20	6967.982	0.488	0.074	1.778	0.147
有效的 N (列表状态)	1100								

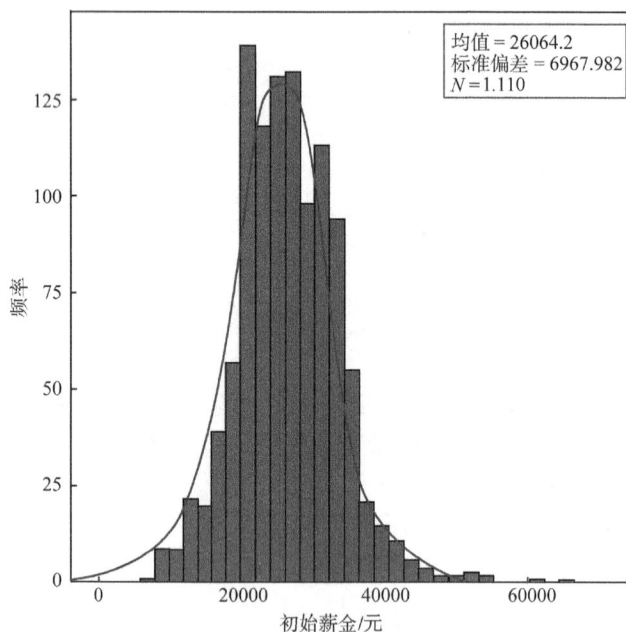

图 4-10　变量薪金的直方图

4. 探索分析

调用此过程可对变量进行更为深入详尽的描述性统计分析，故称之为探索分析（explore）。它在一般描述性统计指标的基础上，增加有关数据其他特征的文字与图形描述，显得更加细致与全面，使数据分析更进一步。

探索分析一般通过数据文件在分组与不分组的情况下获得常用统计量和图形。一般以图形方式输出，直观帮助研究者确定奇异值、影响点，还可以进行假设检验，以及确定研究者要使用的某种统计方式是否合适。

在打开的数据文件上，选择如下命令：选择菜单"【分析】→【描述统计】→【探索】"，打开对话框，如图 4-11 所示。

因变量列表：待分析的变量名称，如"初始薪金"。

因子列表：从源变量框中选择一个或多个变量进入因子列表，分组变量可以将数据按照该观察值进行分组分析，如"性别"。

标准个案：在源变量表中指定一个变量作为观察值的标识变量。

在输出栏中，选择"两者都"，表示输出图形及描述统计量。

选择"统计量"按钮，选择想要计算的描述统计量，如图 4-12 所示。

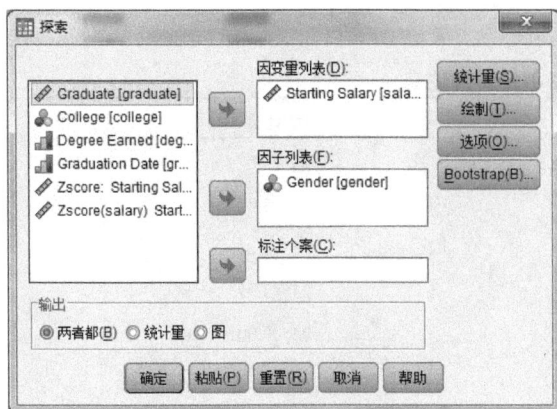

图 4-11 探索分析对话框

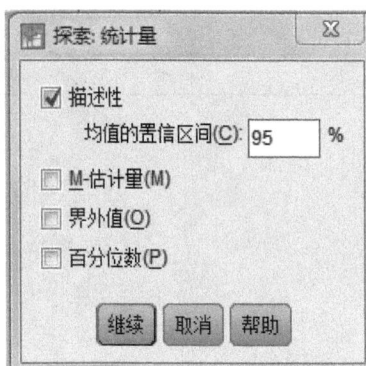

图 4-12 统计量子对话框

对所要计算的变量的频数分布及其统计量值作图，打开"图对话框"，出现图 4-13。

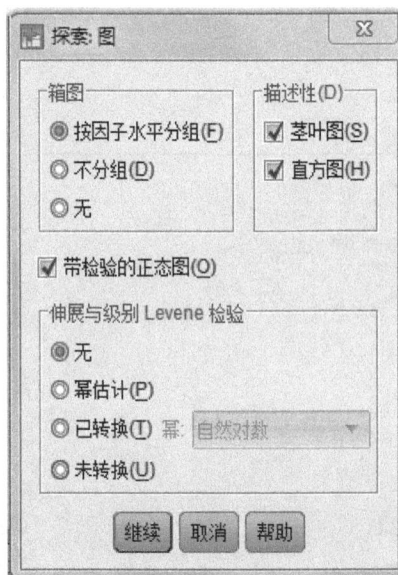

图 4-13 探索图子对话框

5．结果的输出与说明

(1) 案件处理摘要表，见表 4-12。

表 4-12 案例处理摘要表

性别		案例					
		有效		缺失		合计	
		N	百分比	N	百分比	N	百分比
初始薪金	女性	469	100.0%	0	0.0%	469	100.0%
	男性	631	100.0%	0	0.0%	631	100.0%

在案件处理摘要表中可以看出女性有 469 个个体, 男性有 631 个个体, 均无缺失值。

(2) 描述表, 见表 4-13。

表 4-13　描述表

性别			统计量	标准误
初始薪金	女性	均值	24769.51	318.417
		均值的 95% 置信区间　下限	24143.81	
		均值的 95% 置信区间　上限	25395.21	
		5% 修整均值	24643.97	
		中值	24500.00	
		方差	4.755×10^7	
		标准差	6895.765	
		极小值	7200	
		极大值	52000	
		范围	44800	
		四分位距	9050	
		偏度	0.435	0.113
		峰度	1.208	0.225
	男性	均值	27026.51	273.494
		均值的 95% 置信区间　下限	26489.43	
		均值的 95% 置信区间　上限	27563.58	
		5% 修整均值	26887.22	
		中值	27000.00	
		方差	4.720×10^7	
		标准差	6870.097	
		极小值	8000	
		极大值	65500	
		范围	57500	
		四分位距	9700	
		偏度	0.567	0.097
		峰度	2.327	0.194

(3) 薪水直方图和箱线图如图 4-14 和图 4-15 所示。

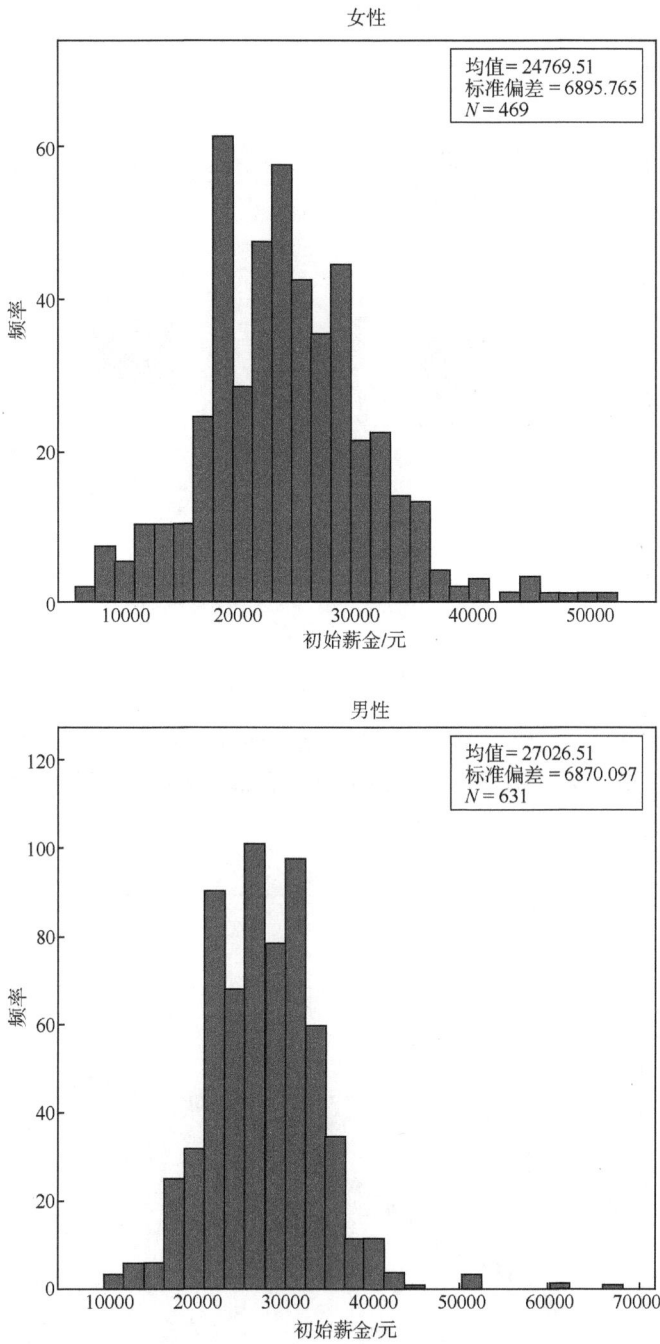

图 4-14　不同性别的初始薪金直方图

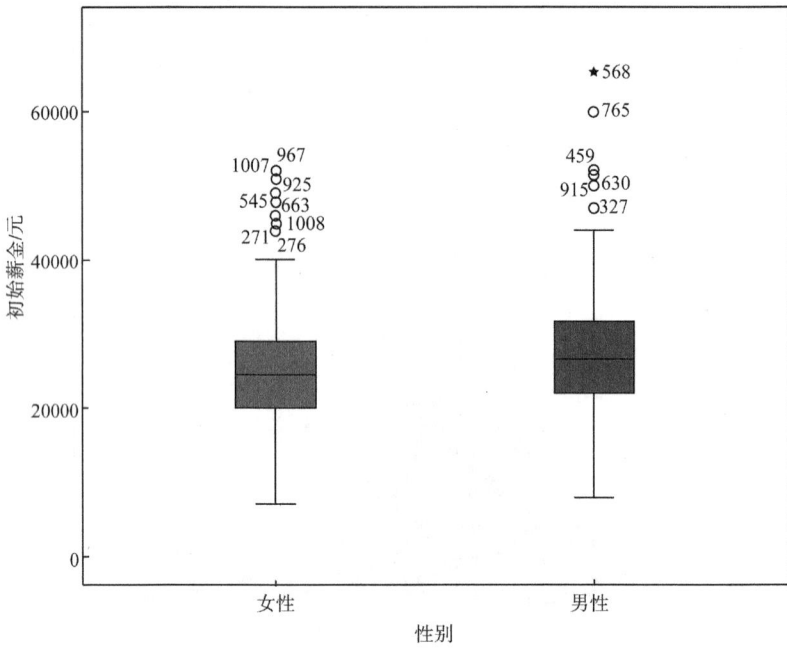

图 4-15　不同性别的初始薪金比较

　　从上面两个图形可以发现，男性的工资相比女性更为分散，不过都接近于对称形式。

　　(4) 正态 Q-Q 图。为了进一步检验是否对称分布，或者趋近于正态分布，可使用 Q-Q 图，如图 4-16 所示。

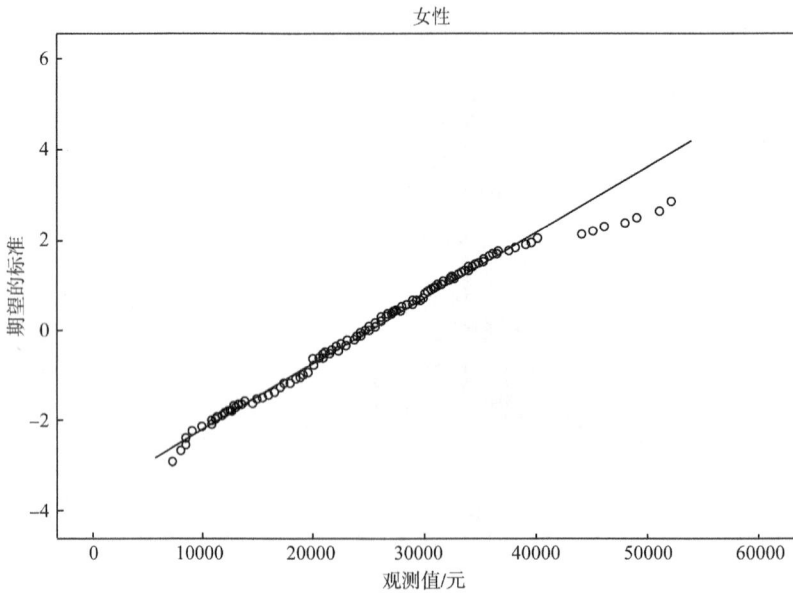

男性

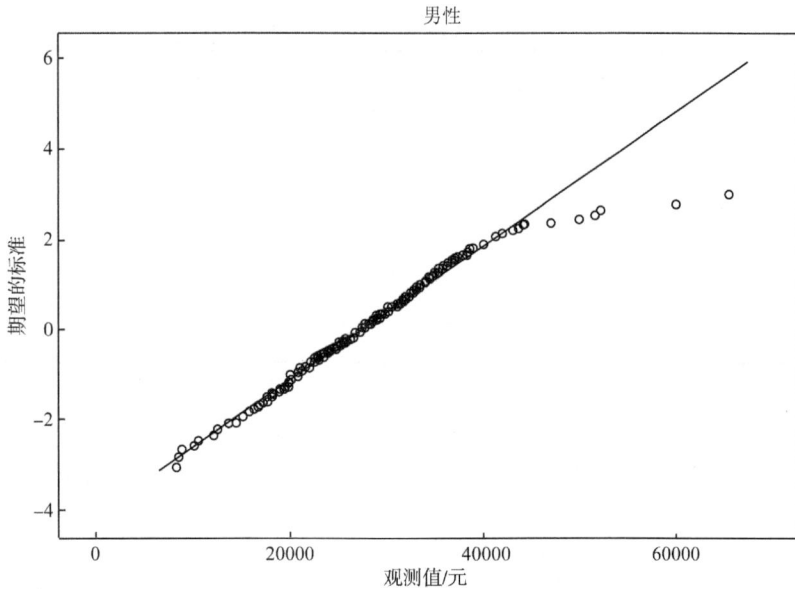

图 4-16　不同性别的初始薪金 Q-Q 图

从上面两个图形可以初步认为初始薪金的分布都接近于对称分布。

思考与练习

一、思考题

(1) 什么是变量分布的集中趋势、离中趋势和分布形状？

(2) 什么是平均指标？有什么作用？

(3) 如何理解加权平均数中权数的意义？

(4) 在实际应用中，调和平均数与算术平均数有什么联系？

(5) 从数学上看，算术平均数、几何平均数和调和平均数三者有什么关系？

(6) 什么是中位数？有什么特点？

(7) 什么是众数？有什么特点？

(8) 算术平均数、中位数和众数三者的数量关系说明什么样的变量分布特征？

(9) 什么是离散指标？有什么作用？

(10) 什么是方差和标准差？有哪些性质？

二、练习题

(1) 某企业 360 名工人生产某种产品的资料见表 4-14。

表 4-14　某企业 360 名工人生产某产品资料表

工人按日产量分组/件	工人数/人	
	7 月份	8 月份
20 以下	30	18
20～30	78	30
30～40	108	72
40～50	90	120
50～60	42	90
60 以上	12	30
合计	360	360

试分别计算 7、8 月份平均每人日产量,并简要说明 8 月份平均每人日产量变化的原因。

(2) 在定类变量中有一种叫两分类变量或是非变量,它只有两种结果,例如,性别变量只有男或女两种结果。如果是非变量的两种结果分别用 1 和 0 来表示,那么该如何计算是非变量的平均数、方差、标准差和离散系数?

(3) 甲班某次数学考试成绩如表 4-15 所示。

表 4-15　甲班某次数学考试成绩表

考试成绩/分	学生人数/个
60 以下	2
60～70	8
70～80	22
80～90	10
90 以上	4
合计	46

要求:

1) 计算算术平均数、四分位数和众数;

2) 计算全距、平均差、四分位差、异众比率、方差和标准差。

(4) 某班级三门课程期末考试的平均成绩分别为 80 分、85 分和 88 分,标准差分别为 8 分、4 分和 7 分。甲、乙、丙三位同学该三门课程的考试成绩如表 4-16 所示。

表 4-16　三位同学三门课程考试成绩

	数学/分	英语/分	统计学/分
甲	77	91	89
乙	89	86	82
丙	69	93	95

问:这三位同学的平均分虽然相同,但实际上谁更具有竞争优势?

第五章　抽样分布与推断

统计推断就是利用样本的数据，对总体的数量特征做出具有一定可靠程度的估计和判断，基本方法包括参数估计和假设检验两方面。概括地说，参数估计就是从总体中随机地抽出一部分单位，构成样本，再通过对样本的观察与计算得到样本的统计量，最后用样本统计量去估计总体的参数值。假设检验是统计推断的另一种方式，它与区间估计的差别主要在于：区间估计是用给定的概率推断出总体参数的范围，而假设检验是以小概率为标准，对总体的状况所做出的假设进行判断。

进行统计推断的工作首先需要从总体中抽取部分单位，并进行实际调查，称为抽样。由于样本是从总体中按随机的方式抽取的，所以样本统计量是一个随机变量。在推断之前，首先需要了解样本统计量的分布，简称抽样分布。

第一节　抽　样　分　布

一、抽样方法

抽样调查的概念可以有广义和狭义两种理解。按照广义的理解，凡是抽取一部分单位进行观察，并根据观察结果来推断全体的都是抽样调查，其中又可分为非随机抽样和随机抽样两种。非随机抽样就是由调查者根据自己的认识和判断，选取若干个有代表性的单位，根据这些单位进行观察的结果来推断全体，如民意测验等。随机抽样则是根据大数定理的要求，在抽取调查单位时，保证总体中各个单位都有同样的机会被抽中。一般所讲的抽样调查，大多数是指这种随机抽样，即狭义的抽样调查。所以，严格意义上的抽样调查就是：按照随机原则从总体中抽取一部分单位进行观察，并运用数理统计的原理，以被抽取的那部分单位的数量特征为代表，对总体做出数量上的推断分析。

在实际应用中，抽样方法主要有两种：概率抽样和非概率抽样。

(一) 概率抽样

这一方法是根据一个已知的概率选取被调查者，无须调查人员在选样中判断或抽选。从理论上讲，概率抽样是最理想、最科学的抽样方法，它能保证样本数据对总体参数的代表性，而且它能够将调查误差中的抽样误差限制在一定范围之内。但相对于非概率抽样，概率抽样也是花费较大的抽样方法。概率抽样有以下几种形式。

(1) 简单随机抽样 (simple random sampling) 是最基本的抽样形式，它是完全随机地选择样本。此法要求有一个完美的抽样框，或者总体中有一个个体的详尽名单。

(2) 分层抽样 (reduced sampling)。分两个步骤：首先将总体分成不同的"层"，然后在每一层内进行抽样。分层抽样可防止简单随机抽样造成的样本构成与总体构成不成比例的现象。

(3) 整群抽样 (cluster sampling)。首先将全部总体分为若干部分，每一部分称为一个群，把每一群作为一个抽样单位，在整群地进行抽样；然后，在被抽中的群中做全面调查。例如，在市场调查的入户调查中，可以对被选作抽样单位的某个大院的每家每户进行调查。

(4) 等距抽样。又称系统抽样 (systematic sampling)，是在样本框中每隔一定距离抽选一个被调查者。这一方法也比较常用，有时还可与整群抽样法和分层抽样法结合使用。例如，可采用系统抽样去抽取选择"群"或个体，也可在某一"层"的范围内进行系统采样。

(二) 非概率抽样

不是完全按随机原则选取样本。非概率抽样有三种形式。

(1) 主要是由调查人员自由选择被调查者的非随机选样。例如，在购物中心采访 100 位妇女，这 100 位被调查者可以随机选择。

(2) 通过某些条件过滤选择某些被调查者参与调查的判断抽样法。在许多情况下，由于研究对象可能仅限于一部分居民，所以有时采用这种方法能节省大量经费。

(3) 大多数种类的研究——产品测试、街访、座谈会，只要不是属于要进行总体推论的大多数项目，都可使用非概率抽样法。

二、抽样的基本概念

抽样推断涉及的基本概念有：总体与样本、样本容量与样本个数、总体参数与样本统计量、重复抽样与不重复抽样。关于总体与样本的概念，我们已在第一章做了介绍，这里不再重复，只介绍样本容量与样本个数、总体参数与样本统计量、重复抽样与不重复抽样三对概念。

1. 样本容量与样本个数

(1) 样本容量。样本是从总体中抽出的部分单位的集合，这个集合的大小称为样本容量，一般用 n 表示，它表明一个样本中所包含的单位数。样本容量大，样本误差会小，但调查费用必增加，反之，样本容量过小，又将导致抽样误差增大，甚至失去抽样推断的价值。因此，在抽样设计中应根据调查目的认真考虑合适的样本容量。一般地，样本单位数不少于 30 个的样本称为大样本，少于 30 个的样本称为小样本。

(2) 样本个数。样本个数又称样本可能数目，它是指从一个总体中可能抽取多少个样本。样本个数的多少与抽样方法有关。关于样本个数的计算将在"重复抽样与不重复抽样"中介绍。

2. 总体参数与样本统计量

(1) 总体参数。根据全及总体各个单位的标志值或标志特征计算的，反映总体某种属性的综合指标，称为参数，也叫做全及指标。由于全及总体是唯一确定的，所以根据全及总体计算的全及指标也是唯一确定的。

不同性质的总体，需要计算不同的全及指标。对于变量总体，由于各单位的标志可以

用数量来表示, 所以可以计算总体平均数和总体方差

$$\bar{X} = \frac{\sum X}{N} \tag{5.1}$$

$$\sigma^2 = \frac{\sum (X - \bar{X})^2}{N} \tag{5.2}$$

对于属性总体, 由于各单位的标志不可以用数量来表示, 只能用一定的文字加以描述, 所以, 就应该计算结构相对指标, 这称为总体成数, 用大写英文字母 P 表示, 它说明总体中具有某种标志的单位数在总体中所占的比重。变量总体也可以计算成数, 即总体单位数在所规定的某变量值以上或以下的比重, 视同具有或不具有某种属性的单位数比重。

设总体 N 个单位中, 有 N_1 个单位具有某种属性, N_0 个单位不具有某种属性, $N_1 + N_0 = N$, P 为总体中具有某种属性的单位数所占的比重, Q 为不具有某种属性的单位数所占的比重, 则有 $P = \frac{N_1}{N}$ 和 $Q = \frac{N_0}{N} = \frac{N - N_1}{N} = 1 - P$, 再令具有某种属性的单位用数值 1 表示, 不具有某种属性的单位用数值 0 表示, 进而也可以计算总体平均数和总体方差

$$\bar{X}_P = P \tag{5.3}$$

$$\sigma_P^2 = PQ \tag{5.4}$$

(2) 样本统计量。由抽样总体各个标志值或标志特征计算的综合指标称为统计量, 也叫做抽样指标。与总体参数相对应, 常见的样本统计量也有两个: 样本均值和样本方差, 即

$$\bar{x} = \frac{\sum x}{n} \tag{5.5}$$

$$s^2 = \frac{\sum (x - \bar{x})^2}{n - 1} \tag{5.6}$$

对于是非变量, 设样本 n 个单位中有 n_1 个单位具有某种属性, n_0 个单位不具有某种属性, $n_1 + n_0 = n$, p 为样本中具有某种属性的单位数所占的比重, q 为不具有某种属性的单位数所占的比重, 则抽样成数为 $p = \frac{n_1}{n}, q = \frac{n_0}{n} = \frac{n - n_1}{n} = 1 - p$, 再统一令具有某种属性的单位用数值 1 表示, 不具有某种属性的单位用数值 0 表示, 进而也可以计算样本均值和总体方差

$$\bar{x}_p = p \tag{5.7}$$

$$s_p^2 = \frac{npq}{n - 1} \tag{5.8}$$

式 (5.7) 也称为样本成数。由于一个全及总体可以抽取许多个样本, 样本不同, 抽样指标的数值也就不同, 所以抽样指标的数值不是唯一确定的。实际上抽样指标是样本变量的函数, 它本身也是随机变量。

3. 重复抽样与不重复抽样

简单抽样的抽样方法有重复抽样与不重复抽样。

(1) 重复抽样, 又称有放回的抽样, 是指从全及总体 N 个单位中随机抽取一个容量为 n 的样本, 每次抽中的单位经登录其有关标志表现后又放回总体中重新参加下一次的抽选。

每次从总体中抽取一个单位,可看作一次试验,连续进行 n 次试验就构成了一个样本。因此,重置抽样的样本是经 n 次相互独立的连续试验形成的。每次试验均是在相同的条件下完全按照随机原则进行的。

(2) 不重复抽样。又称无放回的抽样,是指从全及总体 N 个单位中随机抽取一个容量为 n 的样本,每次抽中的单位登录其有关标志表现后不再放回总体中参加下一次的抽选。经过连续 n 次不重置抽选单位构成样本,实质上相当于一次性同时从总体中抽中 n 个单位构成样本。上一次的抽选结果会直接影响到下一次抽选,因此,不重置抽样的样本是经 n 次相互联系的连续试验形成的。

4. 抽样框与样本数

(1) 抽样框,又称抽样结构,是指对可以选择作为样本的总体单位列出名册或排序编号,以确定总体的抽样范围和结构。设计出抽样框后,便可采用抽签的方式或按照随机数表来抽选必要的单位数。若没有抽样框,则不能计算样本单位的概率,从而也就无法进行概率选样。

(2) 样本数,又称样本的可能数目,是指从总体 N 个单位中随机抽选 n 个单位构成样本,通常有多种抽选方法,每一种抽选方法实际上是 n 个总体单位的一种排列组合,一种排列组合便构成一个可能的样本,n 个总体单位的排列组合总数,称为样本的可能数目。

三、抽样分布

相同样本量的样本统计量会随着样本不同而不同,即样本统计量作为随机样本的函数也是随机的,也有自己的分布,这些分布就称为抽样分布 (sampling distribution)。抽样分布提供了样本统计量长远而稳定的信息,是进行推断的理论基础,也是抽样推断科学性的重要依据。

注意抽样分布与另外两个概念的区别。一是总体分布,总体中各元素的观察值所形成的分布,通常是未知的;二是样本分布,一个样本中各观察值的分布,也叫经验分布,当样本容量 n 逐渐增大时,样本分布逐渐接近总体的分布。

(一) 样本均值的抽样分布

样本均值的抽样分布指的是容量相同的所有可能样本的样本均值的概率分布,是一种理论概率分布,也是进行推断总体均值 μ 的理论基础。当总体服从正态分布时,来自该总体的所有容量为 n 的样本的均值 $\bar{x}$ 也服从正态分布

$$\bar{x} \sim N(\mu, \sigma/\sqrt{n}) \tag{5.9}$$

也就是说样本均值的数学期望 $E(\bar{X}) = \mu$,样本均值的方差在重复抽样条件下为

$$\sigma_{\bar{X}}^2 = \frac{\sigma^2}{n} \tag{5.10}$$

而不重复抽样条件下

$$\sigma_{\bar{X}}^2 = \frac{\sigma^2}{n}\left(\frac{N-n}{N-1}\right) \tag{5.11}$$

我们用一个简单的例子，认识一下抽样分布。设有一个 7 名学生构成的总体，其某门课程的考试分数为

学生　A　B　C　D　E　F　G

成绩　30　40　50　60　70　80　90

总体中 $n = 4$ 的所有可能样本及样本均值如表 5-1 所示。

表 5-1　所有样本及样本均值表

样本	均值	样本	均值	样本	均值
ABCD	45	ACDG	57.5	BCEG	62.5
ABCE	47.5	ACEF	57.5	BCFG	65
ABCF	50	ACEG	60	BDEF	62.5
ABCG	52.5	ACFG	62.5	BDEG	65
ABDE	50	ADEF	60	BDFG	67.5
ABDF	52.5	ADEG	62.5	BEFG	70
ABDG	55	ADFG	65	CDEF	65
ABEF	55	AEFG	67.5	CDEG	67.5
ABEG	57.5	BCDE	55	CDFG	70
ABFG	60	BCDF	57.5	CEFG	72.5
ACDE	52.5	BCDG	60	DEFG	75
ACDF	55	BCEF	60		

根据表中的数据，可以计算得到

$$E(\overline{X}) = 60$$
$$\sigma_{\overline{X}} = 7.07$$

而由总体 7 名学生成绩的数据可以计算得到

$$\mu = 60$$
$$\sigma = 20$$

可以验证 $E(\overline{X}) = \mu$ 和 $\sigma_{\overline{X}}^2 = \dfrac{\sigma^2}{n}\left(\dfrac{N-n}{N-1}\right)$ 的结论。而实际操作中，由于总体中个体数量较大，重复抽样和不重复抽样的影响较小，因而一般采用 $\sigma_{\overline{X}}^2 = \dfrac{\sigma^2}{n}$ 的等式。

(二) 样本成数的抽样分布

总体成数 P 是指具有某种特征的单位在总体中的比重，一般也称为比例。样本成数的抽样分布指的是容量相同的所有可能样本比例的概率分布。当样本容量很大时，样本比例的抽样分布可用正态分布近似，是推断总体比例 π 的理论基础。依据样本均值的抽样分布理论，样本比例的数学期望 $E(P) = \pi$，样本比例的方差在重复抽样条件下为

$$\sigma_P^2 = \frac{\pi(1-\pi)}{n} \tag{5.12}$$

不重复抽样条件下

$$\sigma_P^2 = \frac{\pi(1-\pi)}{n}\left(\frac{N-n}{N-1}\right) \tag{5.13}$$

(三) 样本方差的抽样分布

在重复选取容量为 n 的样本时, 由样本方差的所有可能取值形成的相对频数分布称为样本方差的抽样分布。对于来自正态总体的简单随机样本, 比值 $\frac{(n-1)s^2}{\sigma^2}$ 的抽样分布服从自由度为 $(n-1)$ 的 χ^2 分布, 即

$$\frac{(n-1)s^2}{\sigma^2} \sim \chi^2(n-1) \tag{5.14}$$

χ^2 分布的性质和特点如下:

(1) 分布的变量值始终为正;

(2) 分布的形状取决于其自由度 n 的大小, 通常为不对称的正偏分布, 但随着自由度的增大逐渐趋于对称;

(3) 期望为 n, 方差为 $2n$(n 为自由度);

(4) 可加性: 若 U 和 V 为两个独立的 χ^2 分布随机变量, $U \sim \chi^2(n_1)$, $V \sim \chi^2(n_2)$, 则 $U+V$ 这一随机变量服从自由度为 n_1+n_2 的 χ^2 分布。

四、大数定理与中心极限定理

抽样推断的理论基础主要是概率论的极限定理中的大数定理与中心极限定理。

(一) 大数定理

大数定理又称为大数法则。人们在观察个别事物时, 是连同一切个别的特性来观察的。个别现象受偶然因素影响, 有各自不同的表现。但是, 对总体的大量观察后进行平均, 就能使偶然因素的影响相互抵消, 消除由个别偶然因素引起的极端性影响, 从而使总体平均数稳定下来, 反映出事物变化的一般规律。大数定理有若干个表现形式。这里仅介绍其中常用的两个重要形式。

1. 切比雪夫大数定理

设 $x_1, x_2, \cdots$ 是一列两两相互独立的随机变量, 服从同一分布, 且存在有限的数学期望 a 和方差 σ^2, 则对任意小的正数 ε, 有

$$\lim_{n \to \infty} P\left(\left|\frac{\sum x_i}{n} - a < \varepsilon\right|\right) = 1 \tag{5.15}$$

该定理说明, 当 n 充分大时, 独立同分布的一系列随机变量, 其平均数与它们共同的期望值之间的偏差可以有很大的把握被控制在任意给定的范围之内。由于从总体中抽出的样本是独立且与总体同分布的, 因此, 当样本容量 n 充分大时, 样本平均与总体平均之间的误差可以有很大的把握被控制在任意给定的要求之内, 这就是人们用样本平均估计总体

平均的理论根据。

2．伯努利大数定理

设 μ_n 是 n 次独立试验中事件 A 发生的次数，且事件 A 在每次试验中发生的概率为 P，则对任意正数 ε，有

$$\lim_{n \to \infty} P\left(\left|\frac{u_n}{n} - p < \varepsilon\right|\right) = 1 \tag{5.16}$$

由于成数指标是一个特殊的平均数，大数定理对成数指标自然也成立。即当 n 充分大时，事件 A 发生的频率接近 (依概率收敛于) 事件 A 发生的概率，反映了频率在大量重复试验过程中的稳定性。该定理称为伯努利大数定理，它提供了用频率代替概率的理论根据。

(二) 中心极限定理

大数定理揭示了大量随机变量的平均结果，但没有涉及随机变量的分布问题。而中心极限定理说明的是在一定条件下，大量独立随机变量的平均数是以正态分布为极限的。中心极限定理也有若干个表现形式，这里仅介绍其中四个常用定理。

1．辛钦中心极限定理

设随机变量 $x_1, x_2, \cdots, x_n$ 相互独立，服从同一分布且有有限的数学期望 a 和方差 σ^2，则随机变量 $\bar{x} = \dfrac{\sum x_i}{n}$ 在 n 无限增大时，服从参数为 a 和 $\dfrac{\sigma^2}{n}$ 的正态分布，即 $n \to \infty$ 时，

$$\bar{x} \sim N\left(a, \frac{\sigma^2}{n}\right) \tag{5.17}$$

将该定理应用到抽样调查，就有这样一个结论：如果抽样总体的数学期望 a 和方差 σ^2 是有限的，无论总体服从什么分布，从中抽取容量为 n 的样本时，只要 n 足够大，其样本平均数的分布就趋于数学期望为 a，方差为 $\dfrac{\sigma^2}{n}$ 的正态分布。

2．棣莫弗——拉普拉斯中心极限定理

设 μ_n 是 n 次独立试验中事件 A 发生的次数，事件 A 在每次试验中发生的概率为 P，则当 n 无限大时，频率设 $\dfrac{\mu_n}{n}$ 趋于服从参数为 $p, \dfrac{p(1-p)}{n}$ 的正态分布。即

$$\frac{\mu_n}{n} \sim N\left(p, \frac{p(1-p)}{n}\right) \tag{5.18}$$

该定理是辛钦中心极限定理的特例。在抽样调查中，不论总体服从什么分布，只要 n 充分大，那么频率就近似服从正态分布。

3．李雅普诺夫中心极限定理

设 $x_1, x_2, \cdots, x_n$ 是一个相互独立的随机变量序列，它们具有有限的数学期望和方差

$$a_k = E(X_k), \quad b_k^2 = D(X_k) \quad (k = 1, 2, \cdots, n)$$

记 $B_n^2 = \sum_{k=1}^{n} b_k^2$，如果能选择一个正数 $\delta > 0$，使当 $n \to \infty$ 时，$\dfrac{1}{B_n^{2+\delta}} \sum_{k=1}^{n} E|x_k - a_k|^{(2+\delta)} \to 0$，

则对任意的 x 有

$$P\left\{\frac{1}{B_n}\sum_{k=1}^{n}(x_k - a_k) < x\right\} \to \frac{1}{\sqrt{2\pi}}\int_{-\infty}^{x} e^{-\frac{t^2}{2}}\mathrm{d}t \tag{5.19}$$

该定理的含义是：如果一个量是由大量相互独立的随机因素影响所造成的，而每一个别因素在总影响中所起的作用不很大，则这个量服从或近似服从正态分布。

4. 林德伯格定理

设 $x_1, x_2, \cdots, x_n$ 是一个相对独立的随机变量序列，它们具有有限的数学期望和方差 $a_k = E(x_k)$，$b_k^2 = D(x_k)$ 满足林德伯格条件，则当 $n \to \infty$ 时，对任意的 x，有

$$\lim_{n\to\infty} P\left\{\frac{1}{B_n}\sum_{k=1}^{n}(x_k - a_k) < x\right\} \to \frac{1}{\sqrt{2\pi}}\int_{-\infty}^{x} e^{-\frac{t^2}{2}}\mathrm{d}t \tag{5.20}$$

实际上中心极限定理说的正是 $\bar{X}$ 随着样本容量的增大，其抽样分布逐渐趋向于正态分布的事实，见图5-1。

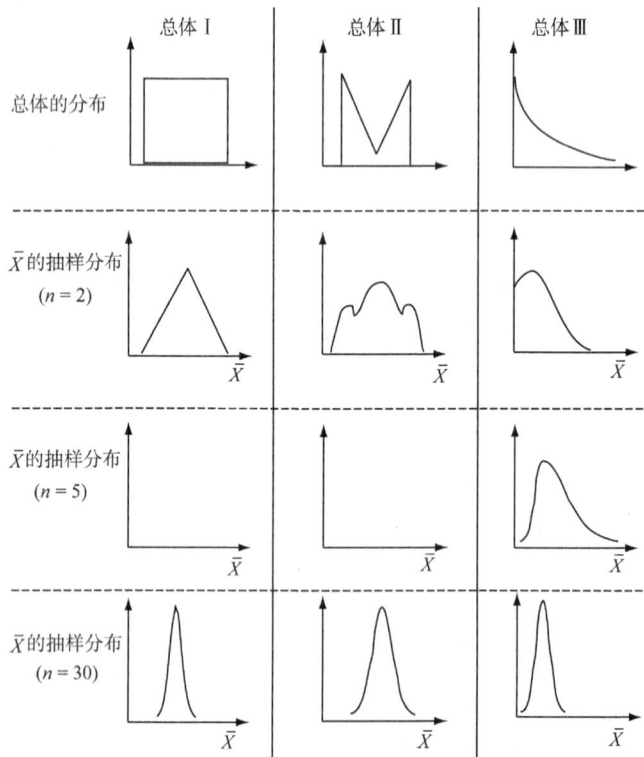

图5-1　抽样分布的样本容量变化

五、抽样误差

当总体指标未知时，往往要安排一次抽样调查，然后用抽样调查所获得的抽样指标的观察值作为总体指标的估计值。这种处理方法是存在一定误差的，我们把抽样指标与所要估计的总体指标之间的差值称为抽样误差。抽样误差的大小能够说明抽样指标估计总体指标是否可行，抽样效果是否理想等调查性问题。常见的抽样误差有：抽样平均数与总体平均数之差$(\bar{x} - \bar{X})$，抽样成数与总体成数之差 $(p - P)$。

比如某年级 100 名同学的平均体重 $\bar{X} = 55\text{kg}$，现随机地抽取 10 名同学为样本，其平均体重 $\bar{x} = 52\text{kg}$。若用 52kg 估计 55kg，则误差为 52–55 = –3kg，如果重新抽 10 名同学，若测得 $\bar{x} = 57\text{kg}$，则其误差为 2kg。这种只抽取部分样本而产生的误差，都被称为抽样误差。

由本例不难看出，抽样误差既是一种随机性误差，也是一种代表性误差。说其是代表性误差，是因为利用总体的部分资料推算总体时，不论样本选取多么公正，设计多么完善，总还是一部分单位而不是所有单位，产生误差是无法避免的。说其是随机性误差，是指按随机性原则抽样时，由于抽样的不同，会得到不同的抽样指标值，由此产生的误差值各不相同。抽样误差中的代表性误差是抽样调查本身所固有的、无法避免的误差，但随机性误差可利用大数定理精确地计算并能够通过抽样设计程序加以控制。

抽样误差不包括下面两类误差：一类是调查误差，即在调查过程中由于观察、测量、登记、计算上的差错而引起的误差；另一类是系统性误差，即由于违反抽样调查的随机原则，有意抽选较好单位或较坏单位进行调查，这样造成样本的代表性不足而引起的误差。这两类误差都属于思想、作风、技术等问题，所以是可以防止和避免的。影响抽样误差的因素包括以下几点：

(1) 抽样单位数的多少。由于总体内各元素之间总存在差异，在其他条件不变的情况下，大量观察总比小量观察易于发现总体规律或特征，因此样本容量越大，越能代表总体特征，抽样误差就越小。反之，样本容量越小，抽样误差就可能越大。

(2) 总体各单位标志值的差异程度。总体内各单位标志的差异程度越小，或总体的标准差越小，在其他条件给定下，抽样误差就越小。反之，抽样误差就越大。

(3) 抽样方法。抽样方法不同，抽样误差也不同。一般说来，重复抽样的误差比不重复抽样的误差要大。

(4) 抽样的组织形式。选择不同的抽样组织形式，也会有不同的抽样误差。

一个总体可能抽取很多个样本，因此样本指标 (样本平均数、样本成数等) 就有不同的数值，它们与总体指标 (总体平均数、总体成数等) 的离差 (即抽样误差) 也就不同。抽样平均误差就是反映抽样误差一般水平的指标，通常用样本平均数 (或样本成数) 的标准差来表示。

(一) 样本平均数的平均误差

以 μ_x 表示样本平均数的平均误差，σ 表示总体的标准差。根据定义 $\mu_x^2 = E(\bar{x} - \bar{X})^2$，有以下两种情况。

(1) 当抽样方式为重复抽样时，样本标志值 $x_1, x_2, \cdots, x_n$ 是相互独立的，样本变量 x 与总体变量 X 同分布，所以得

$$\mu_x{}^2 = \frac{\sigma^2}{n} \tag{5.21}$$

它说明在重复抽样的条件下，抽样平均误差与总体标准差成正比，与样本容量的平方根成反比。

例 5-1 假设有一组样本数据为：6, 8, 10, 12, 14，用重复抽样的方法，从中随机抽取两个，用以代表总体水平，则抽样平均误差为多少？

解 根据题意可得

$$\bar{X} = \frac{6+8+10+12+14}{5} = 10$$

总体标准差

$$\sigma = \frac{\sqrt{\sum(X-\bar{X})^2}}{\sqrt{N}} = \frac{\sqrt{40}}{\sqrt{5}} = \sqrt{8}$$

抽样平均误差

$$\mu_x = \frac{\sigma}{\sqrt{n}} = \frac{\sqrt{8}}{\sqrt{2}} = 2$$

(2) 当抽样方式为不重复抽样时，样本标志值 $x_1, x_2, \cdots, x_n$ 不是相互独立的，根据数理统计知识可知

$$\mu_x = \sqrt{\frac{\sigma^2}{n}\left(\frac{N-n}{N-1}\right)} \tag{5.22}$$

当总体单位数 N 很大时，这个公式可近似表示为

$$\mu_x = \sqrt{\frac{\sigma^2}{n}\left(1-\frac{n}{N}\right)} \tag{5.23}$$

与重复抽样相比，不重复抽样平均误差是在重复抽样平均误差的基础上，再乘以 $\sqrt{(N-n)/(N-1)}$，而 $\sqrt{(N-n)/(N-1)}$ 总是小于 1，所以不重复抽样的平均误差也总是小于重复抽样的平均误差。如前例，若改用不重复抽样方法，则抽样平均误差为

$$\mu_x = \sqrt{\frac{\sigma^2}{n}\left(\frac{N-n}{N-1}\right)} = \sqrt{\frac{8}{2}\left(\frac{5-2}{5-1}\right)} = 1.732$$

在计算抽样平均误差时，通常得不到总体标准差的数值，一般可以用样本标准差来代替总体标准差。

(二) 抽样成数的平均误差

总体成数 P 可以表现为总体是非标志的平均数，即 $E(X) = P$，它的标准差 $\sigma = \sqrt{P(1-P)}$。根据样本平均误差和总体标准差的关系，可以得到样本成数的平均误差的计算公式。

(1) 在重复抽样下

$$\mu_p = \frac{\sigma}{\sqrt{n}} = \sqrt{\frac{P(1-P)}{n}} \tag{5.24}$$

(2) 在不重复抽样下

$$\mu_p = \sqrt{\frac{\sigma^2}{n}\left(\frac{N-n}{N-1}\right)} = \sqrt{\frac{P(1-P)}{n}\left(\frac{N-n}{N-1}\right)} \tag{5.25}$$

当总体单位数 N 很大时，可近似地写成

$$\mu_p = \sqrt{\frac{P(1-P)}{n}\left(1-\frac{n}{N}\right)} \tag{5.26}$$

当总体成数未知时，可以用样本成数来代替。

例 5-2 某企业生产的产品，按正常生产经验，合格率为 90%，现从 5000 件产品中抽取 50 件进行检验，求合格率的抽样平均误差。

解 根据题意，在重复抽样条件下，合格率的抽样平均误差为

$$\mu_p = \sqrt{\frac{P(1-P)}{n}} = \sqrt{\frac{0.9 \times 0.1}{50}} \approx 4.24\%$$

在不重复抽样条件下，合格率的抽样平均误差为

$$\mu_p = \sqrt{\frac{P(1-P)}{n}\left(1-\frac{n}{N}\right)} = \sqrt{\frac{0.9 \times 0.1}{50}\left(1-\frac{50}{5000}\right)} \approx 4.22\%$$

(三) 抽样极限误差

抽样极限误差，又称置信区间和抽样允许误差范围，是指在一定的把握程度 (P) 下保证样本指标与总体指标之间的抽样误差不超过某一给定的最大可能范围，记作 Δ。作为样本的随机变量——抽样指标值（$\bar{x}$ 或 p），是围绕以未知的唯一确定的全及指标真值（$\bar{X}$ 或 P）为中心上下波动，它与全及指标值可能会产生正或负离差，这些离差均是抽样指标的随机变量，因而难以避免，只能将其控制在预先要求的误差范围（Δ_x 或 Δ_p）内，即

$$\begin{cases} |\bar{x}-\bar{X}| \leqslant \Delta_x \\ |p-P| \leqslant \Delta_p \end{cases} \tag{5.27}$$

由于 Δ_x 和 Δ_p 是预先给定的抽样方案中所允许的误差范围，所以利用 Δ_x 和 Δ_p 可以反过来估计未知的全及指标取值的可能范围。解上述绝对值不等式可得

$$\begin{cases} \bar{x}-\Delta_x \leqslant \bar{X} \leqslant \bar{x}+\Delta_x \\ p-\Delta_p \leqslant P \leqslant p+\Delta_p \end{cases} \tag{5.28}$$

例 5-3 物流公司为了估计两地之间货物的平均运送时间。从 26193 批运输中用不重复抽样抽取 2718 次。若允许的抽样极限误差 $\Delta_x = 0.215$ 天，经计算知所抽取的每批货物平均运送时间为 $\bar{X} = 5.64$ 天，那么两地之间货物的平均运送时间区间估计为 (5.64 − 0.125,

5.64 + 0.125)，即在 5.515～5.765 天。

例 5-4　资料同上，若要货物的逾期运到率 (报告期内超过规定货物运到期限运到的货物批数/货物的到达总批数)，从随机抽取的 2718 批运输中，计算得抽样逾期到率为 6.43%，所确定的抽样极限误差为 Δ_p=0.642%，由此可得两地之间货物的逾期运到率的区间估计是 (6.43% – 0.642%, 6.43% + 0.642%)。

(四) 抽样估计的概率度

抽样极限误差 Δ 是单个样本值与总体指标值之间的绝对离差，而抽样平均误差 μ 是所有可能样本值与总体指标值之间的平均离差，用抽样极限误差与抽样平均误差相比，从而使由单一样本值得到的抽样极限误差标准化，这样可称为抽样标准极限误差，但通常称其为概率度 (t) 或相对误差范围。

$$\begin{cases} t = \dfrac{\Delta_x}{\mu_x} = \dfrac{\left|\bar{x} - \bar{X}\right|}{\sigma / \sqrt{n}} \\ t = \dfrac{\Delta_p}{\mu_p} = \dfrac{\left|p - P\right|}{\sqrt{\dfrac{P(1-P)}{n}}} \end{cases} \tag{5.29}$$

由此可知，标准正态分布变量 t 服从标准正态概率分布。

(五) 抽样估计的精度

为了比较不同现象总体的抽样误差程度，必须消除总体规模大小悬殊的影响，通常还需计算抽样误差系数，抽样误差系数记作 Δ'，反映了抽样误差的相对程度。其计算公式为

$$\begin{cases} \Delta'_x = \dfrac{\Delta_x}{\bar{x}} \\ \Delta'_p = \dfrac{\Delta_p}{p} \end{cases} \tag{5.30}$$

则抽样估计精度 (A) 公式为

$$\begin{cases} A_x = 1 - \Delta'_x \\ A_x = 1 - \Delta'_p \end{cases} \tag{5.31}$$

(六) 抽样估计的可靠程度

置信区间的测定总是在一定的概率保证程度下进行，因为既然抽样误差是一个随机变量，就不能指望抽样指标落在置信区间内成为必然事件，只能视为一个可能事件，这样就必定要用一定的概率来给予保证。抽样误差的可能范围是估计的准确性问题，而保证抽样指标落在抽样误差的可能范围之内则是估计的可靠性问题。所以抽样估计可靠程度又称置信度。具体地说，置信区间是以一定的概率把握程度确定总体指标所在的区间。置信度是总体指标落在某个区间的概率把握程度。

抽样估计的可靠程度即概率用 P 表示，P 是 t 的函数。而 $p = F(t)$ 表明概率分布是概率

度 t 的函数。确定抽样估计的可靠程度，就是要确定抽样平均数 $(\bar{x})$ 或抽样成数 (p) 落在置信区间 $(\bar{x}-\Delta_x, \bar{x}+\Delta_x)$ 或 $(P-\Delta_p, P+\Delta_p)$ 中的概率 P。$F(t)$ 的函数形式为

$$\begin{cases} P\left(\left|\bar{x}-\bar{X}\leqslant t\mu_x\right|\right)=F(t) \\ P\left(\left|p-P\leqslant t\mu_p\right|\right)=F(t) \end{cases} \tag{5.32}$$

由此可知，t 增大，Δ 也增大，即 $t\mu$ 增大，这表明所要求的误差范围增大，说明从总体中随机抽取一个样本，其样本值落在这个较大的置信区间内的可能性或把握性 P 越大；反之，t 减小，Δ 也减小，即 $t\mu$ 减小，这表明所要求的误差范围减小，说明从总体中随机抽取一个样本，其样本值落在这个较小的置信区间内的可能性或把握性越小。应用标准正态分布概率表，可以得出抽样指标落在置信区间内的置信度。

$$F(1)=P\left\{\left|\bar{x}-\bar{X}\right|\leqslant 1\mu_{\bar{x}}\right\}=68.27\%$$

$$F(2)=P\left\{\left|\bar{x}-\bar{X}\right|\leqslant 2\mu_{\bar{x}}\right\}=95.45\%$$

$$F(3)=P\left\{\left|\bar{x}-\bar{X}\right|\leqslant 3\mu_{\bar{x}}\right\}=99.73\%$$

下面将常用的概率保证程度即概率面积与对应的概率度列入表 5-2 中：

表 5-2 常用概率面积、概率度对应表

概率面积 $F(t)$	概率度 t	概率面积 $F(t)$	概率度 t
0.6827	1.00	0.9545	2.00
0.7995	1.28	0.99	2.58
0.8664	1.50	0.9973	3.00
0.90	1.64	0.99994	4.00
0.9500	1.96	0.999999	5.00

第二节 总体参数估计

总体参数估计就是以样本统计量来估计总体参数，总体参数是常数，而统计量是随机变量。用随机变量去估计常数不可避免地会产生误差。所以，抽样推断应满足上节所述的两个要求：一是估计的精度要求，二是可靠性要求。

下面主要介绍总体平均数 $\bar{X}$ 和总体成数 P 推断估计的问题。总体参数估计有点估计和区间估计两种方法。

一、点估计

点估计也称定值估计，它是以抽样得到的样本指标作为总体指标的估计量，并以样本指标的实际值直接作为总体未知参数的估计值的一种推断方法。点估计的方法有矩估计法、顺序统计量法、最大似然法、最小二乘法等。这里仅介绍最为简单、直观又常用的矩估计法。

(一) 矩估计法

通常设 θ 为总体 X 的待估计参数, 一般用样本 $X_1, X_2, \cdots, X_n$ 构成一个统计量 $\hat{\theta} = \theta(X_1, X_2, \cdots, X_n)$ 来估计 θ, 则称 $\hat{\theta}$ 为 θ 的估计量。对于样本的一组数值 $x_1, x_2, \cdots, x_n$, 估计量 $\hat{\theta}$ 的值 $\hat{\theta}$ $(x_1, x_2, \cdots, x_n)$ 称 θ 的估计值。θ 代表一总体的参数, 如总体均值、总体标准差和总体比率等; $\hat{\theta}$ 代表相应的样本统计量, 如样本均值、样本标准差和样本比率。点估计即是寻求一个作为待估计参数 θ 的估计量 $\hat{\theta}(x_1, x_2, \cdots, x_n)$ 的问题。比较常用的一种点估计方法称为矩估计。

在统计学中, 矩是指以期望为基础而定义的数字特征, 一般分为原点矩和中心矩。设 X 为随机变量, 对任意正整数 k, 则 k 阶原点矩为

$$m_k = E(X^k) \tag{5.33}$$

当 $k = 1$ 时, $m_1 = E(X) = \mu$。可见一阶原点矩为随机变量 X 的数学期望。

对任意正整数 k, k 阶中心矩为

$$C_k = E[X - E(X)]^k \tag{5.34}$$

显然, 当 $k = 2$ 时, $C_2 = E[X - E(X)]^2 = \sigma^2$, 可见二阶中心矩为随机变量 X 的方差。

例 5-5 已知总体 $X \sim N(\mu, \sigma^2)$, 其中, μ, σ^2 都是未知的, 随机取得 4 个元素, 观测值为 1502h, 1453h, 1367h, 1650h, 试估计 μ 和 σ。

解 根据矩估计法, 我们分别用样本平均数和样本修正方差来估计总体数学期望和总体均方差, 即有

$$\bar{x} = \frac{1}{4}(1502 + 1453 + 1367 + 1650) = 1493$$

$$S^2 = \frac{(1502 - 1493)^2 + (1453 - 1493)^2 + (1367 - 1493)^2 + (1650 - 1493)^2}{4 - 1} = 14068.7$$

$$S = 118.61$$

故 μ 及 σ 的估计值分别为 1493h 及 118.61h。

矩估计法简便、直观, 比较常用, 但是矩估计法也有其局限性。首先, 它要求总体的 k 阶原点矩存在, 若不存在则无法估计; 其次, 矩估计法不能充分地利用估计时已掌握的有关总体分布形式的信息。

(二) 点估计的优良性准则

样本统计量, 如样本均值 $\bar{X}$, 样本标准差 S, 样本成数如何用于对相应总体参数 μ, σ 和 p 的点估计值。直观上, 这些样本统计量对相应总体参数的点估计值是很有吸引力的。然而, 在用一个样本统计量作为点估计量之前, 统计学应检验说明这些样本统计量是否具有某些与好的点估计量相联系的性质。本节我们讨论好的点估计量的性质: 无偏性、有效性和一致性。

1. 无偏性

如果样本统计量的数学期望等于所估计的总体参数的值，则该样本统计量称为总体参数的无偏估计量。无偏性的定义如下：如果满足 $E(\hat{\theta}) = \theta$，则称样本统计量 $\hat{\theta}$ 是总体参数 θ 的无偏估计。式中，$E(\hat{\theta})$ 为样本统计量 $\hat{\theta}$ 的数学期望，因此，样本无偏统计量的所有可能值的期望值或均值等于被估计的总体参数。有了无偏性标准，我们可以解释为什么对总体方差进行估计时，样本方差公式所除的不是样本容量 n，而是 $n-1$。如果计算样本方差时，分母是除以 n，样本方差是总体方差的一个有偏估计（偏小），除以 $n-1$ 才是无偏估计。

证明如下。

由于 $\hat{\sigma}^2 = \dfrac{1}{n}\sum_{i=1}^{n} X_i^2 - \bar{X}^2$，而 $\dfrac{1}{n}\sum_{i=1}^{n} X_i^2$ 是二阶原点矩，期望值为 $\sigma^2 + \mu^2$，又因为

$$E(\bar{X}^2) = D(\bar{X}) + [E(\bar{X})]^2 = \frac{\sigma^2}{n} + \mu^2$$

所以

$$E(\hat{\sigma}^2) = E(A_2 - \bar{X}^2) = E(A_2) - E(\bar{X}^2) = \frac{n-1}{n}\sigma^2 \neq \sigma^2$$

$\hat{\sigma}^2$ 是有偏的。若以 $\dfrac{n}{n-1}$ 乘 $\hat{\sigma}^2$，则 $\dfrac{n}{n-1}\hat{\sigma}^2 = S^2$，这种方法称为无偏化，故通常取 S^2 作 σ^2 的估计量。

2. 有效性

以样本估计总体，要求优良估计量的抽样分布方差（或标准差，即抽样标准误）小于其他估计量的抽样分布方差（或标准差，即抽样标准误），即从平均的角度来看，优良估计量的估计误差应小于其他估计量的估计误差。有较小标准差的点估计量称为比其他点估计量有更好的相对效率。

3. 一致性

粗略地讲，当样本容量更大时，点估计量的值更接近于总体参数，该点估计量是一致的。换言之，大样本比小样本趋于接近一个更好的点估计。注意到对样本均值 $\bar{x}$，我们证明标准差 $\sigma_{\bar{x}} = \sigma / \sqrt{n}$。由于 $\sigma_{\bar{x}}$ 与样本容量相关，较大的样本容量得到的 $\sigma_{\bar{x}}$ 的值更小，我们得出大样本容量趋于给出的点估计更接近于总体均值 μ。在这个意义上，我们可以说样本均值是总体均值 μ 的一个一致估计量。

但由于在实际抽样调查中一次只是随机抽取一个样本，所以估计值会因样本的不同而不同，甚至产生很大的差异。所以说，点估计是一种估计或推断，其缺点是既没有解决参数估计的精确问题，也没有考虑估计的可靠性程度，只有区间估计才能解决这两个问题。不过，由于点估计直观、简单，对于那些要求不太高的判断和分析，可以使用此种方法。

二、区间估计

区间估计就是以一定的概率保证估计包含总体参数的一个值域，即根据样本指标和抽

样平均误差推断总体指标的可能范围。它包括两部分内容：一是这一可能范围的大小；二是总体指标落在这个可能范围内的概率。区间估计既能说清估计结果的准确程度，又同时表明这个估计结果的可靠程度，所以区间估计是比较科学的，它是本节阐述的重点。

用样本指标来估计总体指标，要达到 100%的准确而没有任何误差，几乎是不可能的，所以在估计总体指标时就必须同时考虑估计误差的大小。从人们的主观愿望上看，总是希望花较少的钱取得较好的效果，也就是说希望调查费用和调查误差越小越好。但是，在其他条件不变的情况下，缩小抽样误差就意味着增加调查费用，它们是一对矛盾。因此，在进行抽样调查时，应该根据研究目的和任务以及研究对象的标志变异程度，科学地确定允许的误差范围。

区间估计必须同时具备三个要素，即估计值、抽样极限误差和概率保证程度三个基本要素。抽样误差范围决定抽样估计的准确性，概率保证程度决定抽样估计的可靠性，二者密切联系，但同时又是一对矛盾，所以，对估计的精确度和可靠性的要求应慎重考虑。

(一) 总体比例的区间估计

在实际抽样调查中，区间估计根据给定的条件不同，有两种估计方法：①给定极限误差，要求对总体指标做出区间估计；②给定概率保证程度，要求对总体指标做出区间估计。

例 5-6 某企业对某批产品包装后的重量进行检验，随机抽取 100 个产品，测得平均重量为 1000g，标准差为 50g，合格率为 94%，求：

(1) 以包装重量的允许误差范围 $\Delta_x = 10g$ 估计该批产品平均重量的区间及其概率保证程度。

(2) 以合格率估计的误差范围不超过 2.45%估计该批产品合格率的区间及其概率保证程度。

(3) 试以 95%的概率保证程度对该批产品的平均重量做出区间估计。

(4) 试以 95%的概率保证程度对该批产品的合格率做出区间估计。

解 (1)计算步骤如下。

1) 求样本指标

$$\bar{x} = 1000, \quad s = 50, \quad \mu_x = \frac{s}{\sqrt{n}} = \frac{50}{\sqrt{100}} = 5$$

2) 根据给定的 $\Delta_x = 10g$，计算总体平均数的上、下限。

下限：$\bar{x} - \Delta_x = 1000 - 10 = 990$；　　上限：$\bar{x} + \Delta_x = 1000 + 10 = 1010$

3) 根据 $t = \Delta_x / \mu_x = 10/5 = 2$，查概率表得 $F(t) = 95.45\%$。

由以上计算结果，估计该批产品的平均耐用时间在 990～1010g，有 95.45%的概率保证程度。

(2) 计算步骤如下。

1) 求样本指标

$$p = 94\%$$

$$\sigma_p^2 = p(1-p) = 0.94 \times 0.06 = 0.0564$$

$$\mu_p = \sqrt{\frac{p(1-p)}{n}} = \sqrt{\frac{0.0564}{100}} = 2.38\%$$

2) 根据给定的 $\Delta_p = 2.45\%$，求总体合格率的上、下限：

下限：$p - \Delta_p = 94\% - 2.45\% = 91.55\%$；　　上限：$p + \Delta_p = 94\% + 2.45\% = 96.45\%$

3) 根据 $t = \Delta_p / \mu_p = 2.45\%/2.38\% = 1.03$，查概率表得 $F(t) = 69.70\%$。

由以上计算结果，估计该批产品的合格率在 91.55%～96.45%，有 69.70%的概率保证程度。

(3) 计算步骤如下。

1) 求样本指标

$$\overline{x} = 1000, \quad s = 50, \quad \mu_x = \frac{\sigma}{\sqrt{n}} = \frac{50}{\sqrt{100}} = 5$$

2) 根据给定的 $F(t) = 95\%$，查概率表得 $t = 1.96$。

3) 根据 $\Delta_x = t \times \mu_x = 1.96 \times 5 = 9.8$，计算总体平均耐用时间的上、下限：

下限：$\overline{x} - \Delta_x = 1000 - 9.8 = 990.2$；　　上限：$\overline{x} + \Delta_x = 1000 + 9.8 = 1009.8$

所以，以95%的概率保证程度估计该批产品的平均重量在 990.2～1009.8g。

(4) 计算步骤如下。

1) 求样本指标

$$p = 94\%$$

$$\sigma_p^2 = p(1-p) = 0.94 \times 0.06 = 0.0564$$

$$\mu_p = \sqrt{\frac{p(1-p)}{n}} = 2.37\%$$

$$\Delta_p = t \cdot \mu_p = 1.96 \times 2.37\% = 0.046$$

2) 下限：$p - \Delta_p = 94\% - 4.6\% = 89.4\%$；　　上限：$p + \Delta_p = 94\% + 4.6\% = 98.6\%$。

所以，以95%的概率保证程度估计该批产品的合格率在 89.4%～98.6%。

(二) 当 σ^2 已知时，μ 的置信区间

例 5-7　由 532 名某地区老年人组成的样本表明，其每周使用因特网的平均时间为 6.7h。如果总体标准差为 5.8h，求该地区老年人总体每周平均花费在因特网上时间的 95% 置信区间。

解　已知 $X \sim N(\mu, 5.8^2)$，$\overline{x} = 6.7$，$n = 532$，$1 - \alpha = 0.95$，因为 $U = \dfrac{\overline{x} - \mu}{\sqrt{\sigma^2 / n}} \sim N(0, 1)$，所以对于给定的置信水平 0.95，有

$$P\left\{ -U_{\alpha/2} < \frac{\overline{x} - \mu}{\sqrt{\sigma^2 / n}} < +U_{\alpha/2} \right\} = 0.95$$

当 $\alpha = 0.05$ 时，$U_{\alpha/2} = 1.96$，于是有

$$P\left\{6.7-1.96\times\frac{5.8}{\sqrt{532}}<\mu<6.7+1.96\times\frac{5.8}{\sqrt{532}}\right\}=0.95$$

即总体均值的置信区间为 [6.207, 7.193]。

在 95%的置信水平下，该地区老年人总体每周平均花费在因特网上时间在 6.207～7.193h。

例5-8 某保险公司自投保人中随机抽取36人，计算出此36人的平均年龄 $\bar{x}=39.5$ 岁，已知投保人年龄分布近似正态分布，标准差为 7.2 岁，试求所有投保人平均年龄的置信区间 $(1-\alpha=99\%)$。

解 已知 $X\sim N(\mu,7.2^2)$，$\bar{x}=39.5$ 岁，$n=36$，$1-\alpha=0.99$，则

$$U=\frac{39.5-\mu}{\sqrt{7.2^2/36}}\sim N(0,1)$$

当 $\alpha=0.01$ 时，有 $U_{\alpha/2}=U_{0.01/2}=U_{0.005}=2.575$，所以

$$P\left\{39.5-2.575\sqrt{7.2^2/36}<\mu<39.5+2.575\sqrt{7.2^2/36}\right\}=0.99$$

即总体的置信区间为[36.41, 42.59]。有 99%的把握保证投保人的平均年龄在 36～42 岁。

(三) 当 σ^2 未知时，μ 的置信区间

不知道总体方差时，一个很自然的想法是用样本方差来代替，这时，需要考虑的问题是，用样本方差代替总体方差后，统计量 $T=\frac{\bar{X}-\mu}{\sqrt{S^2/n}}$ 服从的是什么分布，以下定理给出了统计量 T 的分布形式。

定理 设 $x_1,x_2,\cdots,x_n(n\geq 2)$ 是来自总体 $N(\mu,\sigma^2)$ 的一个样本，则

$$T=\frac{\bar{x}-\mu}{\sqrt{S^2/n}}\sim t(n-1) \tag{5.35}$$

t 分布具有如下特性：

(1) t 分布与标准正态分布相似，是以 $x=0$ 为对称轴的钟形对称分布，取值范围是 $(-\infty,+\infty)$，但是 t 分布的方差大于1，比标准正态分布的方差大，所以从分布曲线看，t 分布的曲线较标准正态分布平缓。

(2) t 分布的密度函数为

$$f(x)=\frac{\Gamma\left(\frac{n+1}{2}\right)}{\Gamma\left(\frac{n}{2}\right)\sqrt{n\pi}}\left(1+\frac{x^2}{n}\right)^{-\frac{n+1}{2}},\quad -\infty<x<+\infty \tag{5.36}$$

t 分布的密度函数中只有一个参数，称为自由度。如果随机变量 X 具有以上形式的分布密度，则称 X 服从自由度为 n 的 t 分布，记为 $X\sim t(n)$。随着自由度的增大，t 分布的变异程度逐渐减小，其方差逐渐接近 1，当 $n\to\infty$ 时，t 分布成为正态分布。

(3) 随机变量 X 落在某一区域内的概率，等于 t 分布曲线下，相应区域的面积，对于不

同的 n，同样的区域下的概率不同，见书后附表：t 分布表。例如，$n = 10$，X 落入 $[-1.372, +1.372]$ 的概率为 0.9，而当 $n = 20$ 时，概率为 0.9 所对应的区间为 $[-1.325, +1.325]$；当 $n = 30$ 时，概率为 0.9 所对应的区间为 $[-1.31, +1.31]$。

关于 t 分布的特性就讨论到此，现在回到如何应用 t 分布求解置信区间的问题，既然定理已经证明了统计量 $(\bar{x}-\mu)/\sqrt{S^2/n}$ 服从 $n-1$ 个自由度的 t 分布，则对于给定的显著性水平 α，不难找出 $t_{\alpha/2}(n-1)$，使得 $P\left\{-t_{\alpha/2}(n-1) \leqslant (\bar{x}-\mu)/\sqrt{S^2/n} \leqslant t_{\alpha/2}(n-1)\right\} = 1-\alpha$。于是得到以 $1-\alpha$ 置信水平保证的置信区间

$$\left[\bar{x} - t_{\alpha/2}(n-1)\sqrt{S^2/n}, \ \bar{x} + t_{\alpha/2}(n-1)\sqrt{S^2/n}\right] \tag{5.37}$$

例 5-9　某证券市场由 10 支股票组成的一个样本的市盈率分别为

$$5, \quad 7, \quad 9, \quad 10, \quad 14, \quad 23, \quad 20, \quad 15, \quad 3, \quad 26$$

试求该市场全部股票平均市盈率 95％ 置信区间。

解　由于不知道总体方差，所以用样本方差代替。因为

$$T = (\bar{x}-\mu)\big/\sqrt{S^2/n} \sim t(n-1)$$

$$\bar{x} = \frac{\sum x}{n} = 13.2, \quad S = \sqrt{\frac{\sum(x-\bar{x})^2}{n-1}} = 7.8$$

根据 $\alpha = 0.05$，查阅 t 分布表得，$t_{0.025}(10-1) = 2.262$，所以有

$$P\left\{\bar{x} - t_{0.05/2}(9)\frac{S}{\sqrt{10}} < \mu < \bar{x} + t_{0.05/2}(9)\frac{S}{\sqrt{10}}\right\}$$

$$= \{13.2-2.262(2.47) < \mu < 13.2 + 2.262(2.47)\} = 0.95$$

即总体的置信区间为 $[7.613, 18.787]$。该市场全部股票的平均市盈率在 7.613～18.787，估计的可靠程度为 95%。

例 5-10　从某高校大一新生中随机抽选 100 人，调查到他们平均每天参加体育锻炼的时间为 35min，样本标准差为 6min，根据以往调查记录，学生参加体育锻炼的时间近似服从正态分布，试以 99% 的概率估计该校大一新生平均参加体育锻炼的时间。

解　已知 X 服从正态分布，且 $\bar{x} = 35$，$S = 6$，$n = 100$，$1-\alpha = 0.99$，若总体方差未知，用样本方差代替，则统计量服从 $t(n-1)$ 分布，查表得，$t_{0.01/2}(99) \approx 2.63$，则有总体均值的置信区间为

$$\left[\bar{x} - t_{\alpha/2}(n-1)\sqrt{S^2/n}, \ \bar{x} + t_{\alpha/2}(n-1)\sqrt{S^2/n}\right]$$

$$= [35-2.63(6/10), 35 + 2.63(6/10)]$$

$$= [33.422, 36.578]$$

有 99% 的把握认为该校大一新生平均每天参加体育锻炼的时间在 33.422～36.578min。

(四) 单个非正态总体或总体分布未知，求 U 的置信区间

当总体为非正态分布或不知总体的分布形式时，只要知道总体方差，则根据

Lindeberg-Levy 中心极限定理，当 n 很大时，统计量 $\eta = \dfrac{\overline{X} - E(X)}{\sqrt{D(X)/n}}$ 就近似服从标准正态分布，经验上，$n > 30$ 就可以认为是大样本。

例5-11　设某小额贷款公司共有 8042 张应收账款单，根据过去记录，所有应收账款的标准差为 30334 元。现随机抽查了 250 张应收款单，得平均应收款为 33190 元，求 98% 置信水平的平均应收款。

解　已知 $\overline{x} = 33190$ 元，$n = 250 > 30$，$1 - \alpha = 0.98$，$\sigma = 30334$。

因为 $\overline{x}$ 近似服从标准正态分布，$U_{\alpha/2} = U_{0.02/2} = 2.33$，则总体均值的置信区间为

$$\left[\overline{x} - U_{\alpha/2}\sqrt{\sigma^2/n},\ \overline{x} + U_{\alpha/2}\sqrt{\sigma^2/n} \right]$$

$$= \left[33190 - 2.33\left(30334/\sqrt{250}\right),\ 33190 + 2.33\left(30334/\sqrt{250}\right) \right]$$

$$= [28719.9, 37660]$$

根据调查结果，我们有 98% 的把握认为全部账单的平均金额至少为 28719.9 元，至多为 37660 元。

以上例题虽然不知总体分布形式，但总体的方差是已知的，而在实际中往往并不知道总体的方差，在实际应用中，只要是大样本，就仍然可以用样本方差代替统计量 η 中的总体方差，并以标准正态分布近似作为统计量 η 的抽样分布。

例5-12　某饭店随机抽取 50 名旅客为该饭店服务质量评级，等级从 $1 \sim 10$，实际的评判结果为

$$
\begin{array}{cccccccccccc}
6 & 4 & 6 & 8 & 7 & 7 & 6 & 3 & 3 & 8 & 10 & 4 & 8 \\
7 & 8 & 7 & 5 & 9 & 5 & 8 & 4 & 3 & 8 & 5 & 5 & 4 \\
4 & 4 & 8 & 4 & 6 & 2 & 5 & 9 & 9 & 8 & 4 & 8 \\
9 & 9 & 5 & 9 & 7 & 8 & 3 & 10 & 8 & 9 & 6 \\
\end{array}
$$

求：总体等级均值的 99% 的置信区间。

解　因为 $n = 50$ 是大样本，则有 $Z_{\alpha/2} = 2.58$，依原始数据编制变量数列

等级：	2	3	4	5	6	7	8	9	10
次数：	1	4	9	6	5	5	11	7	2

$$\overline{x} = \frac{\sum xf}{\sum f} = 6.32,\quad S = \sqrt{\frac{\sum(x - \overline{x})^2 f}{\sum f - 1}} = 2.31$$

从而

$$\overline{x} \pm Z_{\alpha/2}\frac{S}{\sqrt{n}} = 6.32 \pm 2.58 \times \frac{2.31}{\sqrt{50}} = 6.32 \pm 0.84$$

置信区间为 $[5.48, 7.16]$。

例5-13　某网络平台要估计某市 65 岁以上已退休的人中一天时间里平台在线的时间，随机抽取了一个容量为 200 的样本，得到样本平均数为 110min，样本标准差为 30min，试估计总体均值 95% 的置信区间。

解　已知 $\overline{x} = 110\text{min}$，$n = 200 > 30$，$S = 30$，$1 - \alpha = 0.95$，$U_{\alpha/2} = U_{0.025} = 1.96$，则有置信区间

$$\left[110-1.96\times\frac{30}{\sqrt{200}},\ 110+1.96\times\frac{30}{\sqrt{200}}\right]=[105.84,\ 114.16]$$

所以, 有 95% 的把握认为该市 65 岁以上已退休的人每天平台在线的时间在 105.84~114.16min。

(五) 总体方差的区间估计

估计一个总体的方差或标准差需要假设总体服从正态分布, 由于总体方差 s^2 的点估计量为 s^2, 且

$$\frac{(n-1)s^2}{\sigma^2}\sim\chi^2(n-1) \tag{5.38}$$

所以总体方差在 $1-\alpha$ 置信水平下的置信区间为

$$\frac{(n-1)s^2}{\chi^2_{\alpha/2}(n-1)}\leqslant\sigma^2\leqslant\frac{(n-1)s^2}{\chi^2_{1-\alpha/2}(n-1)} \tag{5.39}$$

例 5-14　一家食品生产企业以生产袋装食品为主, 现从某天生产的一批食品中随机抽取 25 袋, 测得每袋重量如表 5-3 所示。已知产品重量的分布服从正态分布。以 95% 的置信水平建立该种食品重量标准差的置信区间。

表 5-3　袋装食品每袋重量表　　　　　　　　　　　（单位:g）

112.5	101	103	102	100.5
102.6	107.5	95	108.8	115.6
100	123.5	102	101.6	102.2
116.6	95.4	97.8	108.6	105
136.8	102.8	101.5	98.4	93.3

已知 $n=25$, $1-\alpha=95\%$, 根据样本数据计算得

$$s^2=93.21,\quad \chi^2_{\alpha/2}(n-1)=\chi^2_{0.025}(24)=39.3641,$$

$$\chi^2_{1-\alpha/2}(n-1)=\chi^2_{0.975}(24)=12.4011$$

σ^2 置信度为 95% 的置信区间为

$$\frac{(25-1)\times93.21}{39.3641}\leqslant\sigma^2\leqslant\frac{(25-1)\times93.21}{12.4011}\Rightarrow56.83\leqslant\sigma^2\leqslant180.39$$

两端开方后得到标准差的置信区间, 该企业生产的食品总体重量标准差的置信区间为 7.54~13.43g。

三、样本容量的确定

在参数区间估计的讨论中, 估计值 $\hat\theta$ 和总体的参数 θ 之间存在一定的差异, 这种差异是由样本的随机性产生的。在样本容量不变的情况下, 若要增加估计的可靠度, 置信区间就会扩大, 估计的精度就降低了。若要在不降低可靠性的前提下, 增加估计的精确度, 就只有扩大样本容量。当然, 增大样本容量要受到人力、物力和时间等条件的限制, 所以需要

在满足一定精确度的条件下, 尽可能恰当地确定样本容量。

(一) 影响样本容量的因素

1. 总体的变异程度 (总体方差 σ^2)

在其他条件相同的情况下, 有较大方差的总体, 样本的容量应该大一些, 反之则应该小一些。例如, 在正态总体均值的估计中, 抽样平均误差为 $\sigma/\sqrt{n}$, 它反映了样本均值相对于总体均值的离散程度。所以, 当总体方差较大时, 样本的容量也相应要大, 这样才会使 $\sigma/\sqrt{n}$ 较小, 以保证估计的精确度。

2. 允许误差的大小

允许误差指允许的抽样误差, 记为 $|\hat{\theta} - \theta| = \Delta_\theta$, 例如, 样本均值与总体均值之间的允许误差可以表示为 $|\bar{X} - \mu| = \Delta_x$, 允许误差以绝对值的形式表现了抽样误差的可能范围, 所以又称为误差。

允许误差说明了估计的精度, 所以, 在其他条件不变的情况下, 如果要求估计的精度高, 允许误差就小, 那么样本容量就要大一些; 如果要求的精确度不高, 允许误差可以大些, 则样本容量可以小一些。

3. 概率保证度 $1-\alpha$ 的大小

概率保证度说明了估计的可靠程度。所以, 在其他条件不变的情况下, 如果要求较高的可靠度, 就要增大样本容量; 反之, 可以相应减少样本容量。

4. 抽样方法不同

在相同的条件下, 重复抽样的抽样平均误差比不重复抽样的抽样平均误差大, 所需要的样本容量也就不同。重复抽样需要更大的样本容量, 而不重复抽样的样本容量则可小一些。

此外, 必要的抽样数目还要受抽样组织方式的影响, 这也是因为不同的抽样组织方式有不同的抽样平均误差。

(二) 样本容量的确定

1. 估计总体均值的样本容量

在总体均值的区间估计中, 置信区间为 $\bar{X} \pm U_{\alpha/2} \dfrac{\sigma}{\sqrt{n}}$。从图 5-2 中可以看到, 从估计量 x 的取值到点 $U_{\alpha/2} \dfrac{\sigma}{\sqrt{n}}$ 的距离, 实际上为置信区间长度的 $\dfrac{1}{2}$。这段距离表示在一定置信水平 $1-\alpha$ 下, 用样本均值估计总体均值时所允许的最大绝对误差即允许误差 Δ。显然, 若以 x 的取值为原点, 则允许误差 Δ 可以表示为

$$\Delta_x = U_{\alpha/2} \frac{\sigma}{\sqrt{n}} \tag{5.40}$$

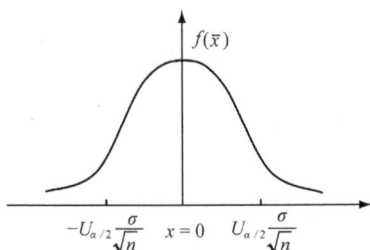

图 5-2　允许误差示意图

公式 (5.40) 反映了允许误差 Δ、可靠性系数 $U_{\alpha/2}$、总体标准差 σ 与样本容量之间的相互制约关系。只要这四个因素中的任意三个因素确定后，另一个因素也就确定了。

在重复抽样条件下，把允许误差 Δ 的计算公式 $\Delta = U_{\alpha/2} \dfrac{\sigma}{\sqrt{n}}$ 变形整理，则得到样本容量的计算公式

$$n = \frac{U_{\alpha/2}^2 \sigma^2}{\Delta_x^2} \tag{5.41}$$

在不重复抽样的条件下，抽样允许误差为 $\Delta_x = \left| \bar{X} - \mu \right| = \mu_{\alpha/2} \sqrt{\dfrac{\sigma^2}{n} \left(1 - \dfrac{n}{N} \right)}$，因此变形后得到不重复抽样条件下的样本容量公式为

$$n = \frac{\mu_{\alpha/2}^2 \sigma^2 N}{(\Delta_x)^2 N + \mu_{\alpha/2}^2 \sigma^2} \tag{5.42}$$

例 5-15　某地公共管理专业毕业生第一年月薪的标准差大约为 2000 元人民币。如果以 95% 的置信度估计其平均月薪，并且希望抽样极限误差分别不超过 500 元和 100 元，样本容量应为多少？

解　当抽样极限误差不超过 500 元时，

$$n = \frac{U_{\alpha/2}^2 \sigma^2}{\Delta_x^2} = \frac{1.96^2 \times 2000^2}{500^2} = 61.47 \approx 62$$

当抽样极限误差不超过 100 元时，

$$n = \frac{U_{\alpha/2}^2 \sigma^2}{\Delta_x^2} = \frac{1.96^2 \times 2000^2}{100^2} = 1536.64 \approx 1537$$

在计算样本容量时，必须知道总体的方差，而在实际抽样调查前，往往总体的方差是未知的。在实际操作时，可以用过去的资料，若过去曾有若干个方差，应该选择最大的，以保证抽样估计的精确度；也可以进行一次小规模的调查，用调查所得的样本方差来替代总体的方差。

2．估计总体成数时的样本容量

估计总体成数时样本容量的确定方法与估计总体均值是一样的，设 $\Delta_p = \left| P - p \right|$ 为允许误差，在 $1 - \alpha$ 的置信度下，重复抽样条件下有

$$\Delta_p = |P - p| = \mu_{\alpha/2}\sqrt{\frac{P(1-P)}{n}} \qquad (5.43)$$

解上面的方程可得重复抽样条件下样本容量的公式为

$$n = \frac{\mu_{\alpha/2}^2 P(1-P)}{\Delta_p^2} \qquad (5.44)$$

同理可得不重复抽样条件下的样本容量公式为

$$n = \frac{\mu_{\alpha/2}^2 P(1-P)}{(\Delta_p)^2 N + \mu_{\alpha/2}^2 P(1-P)} \qquad (5.45)$$

　　在估计成数计算样本容量时需要总体的成数，但是总体的成数通常是未知的，在实际的抽样调查中，可先进行小规模的试调查求得样本的成数来代替。也可用历史的资料，如果有若干个成数可供选择，则应选择最靠近50%的成数，使样本成数的方差最大，以保证估计的精确度。

　　例 5-16　某杂志 400 名读者组成的样本表明，读者中 26% 为女性。在 95% 的置信度下，若希望将抽样极限误差控制在 3%，则样本容量应当为多少？

　　解

$$n = \frac{Z_{\alpha/2}^2 p(1-p)}{\Delta_p^2} = \frac{1.96^2 \times 0.26 \times (1-0.26)}{0.03^2}$$

$$= 821.25 \approx 822$$

从计算的结果可以看出，样本容量至少应为 822 人。

第三节　假 设 检 验

　　假设检验是抽样推断的一个重要内容。所谓假设检验，就是事先对总体参数或总体分布形式做出一个假设，然后利用样本信息来判断原假设是否合理，即判断样本信息与原假设是否有显著差异，从而决定应接受还是拒绝原假设。比如，对于某机器设备，生产工艺改变后，要检验新工艺对产品的某个主要指标是否有影响时，就需要抽样检验总体的某个参数 (如均值、方差等) 是否等于改变工艺前的参数值，这类问题就属于假设检验问题。

　　假设检验可分为两类，一是参数假设检验；二是非参数检验或自由分布检验，主要是总体分布形式的假设检验。本书只讨论几种重要的参数检验。

一、假设检验一般问题

(一) 假设检验的基本思想

1. 两类错误

先通过一个例子来说明假设检验的基本思想。

例 5-17　某飞机制造厂经理拟购一批共计 10000 张的铝板, 规定厚度为 0.04 寸[①] (厚度过大将增加机身重量, 过薄则影响应有的强度)。经检测 100 张铝板, 其平均厚度为 0.0408 寸。这样, 经理就面临着是否相信该批铝板的平均厚度与 0.04 寸无异的问题, 从而面临接收或拒收这批铝板的两种对立行动的抉择。

很显然, 单从样本数据看, 铝板的平均厚度已经超过了规定, 似乎不符合规定。但实际情况是否真的如此? 样本铝板平均厚度与规定之间的差异是必然存在的还是由偶然因素产生的? 这就需要我们通过假设检验来判断。这时, 样本均值即总体均值的估计值为 0.0408 寸, 而总体均值的假设值为 0.04 寸。如果该批铝板符合要求而拒收, 将丧失购货机会; 如果该批铝板不合格而接收下来, 将会给产品带来质量问题。因此, 在决定行动以前, 经理要对该批铝板的平均厚度是否为 0.04 寸进行判断。

可见, 所谓假设检验, 就是事先对总体参数或总体分布形态做出一个规定或假设, 然后利用样本提供的信息, 以一定的概率来检验假设是否成立 (或是否合理), 或者说判断总体的真实情况是否与原假设存在显著的系统性差异。因此, 统计假设就是关于统计总体分布特征的某种论断。

统计假设检验是通过比较检验统计量的样本数值, 做出统计决策。统计量是随机变量, 据之所做的判断不可能保证百分之百的正确。一般来说, 决策结果存在以下四种情形:

原假设是真实的, 判断结论是接受原假设, 这是一种正确的判断;

原假设是不真实的, 判断结论是拒绝原假设, 这也是种正确的判断;

原假设是真实的, 判断结论是拒绝原假设, 这是一种产生"弃真错误"的判断;

原假设是不真实的, 判断结论是接受原假设, 这又是一种产生"取伪错误"的判断。

以上四种判断可归纳为表 5-4 形式。

表 5-4　决策结果四种形式

	接受 H_0	拒绝 H_0
H_0 真实	判断正确	弃真错误
H_0 不真实	取伪错误	判断正确

以上的弃真错误也称为假设检验的"第一类错误", 用 α 表示; 取伪错误也称为假设检验的"第二类错误", 用 β 表示。无论是第一类错误还是第二类错误, 都是检验结论失真的表现, 都是应尽可能加以避免的情形, 如果不能完全避免, 也应该对其发生的概率加以控制。第一类错误产生的原因是, 在原假设为真的情况下, 检验统计量不巧刚好落入小概率的拒绝区域, 使得我们下了拒绝原假设的结论。因此, 犯第一类错误的概率大小就等于显著性水平的大小, 即等于 α。我们可以通过控制显著性水平大小的方式, 来控制犯第一类错误的可能性大小。α 定的越小, 犯第一类错误的可能性就越小, 例如, $\alpha = 0.05$, 表示犯第一类错误的可能性为 5%, 100 次判断中, 产生弃真性错误的次数是 5 次; 进一步降低显

---

① 1 寸 = 3.3cm。

著性水平, 取 $\alpha = 0.01$, 这时犯第一类错误的概率下降为 1%。所以统计学上, 又称第一类错误为 α 错误。第二类错误是 "以假为真" 的错误, 即把不正确的原假设当做正确的而将它接受了的错误。犯第二类错误大小的概率记为 β, 因此, 统计学上称第二类错误为 β 错误。犯第二类错误的概率与犯第一类错误的概率是密切相关的, 在样本一定的条件下, α 小, β 就增大; α 大, β 就减小。为了同时减小 α 和 β, 只有增大样本容量, 减小抽样分布的离散性, 才能达到目的。

2. 检验功效

检验效果好与坏, 与犯两类错误的概率都有关。一个有效的检验首先是犯第一类错误的概率 α 不能太大, 否则, 就经常产生弃真现象; 另外, β 错误就是取伪的错误, 在犯第一类错误概率得到控制的条件下, 犯取伪错误的概率也要尽可能地小, 或者说, 不取伪的概率 $1-\beta$ 应尽可能增大。$1-\beta$ 越大, 意味着当原假设不真实时, 检验判断出原假设不真实的概率越大, 检验的判别能力就越好; $1-\beta$ 越小, 意味着当原假设不真实时, 检验结论判断出原假设不真实的概率越小, 检验的判别能力就越差。可见 $1-\beta$ 是反映统计检验判别能力大小的重要标志, 我们称之为检验功效或检验力。

前面分析说明, 第一类错误和第二类错误是一对矛盾体, 在其他条件不变时, 减小犯第一类错误的可能性, 势必增加犯第二类错误的可能性; 增大第一类错误的可能性, 又能减小犯第二类错误的可能性。可见 α 的大小, 影响到 β 的大小, 进而影响到 $1-\beta$ 的大小。犯第一类错误的概率或检验的显著性水平 α 是影响检验力的一个重要因素。在其他条件不变的情况下, 显著性水平 α 增大, β 随之减小, 检验功效就增强。可见取 $\alpha = 0.1$ 时比取 $\alpha = 0.01$ 时, 检验的功效强, 检验力大。

我们在统计检验中, 一般都是首先控制犯第一类错误的概率, 也就是显著性水平 α 都尽量取较小的值, 尽量避免犯弃真的错误, 在其他条件不变时, β 就增大, 检验的功效就减弱。该如何调和这一对相互对抗的矛盾呢? 唯一的办法就是增大样本容量, 因为增加样本容量既能够保证满足较小的 α 需要, 同时又能减小犯第二类错误的概率 β, 抵消检验功效的衰减。可见样本容量大小也是影响检验功效大小的一个重要因素, 可通过增大样本容量的方法提高检验功效。然而, 实际上样本容量 n 的增加也是有限制的, 兼顾 α 与 β 很困难, 这时, 鉴于 α 风险一般比 β 风险重要, 首先考虑的还是控制 α 风险。

影响检验功效大小的第三个因素是原假设与备选假设间的差异程度。如果这两个假设间的差异是非常明显的, 这时原假设不真而取伪的可能性就减小, 即 β 就减小, 检验功效就大。否则, 就较难通过检验把原假设与备选假设区分开来, 影响检验功效的提高。

(二) 假设检验的步骤

1. 提出原假设和备择假设

对每个假设检验问题, 一般可同时提出两个相反的假设: 原假设和备择假设。原假设又称零假设, 是正待检验的假设, 记为 H_0; 备择假设是拒绝原假设后可供选择的假设, 记

为 H_1。原假设和备择假设是相互对立的，检验结果二者必取其一。接受 H_0 则必须拒绝 H_1；反之，拒绝 H_0 则必须接受 H_1。

原假设和备择假设不是随意提出的，应根据所检验问题的具体背景而定。常常是采取"不轻易拒绝原假设"的原则，即把没有充分理由不能轻易否定的命题作为原假设，而相应地把没有足够把握就不能轻易肯定的命题作为备择假设。

一般地，假设有三种形式：

(1) H_0: $\mu = \mu_0$；H_1: $\mu \neq \mu_0$。这种形式的假设检验称为双侧检验。如例 5-17 中可提出假设：H_0: $\mu = 0.04$ 寸；H_1: $\mu \neq 0.04$ 寸。

(2) H_0: $\mu = \mu_0$；H_1: $\mu < \mu_0$ (或 H_0: $\mu \geqslant \mu_0$；H_1: $\mu < \mu_0$)。这种形式的假设检验称为左侧检验。

(3) H_0: $\mu = \mu_0$；H_1: $\mu > \mu_0$ (或 H_0: $\mu \leqslant \mu_0$；H_1: $\mu > \mu_0$)。这种形式的假设检验称为右侧检验。

左侧检验和右侧检验统称为单侧检验。采用哪种假设，要根据所研究的实际问题而定。如果对所研究问题只需判断有无显著差异或要求同时注意总体参数偏大或偏小的情况，则采用双侧检验。如果所关心的是总体参数是否比某个值偏大 (或偏小) , 则宜采用单侧检验。在例 5-17 中，如果我们在乎的是零件长度是否比原来有所缩短，则可采用单侧检验，即 H_0: $\mu = 0.04$ 寸(或 $\mu \geqslant 0.04$ 寸)；H_1: $\mu < 0.04$ 寸。

2．选择适当的统计量，并确定其分布形式

在参数的假设检验中，如同在参数估计中一样，要借助于样本统计量进行统计推断。用于假设检验问题的统计量称为检验统计量。在具体问题中，选择什么统计量作为检验统计量，需要考虑的因素与参数估计相同。例如，用于进行检验的样本是大样本还是小样本，总体方差已知还是未知，等等。在不同的条件下应选择不同的检验统计量。

3．选择显著性水平 α，确定临界值

显著性水平表示 H_0 为真时拒绝 H_1 的概率。假设检验是围绕对水平假设内容的审定而展开的。如果原假设正确我们接受了 (同时也就拒绝了替换假设)，或原假设错误我们拒绝了 (同时也就接受了替换假设)，这表明我们做出了正确的决定。但是，由于假设检验是根据样本提供的信息进行推断的，也就有犯错误的可能。有这样一种情况，原假设正确，而我们却把它当成错误的加以拒绝。犯这种错误的概率用 α 表示，统计上把 α 称为假设检验中的显著性水平 (significant level)，也就是决策中所面临的风险。所以，显著性水平是指当原假设正确时人们却把它拒绝了的概率或风险。这个概率是由人们确定的，通常取 $\alpha = 0.05$ 或 $\alpha = 0.01$，这表明，当做出接受原假设的决定时，其正确的可能性 (概率) 为 95%或 99%，即拒绝原假设所冒的风险，用 α 表示。假设检验应用小概率事件实际极少发生的原理，这里的小概率就是指 α。给定了显著性水平 α，就可由有关的概率分布表查得临界值，从而确定 H_0 的接受区域和拒绝区域。临界值就是接受区域和拒绝区域的分界点。

对于不同形式的假设，H_0 的接受区域和拒绝区域也有所不同。双侧检验的拒绝区域位

于统计量分布曲线的两侧；左侧检验的拒绝区域位于统计量分布曲线的左侧；右侧检验的拒绝区域位于统计量分布曲线的右侧，如图 5-3 所示。

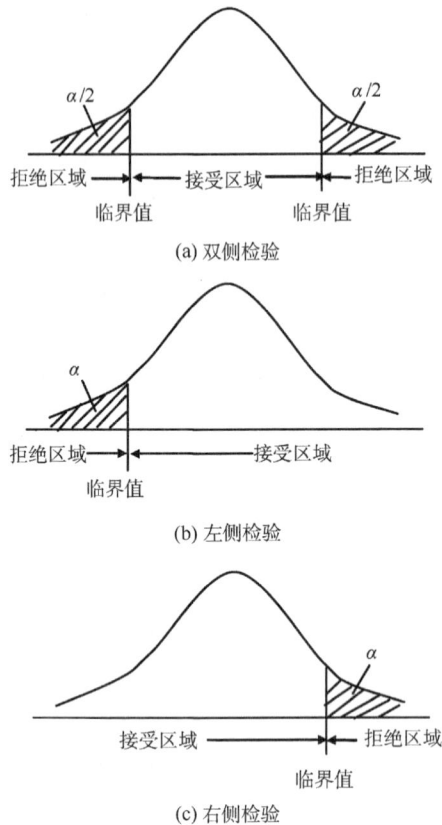

(a) 双侧检验

(b) 左侧检验

(c) 右侧检验

图 5-3　假设检验的接受区域和拒绝区域

4．做出结论

根据样本资料计算出检验统计量的具体值，并与临界值比较，做出接受或拒绝原假设 H_0 的结论。如果检验统计量的值落在拒绝区域内，说明样本所描述的情况与原假设有显著性差异，应拒绝原假设；反之，则接受原假设。

(三)　假设检验的小概率原理

假设检验就是首先对总体的分布函数形式或分布的某些参数做出假设，再根据所得样本数据，利用"小概率原理"，对假设的正确性做出判断的统计推断过程与方法。这种思维方法与数学里的"反证法"很相似，"反证法"先将要证明的结论假设为不正确的，作为进一步推论的条件之一使用，最后推出矛盾的结果，得到不能接受的结论，以此否定事先所做的假设，认为所要证明的结论是正确的。反证法认为矛盾的结论，就是不可能发生的事件，这种事件发生的概率为零，该事件是不能接受的现实。例如，有一个厂商声称其产品的合格率很高，可以达到99%，那么从一批产品 (如100件) 中随机抽取1件，这一件恰好是次品的概率就非常小, 只有 1%。如果厂商的宣称是真的, 随机抽取 1 件是次品的情况就几乎是不可能发生的。但如果这种情况确实发生了, 我们就有理由怀疑原来的假设, 即产品中只有1%次品的假设是否成立, 这时就可以推翻原来的假设, 可以做出厂商的宣称是假的这样一个推断。我们进行推断的依据就是小概率原理。当然, 推断也可能会犯错误, 即这 100 件产品中确实只有 1 件是次品, 而恰好在一次抽取中被抽到了。所以这个例子中犯这种错误的概率是 1%, 也就是说我们在冒 1%的风险做出厂商宣称是假的这样一个推断。由此也可以看出, 这里的 1%正是前面所说的显著性水平。

二、总体均值、比例的假设检验

(一) 总体方差已知时对正态总体均值的假设检验

设总体 $X \sim N(\mu, \sigma^2)$, 总体方差 σ^2 为已知, $(x_1, x_2, \cdots, x_n)$ 为总体的一个样本, 样本平均数为 $\bar{x}$。现在的问题是对总体均值 μ 进行假设检验。
$$H_0: \mu = \mu_0 \ (\text{或} \ \mu \leqslant \mu_0, \ \mu \geqslant \mu_0)$$
根据抽样分布定理, 样本平均数 $\bar{x}$ 服从 $N(\mu, \sigma^2/n)$, 所以, 如果 H_0 成立, 检验统计量 U 及其分布为

$$U = \frac{\bar{x} - \mu_0}{\sigma/\sqrt{n}} \sim N(0,1) \tag{5.46}$$

利用服从正态分布的统计量 U 进行的假设检验称为 U 检验法。根据已知的总体方差、样本容量 n 和样本平均数 $\bar{x}$, 计算出检验统计量 U 的值。对于给定的检验水平, 查正态分布表可得临界值, 将所计算的 U 值与临界值比较, 便可做出检验结论。

例 5-18 某地区小麦的亩产量服从正态分布, 平均亩产为 400 kg, 标准差为 30 kg。现用一种新化肥进行试验, 25 个地块的取样结果为平均亩产 420kg, 试问当 $\alpha = 0.05$ 时, 这种新化肥是否使小麦增产?

解 根据题意, 提出假设: $H_0: \mu = 400$; $H_1: \mu > 400$, 检验统计量
$$U = \frac{\bar{x} - \mu_0}{\sigma/\sqrt{n}} = \frac{420 - 400}{30/\sqrt{25}} = 2.22$$

由 $\alpha = 0.05$, 查表得临界值 $U_{0.05} = 1.645$。由于 $U = 2.22 > U_\alpha = 1.645$, 所以应拒绝 H_0 而接受 H_1, 表明新化肥能使小麦增产。

(二) 总体方差未知时对正态总体均值的假设检验

设总体 $X \sim N(\mu, \sigma^2)$, 但总体方差 σ^2 未知, 此时对总体均值的检验不能用上述 U 检验法, 因为此时的检验统计量 U 中包含了未知参数 σ。为了得到一个不含未知参数的检验统计量, 很自然会用总体方差的无偏估计量——样本方差 S^2 来代替 σ^2, 于是得到 T 统计量。根据上节内容已知, 检验统计量 T 及其分布为

$$T = \frac{\bar{x} - \mu_0}{S/\sqrt{n}} \sim t(n-1) \tag{5.47}$$

利用服从 t 分布的统计量去检验总体均值的方法称为 T 检验法。其具体做法是: 根据

题意提出假设 (与 U 检验法中的假设形式相同)；构造检验统计量 T 并根据样本信息计算其具体值；对于给定的检验水平 α，由 t 分布表查得临界值；将所计算的 t 值与临界值比较，做出检验结论。

双侧检验时，若 $|T| > t_{\alpha/2}$，则拒绝 H_0，接受 H_1。

左侧检验时，若 $T < -t_{\alpha}$，则拒绝 H_0，接受 H_1。

右侧检验时，若 $T > t_{\alpha}$，则拒绝 H_0，接受 H_1。

例 5-19 由长期的资料可知，某厂生产的某种电子元件服从均值为 200h，标准差未知的正态分布。通过改变部分生产工艺后，抽得 10 件作为样本，得数据 (h)：

$$202, \quad 209, \quad 213, \quad 198, \quad 206, \quad 210, \quad 195, \quad 208, \quad 200, \quad 207。$$

解 根据题意，检验目的是考察电子元件的平均值数据是否有所提高，因此，可建立如下假设：

$$H_0: \mu = 200; \qquad H_1: \mu > 200$$

根据已知数据求得

$$\bar{x} = 204.8, \qquad S = 5.789$$

检验统计量

$$T = \frac{\bar{x} - \mu_0}{S/\sqrt{n}} = \frac{204.8 - 200}{5.789/\sqrt{10}} = 2.622$$

由 $\alpha = 0.05$，查表得临界值

$$t_{\alpha}(n-1) = t_{0.05}(10-1) = 1.8331$$

由于 $|T| = 2.622 > t_{\alpha}(n-1) = 1.8331$，所以拒绝 H_0 接受 H_1，即可以接受"在新工艺下，这种电子元件的平均值有所提高的假设"。

T 检验法适用于小样本情况下总体方差未知时对正态总体均值的假设检验。随着样本容量 n 的增大，t 分布趋近于标准正态分布。所以大样本情况下 $(n > 30)$，总体方差未知时对正态总体均值 μ 的假设检验通常近似采用 U 检验法。同理，大样本情况下非正态总体均值的检验也可用 U 检验法。因为，根据大样本的抽样分布定理，总体分布形式不明或为非正态总体时，样本平均数趋近于正态分布。这时，检验统计量 U 中的总体标准差 σ 用样本标准差 S 来代替。

(三) 总体比例的假设检验

由比例的抽样分布定理可知，样本比例服从二项分布，因此可由二项分布来确定对总体比例进行假设检验的临界值，但其计算往往十分烦琐。大样本情况下，二项分布近似服从正态分布。因此，对总体比例的检验通常是在大样本条件下进行的，根据正态分布来近似确定临界值，即采用 U 检验法。其检验步骤与均值检验时的步骤相同，只是检验统计量不同。

首先提出待检验的假设：

$$H_0: P = P_0; \qquad H_1: P \neq P_0 \qquad (\text{或 } P < P_0, P > P_0)$$

检验统量为

$$U = \frac{p - P_0}{\sqrt{\dfrac{p(1-p)}{n}}} \sim N(0,\ 1) \tag{5.48}$$

例 5-20 某公司从网上一门店订货，合同规定产品合格率不低于 95%，该公司随机抽取 110 件进行检验，结果合格率为 91%。问在 0.05 的显著性水平下，该公司是否应该接受这批产品？

解 依题意，可建立如下假设：

$$H_0: P = 95\%; \qquad H_1: P < 95\%$$

样本比例 $p = 91\%$，采用 U 检验法

$$U = \frac{p - P_0}{\sqrt{\dfrac{p(1-p)}{n}}} = \frac{0.91 - 0.95}{\sqrt{\dfrac{0.95 \times 0.05}{110}}} = -1.025$$

给定 $\alpha = 0.1$，查正态分布表得

$$\mu_{\alpha/2} = \mu_{0.05} = 1.645$$

由于 $|U| < \mu_{\alpha/2}$，落入拒绝域，所以要拒绝 H_0，认为该产品的合格率未达到合同规定的标准，该公司应予以拒收。

三、总体方差的检验

检验一个总体的方差或标准差需要假设总体近似服从正态分布。检验时使用 χ^2 分布，检验统计量如前所述：

$$\chi^2 = \frac{(n-1)s^2}{\sigma_0^2} \sim \chi^2(n-1) \tag{5.49}$$

例 5-21 啤酒生产企业采用自动生产线灌装啤酒，每瓶的装填量为 640mL，但由于受某些不可控因素的影响，每瓶的装填量会有差异。此时，不仅每瓶的平均装填量很重要，装填量的方差同样很重要。如果方差很大，会出现装填量太多或太少的情况，这样要么生产企业不划算，要么消费者不满意。假定生产标准规定每瓶装填量的标准差不应超过 4mL。企业质检部门抽取了 10 瓶啤酒进行检验，得到的样本标准差为 $s = 3.8$mL。试以 0.05 的显著性水平检验装填量的标准差是否符合要求？

解 根据题目

$$H_0: s^2 \leqslant 4^2, \quad H_1: s^2 > 4^2, \quad \alpha = 0.05, \quad \mathrm{df} = 10 - 1 = 9$$

查表得临界值：$\chi^2_{F_{0.05}} = 16.919$。

检验统计量

$$\chi^2 = \frac{(10-1) \times 3.8^2}{4^2} = 8.1225$$

由于 $8.1225 < 16.919$，因而没有落入拒绝域，不拒绝原假设，也就是没有证据表明装填量的标准差不符合要求。

第四节　SPSS 的假设检验

在 SPSS 软件中，没有单独的命令进行参数的区间估计，一般都是融合在假设检验的命令中。因此下面主要介绍单样本 T 检验、独立样本 T 检验和匹配样本 T 检验。单个总体均值的区间估计命令，可以在描述统计命令栏中找到。

1. 单个总体均值的区间估计

数据说明：某高校为确定是否需要建立财务预约报账系统，对每天报账的老师随机抽取 20 人，每人报账等候的时间如下（单位：min）：

50	6	38	3	21	8	17	12	20	11
7	9	0	21	8	25	16	15	29	16

如果认为等候时间服从正态分布，在 95% 的置信水平下，估计全校老师报账等候时间的区间。

◆ 打开 SPSS，建立数据文件："等候时间 .sav"。

◆ 选择区间估计选项，方法如下：选择菜单"【分析】→【描述统计】→【探索】"，打开图 5-4 探索对话框。

◆ 从源变量清单中将"等候时间"变量移入因变量列表框中。

图 5-4　探索对话框

◆ 单击上图右方的"统计量"按钮打开【探索：统计量】对话框。再设置均值的置信水平，如键入 95%，完成后单击"继续"按钮回到主窗口，如图 5-5 所示。

◆ 返回主窗口点击"确定"运行操作。

◆ 计算结果简单说明如表 5-5 所示。

◆ 如表 5-5 显示，从"均值的 95% 置信区间"中可以得出，等候时间区间估计（置信度为 95%）为：(10.9, 22.2)。

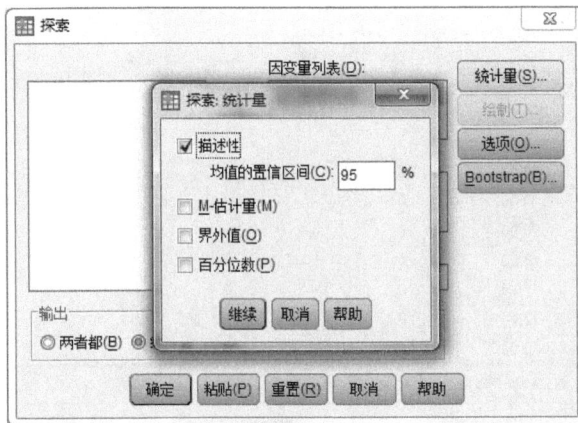

图 5-5 探索统计量设置

表 5-5 描述

			统计量	标准误
等候时间	均值		16.6000	2.70224
	均值的 95% 置信区间	下限	10.9441	
		上限	22.2559	
	5% 修整均值		15.6667	
	中值		15.5000	
	方差		146.042	
	标准差		12.08479	
	极小值		0.00	
	极大值		50.00	
	范围		50.00	
	四分位距		13.00	
	偏度		1.280	0.512
	峰度		1.984	0.992

2. 单样本 T 检验

以上面的等候时间数据为例, 假设平均等候时间超过 20min, 则认为需要建立财务报账预约系统, 否则没有必要建立, 在 0.05 的显著水平下, 判断是否需要建立财务预约报账系统。

◆ 判断该例检验类型属于 "正态总体, 小样本, 总体标准差 σ 未知"。假设形式为

$$H_0: \mu = 20, \qquad H_1: \mu < 20$$

◆ 软件实现程序打开已知数据文件, 然后选择菜单 "【分析】→【比较均值】→【单样本 T 检验】", 打开【单样本 T 检验】对话框 (图 5-6)。从源变量清单中将【等候时间】向右移入【检验变量】框中。

在【检验值】框里输入一个指定值 (即假设检验值, 本例中假设为 20), T 检验过程将对每个检验变量分别检验它们的平均值与这个指定数值相等的假设。单击【单样本 T 检验】

窗口中"确定"按钮，输出结果如表 5-6 所示。

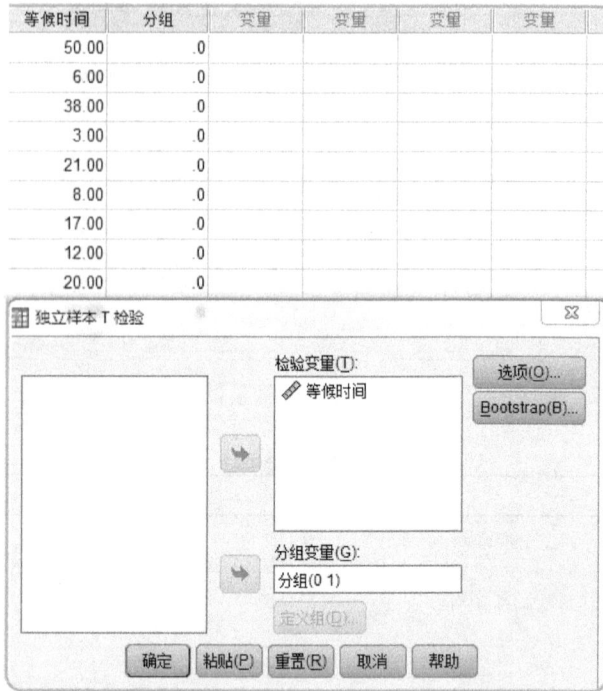

图 5-6　单样本 T 检验窗口

表 5-6　单个样本统计量

	N	均值	标准差	均值的标准误
等候时间	20	16.6000	12.08479	2.70224

(1) "单个样本统计量"表分别给出样本的容量 (N)、均值、标准差和均值的标准误。本例中，等候时间均值为 16.6。

(2) "单个样本检验"(表 5-7)的 t 表示所计算的 T 检验统计量的数值，本例中为 − 1.258。表中的"df"，表示自由度，本例中为 19。表中的"Sig."(双侧 T 检验)，表示统计量的 P 值，并与双尾 T 检验的显著性的大小进行比较：Sig.= 0.224 > 0.05，说明这批样本的等候时间没有显著大于 20min。表中均值差值，即样本均值与检验值 20 之差，本例中为−3.4。表中的"差分的 95% 置信区间"表明样本均值与检验值偏差的 95% 置信区间为 (−9.0559, 2.2559)，置信区间包括数值 0，说明样本均值与 20 的差值没有显著差异。

表 5-7　单个样本检验

	检验值 = 20					
					差分的 95% 置信区间	
	t	df	Sig. (双侧)	均值差值	下限	上限
等候时间	−1.258	19	0.224	−3.40000	−9.0559	2.2559

3. 两独立样本 T 检验

仍以上述等候时间为例, 如果独立抽取 20 个学生, 获取等候时间的数据如下:

| 32 | 38 | 16 | 22 | 29 | 70 | 15 | 12 | 19 | 26 |
| 35 | 39 | 46 | 42 | 20 | 10 | 22 | 8 | 18 | 11 |

在 5% 的显著性水平下, 检验学生等候时间与老师的等候时间是否有显著差异。

在数据的处理上, 需要将学生等候时间与老师等候时间放在同一列, 增加一个分组变量, 用 0 和 1 分别表示学生和老师。

◆ 计算两总体均值之差的区间估计, 采用"独立样本 T 检验"方法。选择菜单"【分析】→【比较均值】→【独立样本 T 检验】"。

(1) 从源变量清单中将【报酬】变量移入【检验变量】框中。表示要求该变量的均值的检验。

(2) 从源变量清单中将【会员】变量移入分组变量框中, 表示总体的分类变量。

◆ 上面的分组变量设定是在定义分组单击【分组变量】框下面的"定义组"按钮, 打开定义组对话框 (图 5-7)。在组 1 中输入 0, 在组 2 中输入 1 完成后单击"继续"按钮返回主窗口。

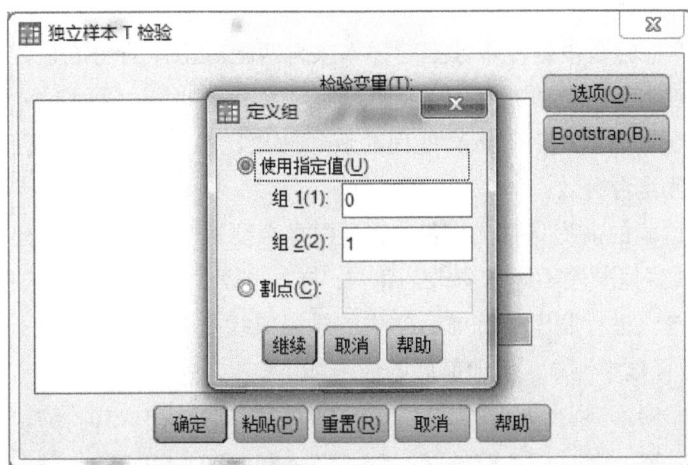

图 5-7　定义组对话框

◆ 计算结果单击上图中"确定"按钮, 输出结果如表 5-8 所示。

(1) 分组统计量 (Group Statistics) 表。

分别给出不同总体下的样本容量 (N)、均值、标准差和均值的标准误。从该表中可以看出, 学生的平均等候时间为 26.5min。

表 5-8　分组统计量

	分组	N	均值	标准差	均值的标准误
等候时间	0.00	20	16.6000	12.08479	2.70224
	1.00	20	26.5000	15.26779	3.41398

(2) 独立样本检验 (Independent Sample Test) 表。

Levene's Test for Equality of Variance 为方差的 Levene 检验, 在 Equalvariances assumed (原假设: 方差相等) 下, $F = 1.28$, 因为其 P 值大于显著性水平, 即 Sig. = 0.265 > 0.05, 说明不能拒绝方差相等的原假设, 接受两个总体方差是相等的假设。

均值方程的 T 检验为检验总体均值是否相等的 T 检验, 由于在本例中, 其 P 值小于显著性水平, 即 Sig.= 0.029 < 0.05, 因此应该拒绝原假设, 也就是老师等候时间与学生等候时间具有显著差异 (表 5-9)。

表 5-9　独立样本检验表

| | | 方差的 Levene 检验 | | 均值 T 检验 | | | | | | |
| | | | | | | | | | 差分的 95%置信区间 | |
		F	Sig.	t	df	Sig. (双侧)	均值差值	标准误差值	下限	上限
等候时间	假设方差相等	1.280	0.265	−2.274	38	0.029	−9.90000	4.35401	−18.71422	−1.08578
	假设方差不相等			−2.274	36.097	0.029	−9.90000	4.35401	−18.72951	−1.07049

4. 配对样本 T 检验

两配对样本 T 检验是根据样本数据对样本来自两配对总体的均值是否有显著性差异来进行推断的。一般用于同一研究对象 (或两配对对象) 分别给予两种不同处理的效果比较, 以及同一研究对象 (或两配对对象) 处理前后的效果比较。前者推断两种效果有无差别, 后者推断某种处理是否有效。

配对样本 T 检验的前提条件为: 第一, 两样本必须是配对的。即两样本的观察值数目相同, 两样本的观察值顺序不随意更改。第二, 样本的两个总体必须服从正态分布。

某高中为了检验进行魔鬼训练前后学生的学习成绩是否有了显著提高, 从高三学生中随机抽出 18 名进行数学测试, 培训前后的成绩如下:

99　88　79　59　54　89　79　56　89　99　23　89　70　50　67　78　89　56
98　89　80　78　78　89　87　76　56　76　89　89　99　89　88　98　78　89

将培训前后的成绩输入 SPSS 中, 位于两列数据, 强调配对的观测对象。

◆ 选择菜单 "【分析】→【比较均值】→【配对样本 T 检验】", 打开对话框, 如图 5-8 所示, 将两个配对变量移入右边的成对变量列表框中。移动的方法是先选择其中的一个配对变量, 再选择第二个配对变量, 接着单击中间的箭头按钮。

◆ 选项按钮用于设置置信度选项, 这里保持系统默认的 95%。

◆ 在主对话框中单击 "确定" 按钮, 执行操作。

◆ 实例结果分析如表 5-10 所示。

表 5-10 是描述统计量, 给出了培训前后学生数学成绩的均值、标准差、均值的标准误。然后给出了配对样本 T 检验结果 (表 5-11), 包括配对变量差值的均值、标准差、均值的标准误以及差分的 95%置信区间估计。当然也给出了最为重要的 t 统计量和 P 值。结果显示

$P = 0.046 < 0.05$，所以，培训前后的成绩在 5%的显著性水平下差异是显著的。

培训前	培训后	变量	变量	变量	变量	变量	变量
99.00	98.00						
88.00	89.00						
79.00	80.00						
59.00	78.00						
54.00	78.00						
89.00	89.00						

图 5-8 配对样本 T 检验对话框

表 5-10 成对样本统计量

		均值	N	标准差	均值的标准误
对 1	培训前	72.9444	18	20.15666	4.75097
	培训后	84.7778	18	10.33871	2.43686

表 5-11 成对样本检验

		成对差分					t	df	Sig.(双侧)
		均值	标准差	均值的标准误	差分的 95% 置信区间				
					下限	上限			
对 1	培训前–培训后	−11.83333	23.35216	5.50416	−23.44609	−0.22058	−2.150	17	0.046

思考与练习

一、思考题

(1) 什么是总体分布和样本分布？两者有什么联系？

(2) 什么是抽样分布？它受哪些因素影响？

(3) 什么是中心极限定理？

(4) 什么是假设检验？为什么要进行假设检验？试举例说明。

(5) 什么是原假设和备择假设？如何看待两者在假设检验中的地位？试举例说明。

(6) 假设检验有哪两种判断规则？如何进行两种规则的转换？

(7) 假设检验的一般步骤如何？

(8) 双侧检验与单侧检验有什么不同？如何确定单侧检验的方向？试举例说明。

二、练习题

(1) 设总体由 1, 3, 5, 7, 9 五个数字组成, 现从中用简单随机抽样形式 (不重复抽样) 抽取三个数字构成样本, 要求:

1) 列出样本均值的抽样分布;

2) 计算样本均值抽样分布的期望与方差;

3) 计算抽样标准误;

4) 计算概率保证程度为 5% 时的抽样极限误差;

5) 若抽中的三个数字是 1, 7, 9, 求 5% 概率保证的总体均值的置信区间。

(2) 已知某种球体直径服从 $x \sim N(\mu, \sigma^2)$, μ 和 σ^2 未知, 某位科学家测量到的一个球体直径的 5 次记录为: 6.33cm, 6.37cm, 6.36cm, 6.32cm 和 6.37cm, 试估计 μ 和 σ。

(3) 对某一选举区内随机抽取的 100 位选民的民意调查表明, 他们中的 55% 支持某位候选人, 求所求选民中支持这位候选人的比例①95%; ②99%; ③99.73%的置信区间。

(4) 设年末某储蓄所按储蓄存款户账号的大小为序, 每隔 10 户抽一户, 共抽取 100 户的资料如表 5-12 所示。

表 5-12　某储蓄所抽取的 100 户资料表

存款余额/百元	户数/户
1~100	12
100~300	30
300~500	40
500~800	15
800 以上	3

试以 95.45% ($t = 2$) 的概率, 估计以下指标的范围:

1) 该储蓄所存款户平均每户的存款余额;

2) 该所储蓄存款余额在 30000 元以上的户数占全部存款户数的比重。

(5) 对一批成品按不重复随机抽样方法抽选 200 件, 其中废品 8 件, 又知道抽样单位数是成品总量的 1/20, 当概率为 0.9545 时, 可否认为这批产品的废品率不超过 5%?

(6) 某汽车制造厂为了测定某种型号汽车轮胎的使用寿命, 随机抽取 16 只作为样本进行寿命测试, 计算出轮胎平均寿命为 43000km, 标准差为 4120km, 试以 95% 的置信度推断该厂这批汽车轮胎的平均使用寿命。

(7) 某鞋厂与外商签订的合同规定, 皮鞋的优质率不得低于 95%。现从某批 20000 双皮鞋中随机抽查 45 双, 发现有 3 双没有达到优质的标准, 问在 0.05 的显著性水平下, 外商是否应该接受该批皮鞋?

(8) 品牌手机广告宣称某款手机的电板充足电后可连续待机 150h。电板待机时间服从正态分布。现检测 10 台该款手机, 足电电板的待机时间分别为: 143h, 145h, 148h, 151h, 155h, 156h, 156h, 158h, 160h 和 161h, 问在 0.05 的显著性水平下该广告是否真实可信?

(9) 某地区居民月收入服从正态分布, 现随机抽取 10 户家庭, 测得他们的月收入分别为: 3640 元, 2800 元, 500 元, 382 元, 366 元, 350 元, 360 元, 320 元, 290 元, 250 元, 能否认为该地区居民的月收入为 920 元 $(\alpha = 0.05)$。

第六章 χ^2 检验与方差分析

第一节 χ^2 检 验

χ^2 检验是研究变量间关系的一种统计方法，主要针对的是定性变量与定性变量之间的关系。

一、观察频数与理论频数

正如我们所知，从样本中所得结论往往与期望中的理论假设不相符。例如，我们把一枚均匀硬币抛 100 次，理论上讲应该出现正面 50 次，反面 50 次，但事实上这种结论是很少出现的。

假如在一特殊样本中，一事件集合 E_1，E_2，$E_3, \cdots$，E_k（表 6-1）通过观察知其发生频数分别为 o_1，o_2，$o_3, \cdots$，o_k，称之为观察频数，而根据概率规律，它们期望发生的频数应分别为 e_1，e_2，$e_3, \cdots$，e_k，称之为理论频数或期望频数。通常，我们希望知道这些观察频数是否显著不同于它们的理论频数。

表 6-1 观察频数和理论频数

事件	E_1	E_2	E_3	$\cdots$	E_k
观察频数	o_1	o_2	o_3	$\cdots$	o_k
理论频数	e_1	e_2	e_3	$\cdots$	e_k

二、χ^2 统计量

χ^2 可以用于测定两个分类变量之间的相关程度。若用 f_o 表示观察值频数 (observed frequency)，用 f_e 表示期望值频数 (expected frequency)，则 χ^2 统计量可以写为

$$\chi^2 = \sum \frac{(f_o - f_e)^2}{f_e} \tag{6.1}$$

χ^2 统计量有如下特征：首先，$\chi^2 \geqslant 0$，因为它是对平方结果的汇总；其次，χ^2 统计量的分布与自由度有关；最后，χ^2 统计量描述了观察值与期望值的接近程度。两者越接近，即 $f_o - f_e$ 的绝对值越小，计算出的 χ^2 值就越小；反之，$f_o - f_e$ 的绝对值越大，计算出的 χ^2 值也越大。χ^2 检验正是通过对 χ^2 的计算结果与 χ^2 分布中的临界值进行比较，做出是否拒绝原假设的统计决策。利用 χ^2 统计量，可以对分类数据进行拟合优度检验 (goodness of fit test) 和独立性检验 (test for independence)。

三、拟合优度检验

拟合优度检验，是指利用 Pearson-χ^2 统计量来判断某个分类变量各类别的观察频数分布与某一理论分布或期望分布是否一致的检验方法，也称为一致性检验 (test of homogeneity)。

拟合优度的检验在实际问题中，一般可以分为两类，即期望频数相等和期望频数不等。

例 6-1 把一枚硬币抛 200 次，得 115 次正面和 85 次反面。在显著性水平分别为 (a) 0.05 和 (b) 0.01 下检验假设：硬币是均匀的。

解 正面与反面的观测频数分别为 $o_1 = 115$ 和 $o_2 = 85$，而理论频数 (若硬币是均匀的) $e_1 = 100$ 和 $e_2 = 100$，此时期望频数相等。

$$\chi^2 = \frac{(o_1 - e_1)^2}{e_1} + \frac{(o_2 - e_2)^2}{e_2} = \frac{(115 - 100)^2}{100} + \frac{(85 - 100)^2}{100} = 4.50$$

因此分类数为 $k = 2$，$v = k - 1 = 2 - 1 = 1$。

自由度为 1 的临界值 $\chi^2_{0.95} = 3.84$，又因为 $4.5 > 3.84$，故我们在显著性水平 0.05 下拒绝硬币是均匀的这个假设。

自由度为 1 的临界值 $\chi^2_{0.99} = 6.63$，又因为 $4.5 < 6.63$，故我们在显著性水平 0.05 下接受硬币是均匀的这个假设。

例 6-2 把一对骰子抛掷 360 次，点数之和为 7 的出现 74 次，点数之和为 11 的出现 24 次，在 0.05 显著性水平下检验假设：这对骰子是均匀的。

解 一对骰子投掷有 36 种结果，其中得 7 值的有 6 种，得 11 值的有 2 种。故

$$P(7) = \frac{6}{36} = \frac{1}{6}, \quad P(11) = \frac{2}{36} = \frac{1}{18}$$

因此，期望频数分别为

$$360 \times \frac{1}{6} = 60, \quad 360 \times \frac{1}{18} = 20$$

$$\chi^2 = \sum \frac{(f_o - f_e)^2}{f_e} = \frac{(74 - 60)^2}{60} + \frac{(24 - 20)^2}{20} = 4.07$$

因此分类数为 $k = 2$，$v = k - 1 = 2 - 1 = 1$。

自由度为 1 的临界值 $\chi^2_{0.95} = 3.84$，由于 $4.07 > 3.84$，故我们在显著性水平 0.05 下拒绝骰子是均匀的这个假设。

四、独立性检验

独立性检验是处理二元分类资料的 χ^2 检验方法，即把一组实验对象按两个标准 (变量) 分类，一个变量列在行内，另一个变量列在列内，形成列联表。独立性 χ^2 检验的目的是说明两个变量是彼此独立的 (无差异的)，还是彼此相关的 (有差异的)。因此，其原假设是假设两个变量之间彼此独立，故称为独立性检验。相反，研究假设两变量之间是彼此相

关的。

列联表 (contingency table) 是由两个以上的变量进行交叉分类的频数分布表。行变量的类别用 r 表示，r_i 表示第 i 个类别，列变量的类别用 c 表示，c_j 表示第 j 个类别，每种组合的观察频数用 f_{ij} 表示，见表 6-2。

表 6-2 列联表的行列分布

	$j=1$	$j=2$	$\cdots$	合计
$i=1$	f_{11}	f_{12}	$\cdots$	r_1
$i=2$	f_{21}	f_{22}	$\cdots$	r_2
$\vdots$	$\vdots$	$\vdots$		$\vdots$
合计	c_1	c_2	$\cdots$	n

如果要检验列联表中行变量和列变量是否相关，依据上述 χ^2 统计量的计算方法，还需要获得期望频数。假定行变量和列变量是独立的，则期望频数等于总频数乘以第 i 行出现的概率和第 j 列出现的概率之积

$$e_{ij} = n \cdot \left(\frac{r_i}{n}\right) \cdot \left(\frac{c_j}{n}\right) = \frac{r_i c_j}{n} \tag{6.2}$$

之后可以利用公式(6.1)计算 χ^2 统计量，相应的自由度为 $v = (r-1)(c-1)$。

例 6-3 从监狱获释的女性，可能正常生活或者四海为家。夕阳咨询公司对 200 名获释的犯人进行访谈，对生活适应程度按照很开心、还行、不太好和很艰难分为四类。具体访谈结果记录如表 6-3 所示。

表 6-3 监狱获释女性访谈结果记录   （单位：人）

获释后的生活	对平民生活的适应程度				合计
	很开心	还行	不太好	很艰难	
正常生活	27	35	33	25	120
四海为家	13	15	27	25	80
合计	40	50	60	50	200

在 0.01 的显著性水平下，能否认为获释后的生活方式对于适应生活的程度影响显著？

解 H_0：获释后的生活方式对于适应生活的程度影响不显著；

H_1：获释后的生活方式对于适应生活的程度影响显著。

显著性水平 $\alpha = 0.01$，临界值 $\chi^2_{0.01}(2-1) \times (4-1) = 11.345$，计算统计量

$$\chi^2 = \frac{(f_0 - f_e)^2}{f_e} = 5.729$$

由于 5.729 < 11.345，所以不能拒绝 H_0，获释后的生活方式对于适应生活的程度影响不显著。

在应用 χ^2 检验时，要求样本量应足够大，特别是每个单元格的期望频数不能太小，否则应用 χ^2 检验可能会得出错误的结论。原因在于在 χ^2 的计算中，期望频数在公式的分母

上, 如果某个单元格的期望频数过小, 统计量的值就会变大, 从而导致拒绝原假设。

因而应用 χ^2 检验时对单元格的期望频数有一定要求: 如果仅有两个单元格, 单元格的最小期望频数不应小于 5; 单元格在两个以上时, 期望频数小于 5 的单元格不能超过总格子数的 20%, 否则不能进行 χ^2 检验。如果出现期望频数小于 5 的单元格超过 20%, 可以采取合并类别的办法来解决这一问题。

第二节 方 差 分 析

方差分析 (analysis of variance, ANOVA) 也是研究变量间关系的一种统计方法, 主要针对的是定性变量与定量变量之间的关系。

一、方差分析的基本原理

(一) 方差分析

许多实际问题中, 某一指标的取值往往取决于其他一些因素。例如, 一个化工产品的质量或性能指标取决于原材料的质地、成分、剂量、催化剂、温度、压力、溶剂浓度、反应、设备、人员水平、操作程序等因素; 一种疾病的手术效果取决于疾患年龄、健康水平、疾病严重程度、手术条件、医生水平、综合治疗手段等; 一门课程的教学效果受教学方法、教师素质、学生基础等因素影响; 商店中一个产品的销售情况取决于产品的品牌、款式 (包装形式或外形设计等)、材料、价格水平、商品陈列状况、顾客收入水平、顾客消费心理等多个因素; 某个网站的访问量取决于网站主题类型、网页界面、网页内容丰富程度、响应速度、网民类型等众多因素。由于现象之间的联系是普遍的, 所以这种影响因素关系是十分常见的。这就需要从统计上回答: 这些因素对指标的取值影响是否都是显著的? 这种影响是简单的叠加还是有交互影响效果在内? 回答这些问题的统计技术便是方差分析。

方差分析的基本原理是在 20 世纪 20 年代由英国统计学家 Ronald A.Fisher 在进行实验设计时为解释实验数据而首先引入的。从表面上看, 方差分析是检验多个总体均值是否相等的统计方法, 但本质上它所研究的是分类型自变量对数值型自变量的影响, 例如, 变量之间有没有关系, 关系的强度如何等。方差分析就是通过检验各总体的均值是否相等来判断分类型自变量对数值型因变量是否有显著影响。

方差分析按影响分析指标的因素个数多少的不同, 可分为单因素方差分析、双因素方差分析和多因素方差分析。本节主要介绍涉及一个分类自变量的单因素方差分析和涉及两个分类自变量的双因素方差分析。为更好地理解方差分析的含义, 先通过一个例子来说明方差分析的有关概念以及方差分析所要解决的问题。

例 6-4 为确定超市的位置和竞争者的数量对销售额是否有显著影响, 收集获得的超市年销售额数据见表 6-4。

表 6-4　超市年销售额数据表　　　　　　　　（单位：万元）

| | | 竞争者数量 (B) | | | |
		0 个	1 个	2 个	3 个及以上
超市位置 (A)	居民区	265	290	445	430
		310	350	480	428
		220	300	500	530
	商业区	41	380	590	470
		305	310	480	415
		450	390	510	390
	写字楼	180	220	290	246
		290	170	283	275
		330	256	260	320

如果只分析超市位置或只分析竞争者数量一个因素对销售额的影响，则称为单因素方差分析 (one-way analysis of variance)。如果只分析超市位置和竞争者数量两个因素对销售额的单独影响，但不考虑它们对销售额的交互效应 (interaction)，则称为只考虑主效应 (main effect) 的双因素方差分析，或称为无重复双因素分析 (two-factor without replication)。如果除了考虑超市位置和竞争者数量两个因素对销售额的单独影响外，还考虑二者对销售额的交互效应，则称为考虑交互效应的双因素方差分析，或称为可重复双因素分析 (two-factor with replication)。

如要分析三个不同位置超市的销售额是否有显著差异，实际上也就是要判断位置对销售额是否有显著影响，这种判断最终被归结为检验这三个位置超市销售额的均值是否相等。如果它们的均值相等，就意味着超市位置是没有影响的，也就是它们之间的销售额没有显著差异；如果均值不全相等，则意味着超市位置是有影响的，它们之间的销售额应该有显著差异。

在方差分析中，所要检验的对象称为因素或因子 (factor)。因素的不同表现称为水平或处理 (treatment)。每个因子水平下得到的样本数据称为观测值。例如，在例 6-4 中，要分析超市位置对销售额是否有显著影响，这里的超市位置是要检验的对象，称为因素或因子；居民区、商业区、写字楼是超市位置这一因素的具体表现，称为水平或处理；在每个行业下得到的样本数据称为观测值。如果这里只涉及超市位置一个因素，则称为单因素 3 水平的试验。因素的每一个水平可以看做一个总体，例如，居民区、商业区、写字楼可以看做 3 个总体，上面的数据可以看做从 3 个总体中抽取的样本数据。

(二) 误差分解

误差分解是构建统计量实现方差分析的核心。关键的几个概念有：

(1) 总误差 (total error)，反映全部观测数据的误差。

(2) 处理误差 (treatment error)，也称为组间误差 (between-group error)，由于不同处理

造成的误差, 它反映了处理 (超市位置) 对观测数据 (销售额) 的影响, 所以称为处理效应 (treatment effect)。

(3) 随机误差 (random error), 也称为组内误差 (within-group error), 由于随机因素造成的误差, 所以也简称为误差 (error)。

(三) 假设的提法

设因素有 k 个水平, 每个水平的均值分别用 μ_k 表示, 要检验 k 个水平 (总体) 的均值是否相等, 需要提出如下假设:

H_0: $\mu_1 = \mu_2 = \cdots = \mu_k$ (自变量对因变量没有显著影响);

H_1: $\mu_1, \mu_2, \cdots, \mu_k$ 不全相等 (自变量对因变量有显著影响)。

在例 6-4 中, 设居民区销售额的均值为 μ_1, 商业区销售额的均值为 μ_2, 写字楼销售额的均值为 μ_3。为检验超市位置对销售额是否有影响, 需要提出如下假设:

H_0: $\mu_1 = \mu_2 = \mu_3$ (超市位置对销售额没有显著影响);

H_1: μ_1, μ_2, μ_3 不全相等 (超市位置对销售额有显著影响)。

为了实施方差分析, 还需要满足以下几个假定:

(1) 正态性(normality)。每个总体都应服从正态分布, 即对于因素的每一个水平, 其观测值是来自正态分布总体的简单随机样本。

(2) 方差齐性(homogeneity variance)。各个总体的方差必须相同, 对于分类变量的个水平, 有 $\sigma_1^2 = \sigma_2^2 = \cdots = \sigma_k^2$。

(3) 独立性(independence)。每个样本数据是来自因素各水平的独立样本。

二、单因素方差分析

(一) 数据结构

单因素方差分析只考虑一个因素 A 对观察 (试验) 指标的影响。在单因素方差分析中, 用 A 表示因素, 因素的 k 个水平 (总体) 分别用 $A_1, A_2, \cdots, A_k$ 表示, 每个观测值用 $x_{ij}(i=1,2,\cdots,k; j=1,2,\cdots,n)$ 表示, 即表示第 i 个水平 (总体) 的第 j 个观测值。例如, x_{21} 表示第二个水平的第一个观测值。其中, 从不同水平中所抽取的样本量可以相等, 也可以不相等。数据结构见表 6-5。

表 6-5 单因素方差分析的数据结构

观测值(j)	因素(i)			
	A_1	A_2	$\cdots$	A_k
1	x_{11}	x_{21}	$\cdots$	x_{k1}
2	x_{12}	x_{22}	$\cdots$	x_{k2}
$\vdots$	$\vdots$	$\vdots$	$\vdots$	$\vdots$
n	x_{1n}	x_{2n}	$\cdots$	x_{kn}

(二) 分析步骤

例 6-5 某计算机软件公司经理研究不同行业的高级行政人员花在台式电脑前的时间。经理分别在三个行业各选了 5 名行政人员组成样本, 每人每周花在电脑前的时间见表 6-6。

表 6-6　三个行业 5 名人员每周电脑花费时间表　　　　　（单位：h）

银行业	零售业	保险业
12	8	10
10	8	8
10	6	6
12	8	8
10	10	10

在 0.05 的显著性水平下, 能否推断不同行业的高级行政人员每周花在台式电脑前的时间存在差异?

为检验自变量对因变量是否有显著影响, 首先需要提出"两个变量在总体中没有关系"的原假设, 然后构造一个用于检验的统计量来检验这一假设是否成立。具体来说, 方差分析包括提出假设、构造检验的统计量、统计决策等步骤。

1. 提出假设

在方差分析中, 原假设所描述的是在按照自变量的取值分成的类中, 因变量的均值相等。因此, 检验因素的 k 个水平 (总体) 的均值是否相等, 需要提出如下形式的假设:

H_0: $\mu_1 = \mu_2 = \cdots = \mu_i = \cdots = \mu_k$ (自变量对因变量没有显著影响);

H_1: $\mu_i (i = 1, 2, \cdots, k)$ 不全相等 (自变量对因变量有显著影响)。

式中, μ_i 为第 i 个总体的均值。

如果拒绝原假设 H_0, 则意味着自变量对因变量有显著影响, 也就是自变量与因变量之间有显著关系; 如果不拒绝原假设 H_0, 则没有证据表明自变量对因变量有显著影响, 也就是说, 不能认为自变量与因变量之间有显著关系。

在例 6-5 中, 设银行业 5 个行政人员花在台式电脑前的时间均值为 μ_1, 零售业 5 个行政人员花在台式电脑前的时间均值为 μ_2, 保险业 5 个行政人员花在台式电脑前的时间均值为 μ_3。为检验三个行业的行政人员花在台式电脑前的时间是否有显著差异, 我们需要提出以下假设:

H_0: $\mu_1 = \mu_2 = \mu_3$ (三个行业的行政人员花在台式电脑前的时间没有显著差异);

H_1: μ_1, μ_2, μ_3 不全相等 (三个行业的行政人员花在台式电脑前的时间有显著差异)。

2. 构造检验的统计量

为检验 H_0 是否成立, 需要确定检验的统计量。如何构造这一统计量呢? 在此结合表 6-5 中的数据结构说明其计算过程。

(1) 计算各样本的均值。假定从第 i 个总体中抽取一个容量为 n_i 的简单随机样本, 令 $\bar{x}_i$ 为第 i 个总体的样本均值, 则有

$$\bar{x}_i = \frac{\sum_{j=1}^{n_i} x_{ij}}{n_i}, \quad i = 1, 2, \cdots, k \tag{6.3}$$

式中, n_i 为第 i 个总体的样本量; x_{ij} 为第 i 个总体的第 j 个观测值。例如, 根据例 6-5 中的数据, 计算银行业 5 个行政人员花在台式电脑前的时间均值为

$$\bar{x}_i = \frac{\sum_{j=1}^{7} X_{1j}}{n_1} = \frac{12 + 10 + 10 + 12 + 10}{5} = 10.8$$

同样可以得到零售业 5 个行政人员花在台式电脑前的时间均值为

$$\bar{x}_2 = 8$$

保险业 5 个行政人员花在台式电脑前的时间均值为

$$\bar{x}_3 = 8.4$$

(2) 计算全部观测值的总均值。它是全部观测值的总和除以观测值的总个数, 令总均值为 $\bar{\bar{x}}$, 则有

$$\bar{\bar{x}} = \frac{\sum_{i=1}^{k} \sum_{j=1}^{n_i} x_{ij}}{n} = \frac{\sum_{i=1}^{k} n_i \bar{x}_i}{n} \tag{6.4}$$

式中, $n = n_1 + n_2 + \cdots + n_k$。根据例 6-5 中表的数据, 计算的总均值为 $\bar{\bar{x}} = 9.067$。

(3) 计算各误差平方和。为构造检验的统计量, 在方差分析中, 需要计算三个误差平方和, 它们是总平方和、组间平方和 (因素平方和)、组内平方和 (误差平方和或残差平方和)。

1) 总平方和 (sum of squares for total), 记为 SST。它是全部观测值 x_{ij} 与总均值 $\bar{x}$ 的误差平方和, 其计算公式为

$$\text{SST} = \sum_{i=1}^{k} \sum_{j=1}^{n_i} \left(x_{ij} - \bar{\bar{x}} \right)^2 \tag{6.5}$$

例如, 已经计算出 $\bar{x} = 9.067$。计算出的总平方和为

$$\text{SST} = (12 - 9.067)^2 + \cdots + (10 - 9.067)^2 = 46.93$$

它反映了全部 15 个观测值与这 15 个观测值平均数之间的差异。

2) 组间平方和 (sum of squares for factor A), 记为 SSA, 它是各组均值 $\bar{x}_i$ $(i = 1, 2, \cdots, k)$ 与总均值 $\bar{x}$ 的误差平方和, 反映各样本均值之间的差异程度, 因此又称为处理平方和。其计算公式为

$$\text{SSA} = \sum_{i=1}^{k} n_i \left(\bar{x}_i - \bar{\bar{x}} \right)^2 \tag{6.6}$$

例如, 根据上述有关结果, 计算组间平方和为

$$SSA = \sum_{i=1}^{3} n_i \left(\overline{x}_i - \overline{\overline{x}} \right)^2$$

$$= 5 \times \left(10.8 - 9.067 \right)^2 + 5 \times \left(8 - 9.067 \right)^2 + 5 \times \left(8.4 - 9.067 \right)^2$$

$$\approx 22.93$$

3) 组内平方和 (sum of squares for error)，记为 SSE。它是每个水平或组的各样本数据与其组均值的误差平方和，反映了每个样本各观测值的离散程度，因此称为组内平方和。该平方和反映了随机误差的大小，其计算公式为

$$SSE = \sum_{i=1}^{k} \sum_{j=1}^{n_i} \left(x_{ij} - \overline{x}_i \right)^2 \tag{6.7}$$

在例 6-5 中，先求出每个行业中行政人员花费在台式电脑前的时间与其均值误差平方和，然后将三个行业的误差平方和加总，即为 SSE。例如，银行业

$$\sum_{j=1}^{5} \left(x_{1j} - \overline{x}_1 \right)^2 = \left(12 - 10.8 \right)^2 + \cdots + \left(10 - 10.8 \right)^2 = 4.8$$

零售业

$$\sum_{j=1}^{5} \left(x_{2j} - \overline{x}_2 \right)^2 = \left(8 - 8 \right)^2 + \cdots + \left(10 - 8 \right)^2 = 8$$

保险业

$$\sum_{j=1}^{5} \left(x_{3j} - \overline{x}_3 \right)^2 = \left(10 - 8.4 \right)^2 + \cdots + \left(10 - 8.4 \right)^2 = 11.2$$

然后将其加总可以得到

$$SSE = 4.8 + 8 + 11.2 = 24$$

可以看出上述三个平方和之间的关系满足

$$\sum_{i=1}^{k} \sum_{j=1}^{n_i} \left(x_{ij} - \overline{\overline{x}} \right)^2 = \sum_{i=1}^{k} n_i \left(\overline{x}_i - \overline{\overline{x}} \right)^2 + \sum_{i=1}^{k} \sum_{j=1}^{n_i} \left(x_{ij} - \overline{x}_i \right)^2$$

即

$$\text{总平方和 (SST)} = \text{组间平方和 (SSA)} + \text{组内平方和 (SSE)} \tag{6.8}$$

从上述三个误差平方和可以看出，SSA 是对随机误差和系统误差大小的度量，它反映了自变量对因变量的影响，也称为自变量效应或因子效应；SSE 是对随机误差大小的度量，它反映了除自变量对因变量的影响之外，其他因素对因变量的总影响，因此 SSE 也被称为残差变量，它所引起的误差也称为残差效应；SST 是对全部数据总误差程度的度量，它反映了自变量和残差变量的共同影响，因此它等于自变量效应加残差效应。

(4) 计算统计量。由于各误差平方和的大小与观测值的多少有关，为了消除观测值多少对误差平方和大小的影响，需要将其平均，也就是用各平方和除以它们所对应的自由度，这一结果称为均方 (mean square)。三个平方和所对应的自由度分别为：

SST 的自由度为 $n-1$，其中 n 为全部观测值的个数。

SSA 的自由度为 $k-1$，其中 k 为因素水平 (总体) 的个数。

SSE 的自由度为 $n-k$。

由于要比较的是组间均方和组内均方之间的差异，所以通常只计算 SSA 的均方和 SSE 的均方。SSA 的均方也称为组间均方或组间方差，记为 MSA，其计算公式为

$$MSA = \frac{\text{组间平方和}}{\text{自由度}} = \frac{SSA}{k-1} \tag{6.9}$$

例如，根据例 6-5 计算的 MSA 为

$$MSA = \frac{SSA}{k-1} = \frac{22.93}{3-1} = 11.47$$

SSE 的均方也称为组内均方或组内方差，记为 MSE，其计算公式为

$$MSE = \frac{\text{组内平方和}}{\text{自由度}} = \frac{SSE}{n-k} \tag{6.10}$$

例如，根据例 6-5 计算的 MSE 为

$$MSE = \frac{SSE}{n-k} = \frac{24}{15-3} = 2$$

将上述 MSA 和 MSE 进行对比，即得到所需要的检验统计量 F。当 H_0 为真时，二者的比值服从分子自由度为 $k-1$、分母自由度为 $n-k$ 的 F 分布，即

$$F = \frac{MSA}{MSE} \sim F(k-1,\ n-k) \tag{6.11}$$

例如，根据例 6-5 计算，得

$$F = \frac{MSA}{MSE} = \frac{11.47}{2} = 5.74$$

3. 统计决策

如果原假设 H_0：$\mu_1 = \mu_2 = \cdots = \mu_i = \cdots = \mu_k$ 成立，则表明没有系统误差，组间方差 MSA 与组内方差 MSE 的比值差异就不会太大；如果组间方差显著大于组内方差，说明各水平（总体）之间的差异显然不仅有随机误差，还有系统误差。用例 6-5 来说，如果三个行业的行政人员花在台式电脑前的时间没有显著差异，MSA 和 MSE 二者就不会相差很大；反之，则意味着三个行业的行政人员花在台式电脑前的时间有显著差异。可见，判断因素的水平是否对其观测值有显著影响，实际上也就是比较组间方差与组内方差之间差异的大小。那么，它们之间的差异大到何种程度，才表明有系统误差存在呢？这就需要用检验的统计量进行判断。将统计量的值 F 与给定的显著性水平 α 的临界值 F_α 进行比较，从而做出对原假设 H_0 的决策。

根据给定的显著性水平 α，在 F 分布表中查找与分子自由度 $df_1 = k-1$、分母自由度 $df_2 = n-k$ 相应的临界值 $F_\alpha(k-1,\ n-k)$。

若 $F > F_\alpha$，则拒绝原假设 H_0：$\mu_1 = \mu_2 = \cdots = \mu_k$，表明 $\mu_i(i=1,2,\cdots,k)$ 之间的差异是显著的；也就是说，所检验的因素对观测值有显著影响。

若 $F < F_\alpha$，则不拒绝原假设 H_0，没有证据表明 $\mu_i(i=1,2,\cdots,k)$ 之间有显著差异；也就是说，这时还不能认为所检验的因素对观测值有显著影响。

例如，根据上面的计算结果，计算出的 $F = 5.74$。若取显著性水平 $\alpha = 0.05$，根据分子自由度 $df_1 = k-1 = 3-1 = 2$ 和分母自由度 $df_2 = n-k = 15-3 = 12$，查 F 分布表得到临界值 $F_{0.05}(2,12) = 3.885$。由于 $F > F_\alpha$，所以拒绝原假设 H_0：$\mu_1 = \mu_2 = \mu_3$，表明 μ_1，μ_2，μ_3 之间

有显著差异，即三个行业的行政人员花在台式电脑前的时间有显著差异。

4. 方差分析表

上面详细介绍了方差分析的计算步骤和过程。为使计算过程更加清晰，通常将上述过程的内容列在一张表内，这就是方差分析表 (analysis of variance table)。其一般形式如表 6-7 所示。

表 6-7　方差分析表的一般格式

误差来源	平方和 SS	自由度 df	均方 MS	检验统计量 F
处理效应	$SSA = \sum\limits_{i=1}^{k} n_i \left(\bar{x}_i - \bar{\bar{x}} \right)^2$	$k-1$	$MSA = \dfrac{SSA}{k-1}$	$F = \dfrac{MSA}{MSE}$
误差	$SSE = \sum\limits_{i=1}^{k} \sum\limits_{j=1}^{n_i} \left(x_{ij} - \bar{x}_i \right)^2$	$n-k$	$MSE = \dfrac{SSE}{n-k}$	
总效应	$SST = \sum\limits_{i=1}^{k} \sum\limits_{j=1}^{n_i} \left(x_{ij} - \bar{\bar{x}} \right)^2$	$n-1$		

(三) 多重比较

在拒绝原假设的条件下，通过对总体均值之间的配对比较来进一步检验到底哪些均值之间存在差异。比较方法有多种，如 Fisher 提出的最小显著差异方法，简写为 LSD。多重比较的 LSD 方法如下：

(1) 提出假设。

H_0: $\mu_i = \mu_j$ (第 i 个总体的均值等于第 j 个总体的均值)；

H_1: $\mu_i \neq \mu_j$ (第 i 个总体的均值不等于第 j 个总体的均值)。

(2) 计算检验的统计量：$\left| \bar{y}_i - \bar{y}_j \right|$。

(3) 计算 LSD。

$$LSD = t_{\alpha/2} \sqrt{MS_{组内} \left(\frac{1}{n_i} + \frac{1}{n_j} \right)} \tag{6.12}$$

(4) 决策：若 $\left| \bar{y}_i - \bar{y}_j \right| > LSD$，拒绝 H_0。

根据例 6-5 的数据，多重比较结果见表 6-8。

表 6-8　多重比较结果表

变量 1 (I)	变量 2 (J)	均值差 ($I-J$)	标准误	Sig.	95% 置信区间	
					下限	上限
银行业	零售业	2.80000	0.89443	0.009	0.8512	4.7488
	保险业	2.40000	0.89443	0.020	0.4512	4.3488
零售业	银行业	−2.80000	0.89443	0.009	−4.7488	−0.8512
	保险业	−0.40000	0.89443	0.663	−2.3488	1.5488
保险业	银行业	−2.40000	0.89443	0.020	−4.3488	−0.4512
	零售业	−0.40000	0.89443	0.663	−1.5488	2.3488

根据 LSD 的计算公式：

$$\text{LSD} = t_{\alpha/2}\sqrt{\text{MS}_{组内}\left(\frac{1}{n_i} + \frac{1}{n_j}\right)} = 1.33$$

可见 2.8 > 1.33, 2.4 > 1.33, 0.4 < 1.33。当然也可以根据 P 值，得到相同结论，在 0.05 的显著性水平下，银行业与零售业以及银行业与保险业的时间均值差异显著，而保险业和零售业的差异并不显著。

三、双因素方差分析

分析两个因素 (因素 A 和因素 B) 对实验结果的影响，如果两个因素对实验结果的影响是相互独立的，分别判断因素 A 和因素 B 对实验数据的单独影响，这时的双因素方差分析称为只考虑主效应的双因素方差分析或无重复双因素方差分析 (two-factor without replication)。如果除了因素 A 和因素 B 对实验数据的单独影响外，两个因素的搭配还会对结果产生一种新的影响，这时的双因素方差分析称为考虑交互效应的双因素方差分析或可重复双因素方差分析 (two-factor with replication)。

(一) 双因素方差分析的基本假定

(1) 每个总体都服从正态分布。对于因素的每一个水平，其观察值是来自正态分布总体的简单随机样本。

(2) 每个总体的方差必须相同。各组观察数据，是从具有相同方差的总体中抽取的。

(3) 观察值是独立的。

(二) 无交互作用的双因素方差分析

它假定因素 A 和因素 B 的效应之间是相互独立的，不存在相互关系。

1. 数据结构

在无交互作用的双因素方差分析中，由于有两个因素，所以在获取数据时，需要将一个因素安排在"行"(row) 的位置，称为行因素；另一个因素安排在"列"(column) 的位置，称为列因素。设行因素有 k 个水平：行 1，行 2，$\cdots$，行 k；列因素有 r 个水平：列 1，列 2，$\cdots$，列 r。行因素和列因素的每一个水平都可以搭配成一组，观察它们对实验数据的影响，共抽取 kr 个观察数据，其数据结构如表 6-9 所示。

表 6-9 双因素方差分析的数据结构

		列因素 (j)				均值 $\bar{x}_i$
		列 1	列 2	$\cdots$	列 r	
行因素 (i)	行 1	x_{11}	x_{12}	$\cdots$	x_{1r}	$\bar{x}_1$
	行 2	x_{21}	x_{22}	$\cdots$	x_{2r}	$\bar{x}_2$
	$\vdots$	$\vdots$	$\vdots$	$\vdots$	$\vdots$	$\vdots$
	行 k	x_{k1}	x_{k2}	$\cdots$	x_{kr}	$\bar{x}_k$
均值 $\bar{x}_j$		$\bar{x}_1$	$\bar{x}_2$	$\cdots$	$\bar{x}_r$	$\bar{\bar{x}}$

2. 分析步骤

与单因素方差分析类似，双因素方差分析也包括提出假设、构造检验的统计量、统计决策等步骤。

(1) 提出假设。为检验两个因素的影响，需要对两个因素分别提出如下假设。

对行因素提出的假设为：

H_0: $\mu_1 = \mu_2 = \cdots = \mu_i = \cdots = \mu_k$ (行因素 (自变量) 对因变量没有显著影响)；

H_1: $\mu_i (i = 1, 2, \cdots, k)$ (不完全相等行因素 (自变量) 对因变量有显著影响)。

式中，μ_i 为第 i 个总体的均值。

对列因素提出的假设为：

H_0: $\mu_1 = \mu_2 = \cdots = \mu_j = \cdots = \mu_r$ (列因素 (自变量) 对因变量没有显著影响)；

H_1: $\mu_j (j = 1, 2, \cdots, k)$ (不完全相等列因素 (自变量) 对因变量有显著影响)。

式中，μ_j 为第 j 个总体的均值。

(2) 构造检验的统计量。为检验 H_0 是否成立，需要分别确定检验行因素和列因素的统计量。与单因素方差分析构造统计量的方法一样，也需要从总平方和的分解入手。总平方和是全部样本观察值 $x_{ij} (i = 1, 2, \cdots, k; j = 1, 2, \cdots, r)$ 与总的样本平均值 $\bar{\bar{x}}$ 的误差平方和，记为 SST，即

$$SST = \sum_{i=1}^{k} \sum_{j=1}^{r} \left(x_{ij} - \bar{\bar{x}} \right)^2$$

$$= \sum_{i=1}^{k} \sum_{j=1}^{r} \left(\bar{x}_{i*} - \bar{\bar{x}} \right)^2 + \sum_{i=1}^{k} \sum_{j=1}^{r} \left(\bar{x}_{*j} - \bar{\bar{x}} \right)^2 + \sum_{i=1}^{k} \sum_{j=1}^{r} \left(x_{ij} - \bar{x}_{i*} - \bar{x}_{*j} + \bar{\bar{x}} \right)^2 \tag{6.13}$$

其中，分离后的等式右边的第一项是行因素所产生的误差平方和，记为 SSR，即

$$SSR = \sum_{i=1}^{k} \sum_{j=1}^{r} \left(\bar{x}_{i*} - \bar{\bar{x}} \right)^2 \tag{6.14}$$

第二项是列因素所产生的误差平方和，记为 SSC，即

$$SSC = \sum_{i=1}^{k} \sum_{j=1}^{r} \left(\bar{x}_{*j} - \bar{\bar{x}} \right)^2 \tag{6.15}$$

第三项是除行因素和列因素之外的剩余因素所产生的误差平方和，称为随机误差平方和，记为 SSE，即

$$SSE = \sum_{i=1}^{k} \sum_{j=1}^{r} \left(x_{ij} - \bar{x}_{i*} - \bar{x}_{*j} + \bar{\bar{x}} \right)^2 \tag{6.16}$$

上述各平方和的关系为

$$SST = SSR + SSC + SSE \tag{6.17}$$

在上述误差平方和的基础上计算均方，也就是将各平方和除以相应的自由度。与各误差平方和相对应的自由度分别如下：

总平方和 SST 的自由度为 $kr - 1$；行因素的误差平方和 SSR 的自由度为 $k - 1$；列因素的误差平方和 SSC 的自由度为 $r - 1$；随机误差平方和 SSE 的自由度为 $(k-1)(r-1)$。为构

造检验统计量，需要计算下列各均方。

行因素的均方，记为MSR，即

$$MSR = \frac{SSR}{k-1} \tag{6.18}$$

列因素的均方，记为MSC，即

$$MSC = \frac{SSC}{r-1} \tag{6.19}$$

随机误差项的均方，记为MSE，即

$$MSE = \frac{SSE}{(k-1)(r-1)} \tag{6.20}$$

为检验行因素对因变量的影响是否显著，采用下面的统计量：

$$F_R = \frac{MSR}{MSE} \sim F\left(k-1,(k-1)(r-1)\right) \tag{6.21}$$

为检验列因素的影响是否显著，采用下面的统计量：

$$F_C = \frac{MSC}{MSE} \sim F\left(k-1,(k-1)(r-1)\right) \tag{6.22}$$

（3）统计决策。计算出检验统计量后，根据给定的显著性水平 α 和两个自由度，查 F 分布表得到相应的临界值 F_α，然后将 F_R 和 F_C 与 F_α 进行比较。

若 $F_R > F_\alpha$，则拒绝原假设 H_0：$\mu_1 = \mu_2 = \cdots = \mu_i = \cdots = \mu_k$，表明 $\mu_i(i=1, 2, \cdots, k)$ 之间的差异是显著的；也就是说，所检验的行因素对观测值有显著影响。

若 $F_C > F_\alpha$，则拒绝原假设 H_0：$\mu_1 = \mu_2 = \cdots = \mu_i = \cdots = \mu_k$，表明 $\mu_j\left(j=1, 2, \cdots, r\right)$ 之间的差异是显著的；也就是说，所检验的列因素对观测值有显著影响。

为使计算过程更加清晰，通常将上述过程的内容列成方差分析表，其一般形式如表 6-10 所示。

表 6-10　无交互作用双因素方差分析表

误差来源	平方和 SS	自由度 df	均方 MS	检验统计量 F
行因素	SSR	$k-1$	MSR	F_R
列因素	SSC	$r-1$	MSC	F_C
误差	SSE	$(k-1) \times (r-1)$	MSE	
总和	SST	$kr-1$		

例 6-6　一个地区的交通管理局正准备扩大从郊区到商业中心的公车服务，考虑四条路线：1号线、2号线、3号线、4号线。交管局想通过检验判断四条路线的平均行驶时间是否存在差异。因为可能存在不同司机，所以检验时让每一名司机都分别行驶四条路线。表 6-11 是五名司机在每条路线上所需的行驶时间。

在 0.05 的显著性水平下，检验司机和路线对行驶时间的影响是否显著？

表 6-11 五名司机每条路线所需时间 （单位：min）

司机	1号线	2号线	3号线	4号线
小张	33	35	35	37
小李	36	37	39	39
小王	35	38	40	38
小刘	40	36	43	40
小杨	41	39	43	40

解 首先对两个因素分别提出如下假设。

行因素 (司机)：

H_0: $\mu_1 = \mu_2 = \mu_3$ (司机对行驶时间没有显著影响)；

H_1: μ_1, μ_2, μ_3 不全相等 (司机对行驶时间有显著影响)。

列因素 (线路)：

H_0: $\mu_1 = \mu_2 = \mu_3$ (路线对行驶时间没有显著影响)；

H_1: μ_1, μ_2, μ_3 不全相等 (路线对行驶时间有显著影响)。

由于双因素方差分析的计算复杂，下面直接给出计算结果 (表 6-12, 表 6-13)，基于 SPSS 的计算过程将在本章第三节中详细说明。

表 6-12 计算结果 1

汇总	观测数	求和	均值	方差
小张	4	140	35	2.666667
小李	4	151	37.75	2.25
小王	4	151	37.75	4.25
小刘	4	159	39.75	8.25
小杨	4	163	40.75	2.916667
1号线	5	185	37	11.5
2号线	5	185	37	2.5
3号线	5	200	40	11
4号线	5	194	38.8	1.7

表 6-13 计算结果 2

差异源	平方和 SS	自由度 df	均方 MS	检验统计量 F	P 值	临界值
行	78.2	4	19.55	8.202797	0.001989	3.259167
列	32.4	3	10.8	4.531469	0.024065	3.490295
误差	28.6	12	2.383333			
总计	139.2	19				

从上面的计算结果可以看出，$F_R \approx 8.2$，$F_C \approx 4.5$，对应的临界值分别约为 3.25 和 3.49，因而均拒绝原假设，即司机和路线两个因素对行驶时间的影响都是显著的。

(三) 有交互作用的双因素方差分析

在上面的分析中, 假定两个因素对因变量的影响是独立的, 但如果两个因素搭配在一起会对因变量产生一种新的效应, 就要考虑交互作用对因变量的影响, 这就是有交互作用的双因素方差分析。与无交互作用的方差分析相似, 有交互作用的双因素方差分析也需要提出假设、构造检验的统计量、统计决策等步骤。提出假设时, 需要对行变量、列变量和交互作用变量分别提出假设, 方法与上述类似, 这里不再赘述。有交互作用的双因素方差分析表的数据结构也与上述类似, 其方差分析的一般形式见表6-14。

表 6-14　有交互作用双因素方差分析表

误差来源	平方和 SS	自由度 df	均方 MS	检验统计量 F
行因素	SSR	$k-1$	MSR	$F_R = \dfrac{MSR}{MSE}$
列因素	SSC	$r-1$	MSC	$F_C = \dfrac{MSC}{MSE}$
交互作用	SSRC	$(k-1)\times(r-1)$	MSRC	$F_{RC} = \dfrac{MSRC}{MSE}$
误差	SSE	$kr(m-1)$	MSE	
总和	SST	$n-1$		

例 6-7　为了分析光照因素 A 与噪声因素 B 对工人生产有无影响, 光照效应与噪声效应有交互作用, 在此两因素不同的水平组合下做试验, 结果如表6-15所示 (表中数据为产量)。

表 6-15　光照效应与噪声效应水平组合试验数据结果

光照强度	噪声								
	高			中			低		
超强	15	15	17	19	19	16	16	18	21
强	17	17	17	15	15	15	19	22	22
中	15	17	16	18	17	16	18	18	18
弱	18	20	20	15	16	17	17	17	17

试分析光照强度和噪声因素对产量有无影响 $(\alpha = 0.05)$？计算结果见表6-16, 表6-17。

表 6-16　计算结果 1

汇总	超强	强	中	弱	总计
高					
观测数	3	3	3	3	12
求和	47	51	48	58	204
平均	15.66667	17	16	19.33333	17
方差	1.333333	0	1	1.333333	2.909091
中					
观测数	3	3	3	3	12
求和	54	45	51	48	198
平均	18	15	17	16	16.5
方差	3	0	1	1	2.272727

续表

汇总	超强	强	中	弱	总计
低					
观测数	3	3	3	3	12
求和	55	63	54	51	223
平均	18.33333	21	18	17	18.58333
方差	6.333333	3	0	0	4.083333
总计					
观测数	9	9	9	9	
求和	156	159	153	157	
平均	17.33333	17.66667	17	17.44444	
方差	4.25	7.75	1.25	2.777778	

表 6-17　计算结果 2

差异源	平方和 SS	自由度 df	均方 MS	检验统计量 F	P 值	临界值
行因素	28.38889	2	14.19444	9.462963	0.000933	3.402826
列因素	2.083333	3	0.694444	0.462963	0.710769	3.008787
交互	63.83333	6	10.63889	7.092593	0.000196	2.508189
误差	36	24	1.5			
总计	130.3056	35				

从上面的计算结果可以看出，$F_R = 9.46$，$F_C = 0.46$，$F_{RC} = 7.09$，对应的临界值分别为 3.4，3 和 2.5，因而行因素噪声对产量有显著影响，光照对产量影响不显著，不过光照和噪声的交互作用对产量影响是显著的。

第三节　SPSS 的 χ^2 检验与方差分析

一、χ^2 检验

χ^2 检验在 SPSS 中对应的是交叉列联表分析，是研究变量间关系的一种统计方法，主要针对的是定性变量与定性变量之间的关系。常用的衡量变量间相关程度的统计量是简单相关系数，但在交叉列联表分析中，由于行列变量往往不是连续变量，不符合计算简单相关系数的前提条件，所以需要根据变量的性质，选择其他的相关系数，如 Kendall 等级相关系数、Eta 值等。

SPSS 提供了多种适用于不同相关系数的相关关系，这些检验的零假设是：行和列变量之间彼此独立，不存在显著的相关关系。SPSS 将自动给出检验的相伴概率，如果相伴概率小于显著性水平 0.05，那么应拒绝零假设，认为行列变量之间彼此相关。

以本章例题数据为例，监狱获释的女性，可能正常生活或者四海为家。夕阳咨询公司对 200 名获释的犯人进行访谈，对生活适应的程度按照很开心、还行、不太好和很艰难分为四类。具体访谈结果记录见表 6-18。

表 6-18　访谈记录数据汇总　　　（单位：人）

获释后的生活	对平民生活的适应程度				合计
	很开心	还行	不太好	很艰难	
正常生活	27	35	33	25	120
四海为家	13	15	27	25	80
合计	40	50	60	50	200

在 0.01 的显著性水平下，能否认为获释后的生活方式对于适应生活的程度影响显著？SPSS 的处理步骤如下：

首先，数据的处理，按照交叉表的方式直接输入 SPSS 中是无法运行命令的，将两个分类变量分列输入，将人数作为数值变量输入，如图 6-1 所示。

将人数作为加权变量（图 6-2）。

图 6-1　SPSS 中变量的表示方法

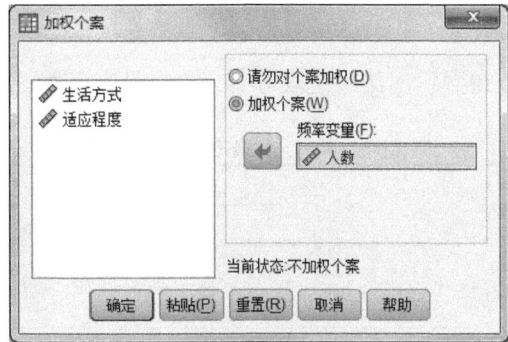

图 6-2　加权个案图

选择描述统计下的交叉表，将分类变量激活（图 6-3）。

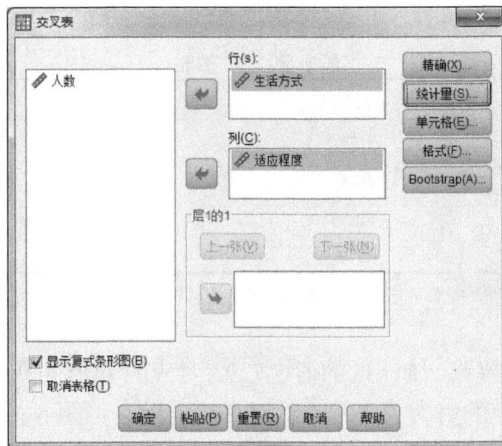

图 6-3　变量激活图

在统计量对话框中选择"卡方"（图 6-4）。

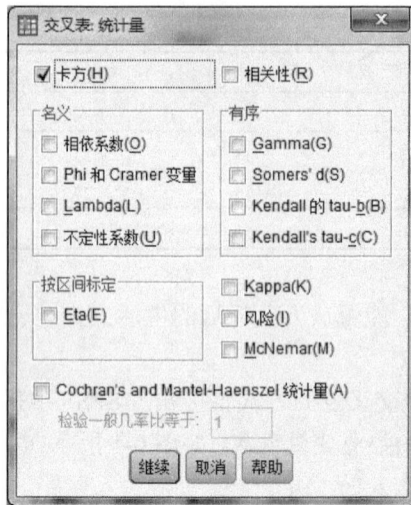

图 6-4 统计量的选择图

得到输出结果见表 6-19，首先是交叉表。

表 6-19 生活方式 * 适应程度交叉制表计数

		适应程度				合计/人
		1.00	2.00	3.00	4.00	
生活方式	1.00	27	35	33	25	120
	2.00	13	15	27	25	80
合计/人		40	50	60	50	200

* 乘号，表示交叉表。

交叉表如果正确，就说明 SPSS 的数据输入是正确的（表 6-20）。

表 6-20 χ^2 检验

	数值	df	渐进 Sig. (双侧)
Pearson-χ^2	5.729[a]	3	0.126
似然比	5.780	3	0.123
线性和线性组合	4.655	1	0.031
有效案例中的 N	200		

a 表示 0 个单元格 (.0%) 的期望计数少于 5，最小期望计数为 16.00。

χ^2 检验的表格中主要看 χ^2 统计量的值 5.729，对应的 P 值为 0.126 > 0.05，结果表明生活方式的选择对适应程度的影响并不显著。进一步借助条形图 6-5，也可以看出，二者的差异并不显著。

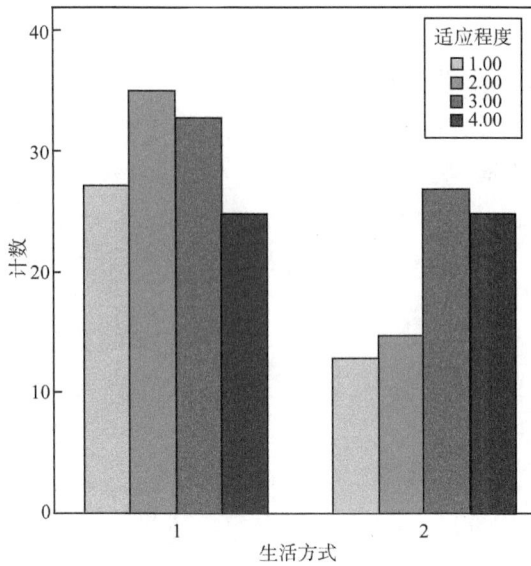

图 6-5 数据的条形图展示

二、方差分析

1. 单因素方差分析

单因素方差分析也称一维方差分析,对两组以上的均值加以比较。检验一个分析变量在单一因素各水平分组的均值之间的差异是否显著。并可以进行两两组间均值的比较,称为组间均值的多重比较。主要采用 One-way ANOVA 过程。

采用 One-way ANOVA 过程要求:因变量属于正态分布总体,若因变量的分布明显是非正态的,应该用非参数分析过程。若对被观测对象的试验不是随机分组的,而是进行重复测量形成几个彼此不独立的变量,应该用【重复测量】菜单项,进行重复测量方差分析,条件满足时,还可以进行趋势分析。

阳光食品责任有限公司开发了一种新型儿童运动饮料,设想了三种不同的包装形式:纸质真空、铁质易拉罐和塑料瓶。九州市场研究事务所受阳光公司委托,采取了市场实验的方式取得有关数据:生产三种包装方式的样品,在八个商店试销,各商店样品陈列方式保持一致。试销一个月后,各商店三种包装方式产品的销售量数据见表 6-21。

表 6-21　各商店三种包装方式产品销量表　　　　　　　　　　　　　　　(单位:个)

产品包装类型	商店编号							
	1	2	3	4	5	6	7	8
纸质真空	152	188	238	192	180	115	125	100
铁质易拉罐	208	256	300	280	270	210	185	165
塑料瓶	182	198	268	220	200	128	110	105

三种不同包装方式的销售量之间有没有显著差异？

在 SPSS 中试验该检验的步骤如下：

步骤 1：选择菜单"【分析】→【比较均值】→【单因素方差分析】"，依次将观测变量销量移入因变量列表框，将因素变量地区移入因子列表框 (图 6-6)。

图 6-6　单因素方差分析对话框

单击"两两比较"按钮，该对话框用于进行多重比较检验，即各因素水平下观测变量均值的两两比较 (图 6-7)。

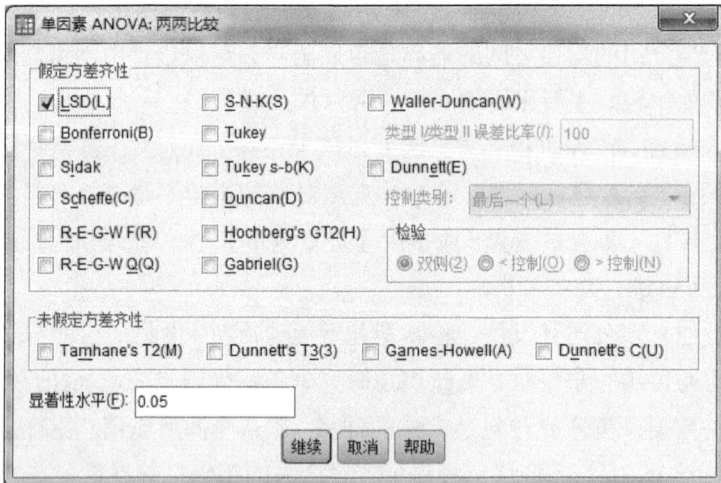

图 6-7　两两比较对话框

方差分析的原假设是各个因素水平下的观测变量均值都相等，备择假设是各均值不完全相等。假如一次方差分析的结果是拒绝原假设，我们只能判断各观测变量均值不完全相等，却不能得出各均值完全不相等的结论。各因素水平下观测变量均值的更为细致的比较就需要用多重比较检验。

单击"选项"按钮，弹出"options"子对话框。在对话框中选中描述性复选框，输出不同因素水平下观测变量的描述统计量；选择方差同质性检验复选框，输出方差齐性检验结果；选中均值图复选框，输出不同因素水平下观测变量的均值直线图。在主对话框中点击"确定"按钮，可以得到单因素分析的结果。试验结果分析如表6-22。

表6-22 ANOVA 销售量

	平方和 SS	df	均方	F	Sig.
组间	23752.750	2	11876.375	4.530	0.023
组内	55054.875	21	2621.661		
总数	78807.625	23			

输出的方差分析表解释如下：总平方和 SST = 78807.625，组间平方和 SSR = 23752.750，组内平方和或残差平方和 SSE = 55054.875，$F = 4.53$，$P = 0.023 < 0.05$。说明在 $\alpha = 0.05$ 显著性水平下，F 检验是显著的，即认为不同包装方式对销售量的影响是显著的。接下来看多重比较（表6-23）。

表6-23 多重比较销售量 LSD

(I) 包装方式	(J) 包装方式	均值差 (I-J)	标准误	Sig.	95% 置信区间 下限	95% 置信区间 上限
0.00	1	−73.00000*	25.60108	0.010	−126.2404	−19.7596
	2	−15.12500	25.60108	0.561	−68.3654	38.1154
1.00	0	73.00000*	25.60108	0.010	19.7596	126.2404
	2	57.87500*	25.60108	0.035	4.6346	111.1154
2.00	0	15.12500	25.60108	0.561	−38.1154	68.3654
	1	−57.87500*	25.60108	0.035	−111.1154	−4.6346

＊ 均值差的显著性水平为 0.05；0, 1, 2 分别代表"纸质包装""铁质易拉罐"和"塑料包装"。

如前所述，拒绝单因素方差分析原假设并不能得出各包装方式销售量均值完全不等的结论。各包装方式的销量均值的两两比较要看多重比较检验结果。表中的"均值差"列给出销量的平均值之差。其中后面带"＊"号的表示销量有显著差异，没有带"＊"号的表示没有显著差异。从显著性水平也可以看出，纸质包装和铁质易拉罐的销量差异显著，塑料包装和铁质易拉罐的销量差异显著，而纸质包装和塑料包装的销量差异并不显著。

2．双因素方差分析

以上述数据为例，再增加一个变量，销售地区，如表 6-24 所示。分析销售地区和包装类型对销售量的影响是否显著。

表 6-24　产品包装类型和销售地区对销售量的影响　　　　　　（单位：个）

产品包装类型	销售地区							
	农村	农村	农村	城郊	城郊	市区	市区	市区
纸质真空	152	188	238	192	180	115	125	100
铁质易拉罐	208	256	300	280	270	210	185	165
塑料瓶	182	198	268	220	200	128	110	105

多因素方差分析中的控制变量在两个或两个以上，它的研究目的是要分析多个控制变量的作用、多个控制变量的交互作用以及其他随机变量是否对结果产生了显著影响。实现步骤如下：首先，增加一列变量销售地区，见表 6-25。

表 6-25　数据在 SPSS 中的处理方式

销售量/个	包装方式	销售地区
152.00	0	1.00
188.00	0	1.00
238.00	0	1.00
192.00	0	2.00
180.00	0	2.00
115.00	0	3.00
125.00	0	3.00
100.00	0	3.00
208.00	1.00	1.00
256.00	1.00	1.00
300.00	1.00	1.00
280.00	1.00	2.00
270.00	1.00	2.00
210.00	1.00	3.00
185.00	1.00	3.00
165.00	1.00	3.00
182.00	2.00	1.00
198.00	2.00	1.00
268.00	2.00	1.00
220.00	2.00	2.00
200.00	2.00	2.00
128.00	2.00	3.00
110.00	2.00	3.00
105.00	2.00	3.00

注：第二列的 0，1.00，2.00 分别表示"纸质真空""铁质易拉罐"和"塑料瓶"，第三列的 1.00，2.00，3.00 分别表示"农村""城郊"和"市区"。

其次, 打开一般线性模型下的单变量对话框 (图 6-8)。

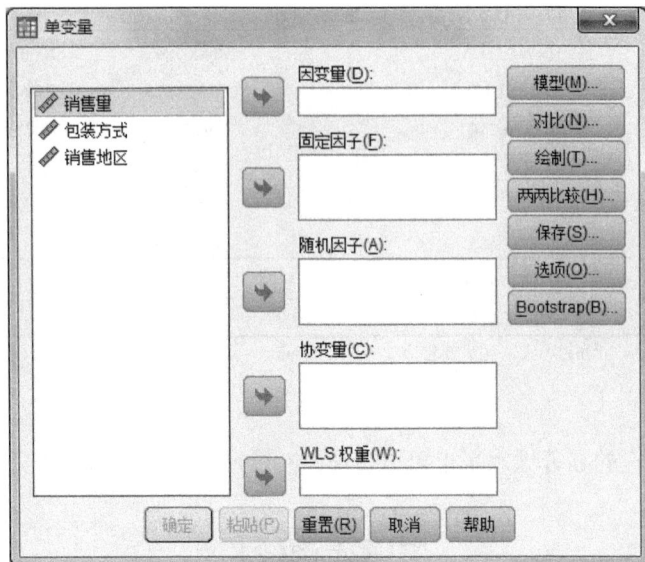

图 6-8　单变量对话框

将【销售量】移入【因变量】，【包装方式】和【销售地区】同时移入【固定因子】，值得注意的是在【模型】选项下, 选择【饱和模型】，因为该数据有重复观测, 如果分类变量交叉点没有重复观测, 则设定模型仅包含主效应 (图 6-9)。

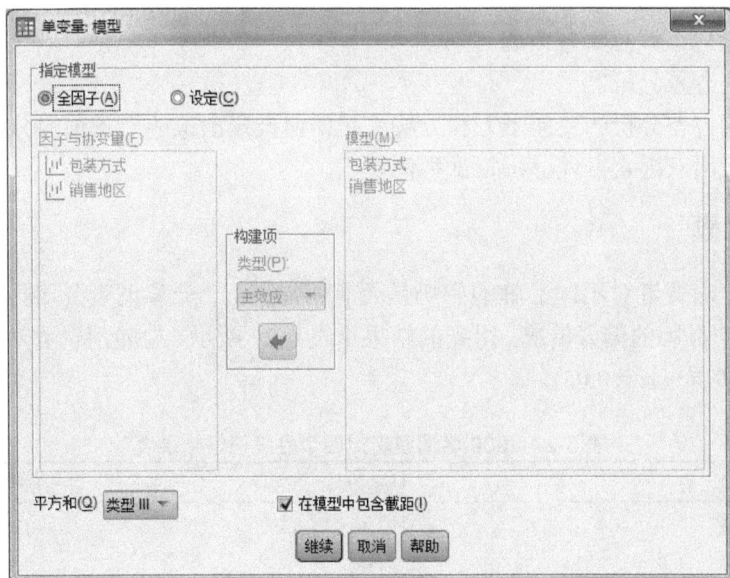

图 6-9　模型选择对话框

得到输出结果如表 6-26 所示。

表 6-26　主体间效应的检验

源	III 型平方和	df	均方	F	Sig.
校正模型	64710.292[a]	8	8088.786	8.607	0.000
截距	873667.175	1	873667.175	929.609	0.000
包装方式	23896.444	2	11948.222	12.713	0.001
销售地区	39734.514	2	19867.257	21.139	0.000
包装方式 * 销售地区	1223.028	4	305.757	0.325	0.857
误差	14097.333	15	939.822		
总计	950917.000	24			
校正的总计	78807.625	23			

a　$R^2 = 0.821$（调整 $R^2 = 0.726$）；*代表互交效应。

注：因变量：销售量

从表格最后一栏的显著性水平上可以看出，包装方式和销售地区的交互效应并不明显。

思考与练习

一、思考题

(1) 什么是拟合优度检验？

(2) 什么是独立性检验？

(3) χ^2 检验应该注意哪些问题？

(4) 什么是方差分析？

(5) 单因素方差分析的变差平方和分解式是如何推导出来的？各项的分布是什么？

(6) 如何应用双因素方差分析？试举例说明。

二、练习题

(1) 为研究消费者对不同品牌的牛奶是否有明显偏好，一家调查公司抽样调查了 500 名消费者对四个品牌的偏好情况，得到的结果见表 6-27 所示。检验消费者对牛奶品牌的偏好是否有显著差异（$\alpha = 0.05$）。

表 6-27　500 名消费者对四个品牌偏好结果表

偏好的品牌	人数/人	期望频数
A	150	125
B	180	15
C	90	125
D	80	125
合计	500	500

(2) 欲分析原料的质量是否与生产地有关，将 500 件随机抽取的产品按质量和产地构

造列联表如下 (表6-28)。

表6-28　500件产品按质量和产地构造列联表　　　　　(单位：件)

	一级	二级	三级	合计
甲地区	52	64	24	140
乙地区	60	59	52	171
丙地区	50	65	74	189
合计	162	188	150	500

(3) 一项统计结果声称, 某市女性人口所占的比例为42.5%, 该市人口研究所为了检验该项统计是否可靠, 随机抽取了500名居民, 发现其中有219名是女性, 调查结果是否支持该市女性人口比例为42.5%的看法 ($\alpha = 0.05$)?

(4) 某校调查了100名男女对课外活动类型选择的人数 (表6-29), 问学生对课外活动类型的选择是否受到性别因素的影响 ($\alpha = 0.05$)?

表6-29　某校100名男女课外活动选择人数表　　　　　(单位：人)

性别	课外活动内容			合计
	体育	文娱	阅读	
男生	25	12	23	60
女生	6	10	24	40
合计	31	22	47	100

(5) 某社区门诊在该社区所属小学观察三种矫正近视眼措施的效果, 近期疗效数据见表6-30所示。检验三种措施的疗效是否有显著差异 ($\alpha = 0.05$)。

表6-30　三种措施的近期有效率比较表

矫治方法	有效人数	无效人数	合计	有效率/%
热敷中药	51	84	135	37.78
冷敷西药	6	26	32	18.75
激进疗法	5	13	18	27.78
合计	62	123	185	33.51

(6) 研究原料的三种不同产地与四种不同的生产工艺对某种化工产品纯度的影响, 现针对各种组合进行了一次试验, 测得产品纯度数据如表6-31所示。

表6-31　某化工产品试验数据　　　　　(单位：纯度/%)

产地	工艺			
	B1	B2	B3	B4
A1	94.5	97.8	96.1	95.4
A2	95.8	98.6	97.2	96.4
A3	92.7	97.1	97.7	93.9

试以 0.05 的显著性水平检验不同的原料产地、不同的生产工艺下产品纯度是否有显著差异。

(7) 一家汽车制造商准备购进一批轮胎。考虑的因素主要有供应商和磨损程度。为了对磨损程度进行测试，分别在低速 (40km/h)、中速 (80km/h)、高速 (120km/h) 下进行测试。表 6-32 是从 5 家供应商抽取的轮胎随机样本在形式 1000km 后的磨损程度。

表 6-32　5 家供应商抽取轮胎磨损程度表

供应商	车速 km/h		
	低速	中速	高速
1	3.7	4.5	3.1
2	3.4	3.9	2.8
3	3.5	4.1	3.2
4	3.2	3.5	2.6
5	3.9	4.8	3.4

取显著性水平 $\alpha = 0.01$，检验：

1) 不同车速对磨损程度是否有显著影响？

2) 不同供应商生产的轮胎的磨损程度是否有显著差异？

3) 用双因素分析车速和不同供应商生产的轮胎之间磨损程度是否有显著差异？

(8) 养鸡场要检验四种饲料配方对小鸡增重是否相同，用每一种饲料分别喂养了 6 只同一品种同时孵出的小鸡，共饲养了 8 周。每只鸡增重数据如下 (单位：g)：

配方 1：370,　420,　450,　490,　500,　450

配方 2：490,　380,　400,　390,　500,　410

配方 3：330,　340,　400,　380,　470,　360

配方 4：410,　480,　400,　420,　380,　410

问：四种不同配方的饲料对小鸡增重是否相同 $(\alpha = 0.05)$？

第七章　相关与回归分析

相关与回归 (correlation and regression) 是现代统计学中非常重要的内容, 相关与回归分析主要是处理定量变量之间相关关系的一种统计方法。通过相关分析, 可以判断两个或两个以上的变量之间是否存在相关关系、相关关系的方向、形态及相关关系的密切程度; 回归分析是对具有相关关系现象间数量变化的规律性进行测定, 确立一个回归方程式 (即经验公式) 并对所建立的回归方程式的有效性进行分析、判断, 以便进一步进行估计和预测。现在, 相关与回归分析已经广泛应用到管理、决策及自然科学等许多研究领域。

第一节　相 关 分 析

一、相关分析的概念、种类

(一) 相关分析的概念

物的联系是普遍的。因此, 客观世界中的许多事物之间都存在着相互影响、相互制约、相互关联的关系。客观现象尤其是经济现象之间的这种互相联系, 都可以通过一定的数量形式反映出来。例如, 父母身高与儿女身高之间、家庭收入与消费支出之间、企业投入与企业产出之间, 商品价格与商品需求量之间等都存在着一定的依存关系。又如, 一个圆的面积与其半径的关系, 矩形面积与其边、长的关系, 一个三角形内角之间的关系, 直角三角形三条边之间的关系, 等等。因此, 现象之间的数量关系, 大致可以区分为两种不同的类型: 函数关系与相关关系。

(1) 函数关系。函数是指现象之间是一种严格的确定性的依存关系。表现为某一现象发生变化, 另一现象也随之发生变化, 而且有确定的值与之相对应。例如, 银行的 1 年期存款利率为年息 1.98%, 存入的本金用 x 表示, 到期本息用 y 表示, 则 $y = x + 1.98\% \, x$ (不考虑利息税); 再如, 某种股票的成交额 Y 与该股票的成交量 X、成交价格 P 之间的关系可以用 $Y = PX$ 来表示, 这都是函数关系。

(2) 相关关系。相关关系是指客观现象之间确实存在的, 但数量上不是严格对应的依存关系。在这种关系中, 对于某一现象的每一数值, 可以有另一现象的若干数值与之相对应。例如, 成本的高低与利润的多少有密切关系, 但某一确定的成本与相对应的利润却是不确定的。这是因为影响利润的因素除成本外, 还有价格、供求平衡、消费嗜好等因素以及其他偶然因素的影响; 再如, 生育率与人均 GDP 的关系也属于典型的相关关系: 人均GDP 高的国家, 生育率往往较低, 但二者没有唯一确定的关系, 这是因为除了经济因素外, 生育水平还受教育水平、城市化水平以及不易测量的民族风俗、宗教和其他随机因素的共同影响。

具有相关关系的某些现象可表现为因果关系，即某一或若干现象的变化是引起另一现象变化的原因，它是可以控制、给定的值，将其称为自变量；另一个现象的变化是自变量变化的结果，它是不确定的值，将其称为因变量。例如，资金投入与产值之间，前者为自变量，后者为因变量。但具有相关关系的现象并不都表现为因果关系，如公鸡打鸣与太阳升起，这是由于相关关系比因果关系包括的范围更广泛。相关关系在现实世界中广泛存在。但值得注意的是，相关关系不能通过个别现象体现出其关系的规律性，必须在大量现象中才能得到体现。因此，大量观察法思想同样应该在相关关系分析中加以贯彻。

相关关系和函数关系既有区别，又有联系。有些函数关系往往因为有观察或测量误差以及各种随机因素的干扰等原因，在实际中常常通过相关关系表现出来；而在研究相关关系时，其数量间的规律性了解得越深刻的时候，相关关系越有可能转化为函数关系或借助函数关系来表现。

(二) 相关关系类型

现象之间的相关关系从不同的角度可以区分为不同类型。

1. 按照相关关系涉及变量 (或因素) 的多少分

单相关——又称一元相关，是指两个变量之间的相关关系，如广告费支出与产品销售量之间的相关关系；

复相关——又称多元相关，是指三个或三个以上变量之间的相关关系，如商品销售额与居民收入、商品价格之间的相关关系。

偏相关——在一个变量与两个或两个以上的变量相关的条件下，当假定其他变量不变时，其中两个变量的相关关系称为偏相关。例如，在假定商品价格不变的条件下，该商品的需求量与消费者收入水平的相关关系即为偏相关。

2. 按照相关形式不同分

线性相关——又称直线相关，是指当一个变量变动时，另一变量随之发生大致均等的变动，从图形上看，其观察点的分布近似地表现为一条直线；例如，人均消费水平与人均收入水平通常呈线性关系。

非线性相关——一个变量变动时，另一变量也随之发生变动，但这种变动不是均等的，从图形上看，其观察点的分布近似地表现为一条曲线，如抛物线、指数曲线等，因此也称曲线相关。例如，工人加班加点在一定数量界限内，产量增加，但一旦超过一定限度，产量反而可能下降，这就是一种非线性关系。

3. 按照相关现象变化的方向不同分

正相关——当一个变量的值增加或减少时，另一个变量的值也随之增加或减少。例如，工人劳动生产率提高，产品产量也随之增加；居民的消费水平随个人所支配收入的增加而增加。

负相关——当一个变量的值增加或减少时，另一变量的值反而减少或增加。例如，商品流转额越大, 商品流通费用越低; 利润随单位成本的降低而增加。

4. 按相关程度分

完全相关——当一个变量的数量完全由另一个变量的数量变化所确定时, 二者之间即为完全相关。例如, 在价格不变的条件下, 销售额与销售量之间的正比例函数关系即为完全相关, 此时相关关系便称为函数关系, 因此也可以说函数关系是相关关系的一个特例。

不完全相关——又称零相关, 当变量之间彼此互不影响, 其数量变化各自独立时, 变量之间为不相关。例如, 股票价格的高低与气温的高低一般情况下是不相关的。

不相关——如果两个变量的关系介于完全相关和不相关之间, 则称为不完全相关。由于完全相关和不相关的数量关系是确定的或相互独立的, 所以统计学中相关分析的主要研究对象是不完全相关。

主要的几种相关关系可用图 7-1 来表示。

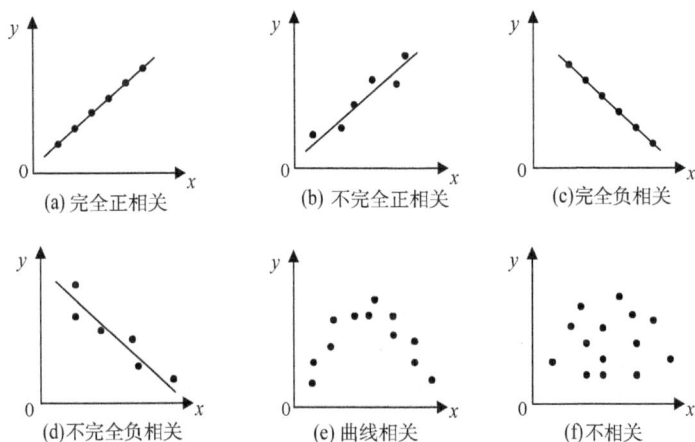

图 7-1　主要相关关系的类型

(三) 相关分析的主要内容

广义上讲, 对两个或两个以上现象之间数量上的不确定性依存关系进行的统计分析, 即为相关分析。其目的或任务在于探求现象之间是否存在相关关系, 以及相关关系的密切程度, 进而消除偶然因素的影响, 分析因素之间的具体数量变动关系或规律, 并加以模型化, 求出较佳的回归方程, 用于估计与推算。这对于加强社会经济管理和进行经济预测等工作都具有重要的意义。具体来说, 相关分析的内容有:

(1) 判断确定现象之间有无关系以及相关关系的具体表现形式。在进行相关分析时, 首先通过理论定性的方法或利用图表观察的方法判断现象之间是否有关系, 现象之间有关系, 进行相关分析才有意义。其次判断现象之间相关关系的形态, 以便在之后的分析中选择相应的分析方法。

(2) 确定相关关系的密切程度。根据变量数据的类型, 选择适当的方法, 计算出相关系数, 确定现象之间相关关系的密切程度, 为进一步的分析提供依据。

(3) 检验现象统计相关的显著性, 包括检验相关关系的存在性、检验相关关系强度是否达到一定水平, 检验两对现象相关程度的差异性, 估计相关系数的取值。

(4) 广义地说, 相关关系分析还包括对相关关系的数学形式加以描述, 即拟合回归方程, 检验回归方程的合理性, 并且应用回归模型进行统计分析与预测和控制。

二、相关关系的测定

判断现象之间有没有相关关系, 是进行相关分析的前提和出发点。其次要判断现象之间是怎样的相关关系。判断方法如下:

(一) 定性分析

在研究相关关系时, 应根据一定的经济理论和实践经验的总结, 对社会经济现象进行科学的定性分析, 以判断它们之间是否具有相关关系以及相关关系的类型。只有在定性分析的基础上, 才能进一步从数量上来测定现象之间的相关关系及相关的密切程度。这是判断相关关系的一种重要方法, 也是相关分析的重要前提。

(二) 相关表和相关图

若经过调查已获得现象的数据资料, 可通过编制相关表和绘制相关图来分析数据变动的规律, 判断现象之间的相关性。

1. 简单相关表

利用未分组的原始资料, 将两个现象的变量值一一对应地填列在同一张表格上, 这种表就叫简单相关表, 简单相关表适用于资料的项数较少的情况。例如, 为研究家电行业中企业销售额和工资总额之间的关系, 随机抽取 10 家企业, 获取数据见表 7-1。

表 7-1　销售收入和工人工资总额之间的相关表　　　　　　(单位: 万元)

企业	销售收入	工人工资总额
1	271.5	76.1
2	155.1	45.6
3	318.2	87.5
4	923.3	253.9
5	202.6	60.5
6	443.3	129.2
7	1325.5	371
8	648.2	194.5
9	553.6	155
10	337.9	98.4

从表中可以直观地看出, 随着销售收入的增加, 工资总额也在增加, 两者之间存在一定的正相关关系。

2. 相关图

相关图又称散点图,以直角坐标系的 x 轴代表自变量,y 轴代表因变量,将两个变量间相对应的变量值用坐标点的形式描绘出来,用以表明相关点分布状况的图形。相关表的效果如果不太明显,那么根据表 7-1 的资料可以绘制相关图如图 7-2 所示。

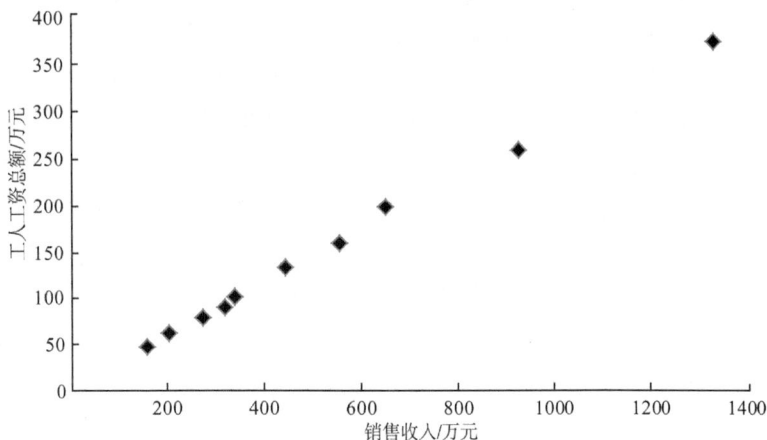

图 7-2 销售收入和工人工资总额之间的相关图

从相关图可以直观地看出,销售收入和工人工资总额之间密切相关,且有线性正相关关系。

(三) 定量分析——相关系数

通过相关图表可以了解现象之间是否具有相关关系,但要想更具体地了解现象之间的相关密切程度,必须进一步测定相关系数。相关系数就是描述两个变量之间线性相关密切程度和相关方向的统计分析指标。对于单相关情况,相关系数测定方法与相关指标量化级别有关。对于定距变量或定比变量,通常采用皮尔逊线性相关系数公式测量相关密切程度,对于定序变量,通常采用斯皮尔曼等级相关或肯德尔等级相关系数公式测量相关密切程度,对于定类变量,则常常采用列联系数等来测量相关密切程度。本节主要介绍常用的皮尔逊直线相关系数。

按照统计表述习惯,总体相关系数用希腊字母 ρ 表示,样本相关系数用 r 表示,它的基本公式为

$$r = \frac{n\sum xy - \sum x\sum y}{\sqrt{n\sum x^2 - \left(\sum x\right)^2}\sqrt{n\sum y^2 - \left(\sum y\right)^2}} \tag{7.1}$$

相关系数的值介于 $-1\sim1$,即 $-1 \leqslant r \leqslant 1$。其性质如下:

(1) 当 $r > 0$ 时,表示两变量正相关,$r < 0$ 时,两变量为负相关。

(2) 当 $|r| = 1$ 时,表示两变量为完全线性相关,即为函数关系。

(3) 当 $r = 0$ 时,表示两变量间无线性相关关系。

(4) 当 $0 < |r| < 1$ 时,表示两变量存在一定程度的线性相关。且 $|r|$ 越接近 1,两变量间

线性关系越密切；$|r|$ 越接近于 0，表示两变量的线性相关越弱。

(5) 为了使判断有一定的标准，一般将相关程度设为以下几个强弱不同的等级：相关系数在 0.3 以下为无相关，0.3～0.5 为低度相关，0.5～0.8 为中度相关，0.8 以上是高度相关。但这个标准并非是一成不变的，与样本量有很大的关系，只有当样本量较大时 (如大样本情况)，这一判断才成立，因此实践中需要根据具体情况来判断。同时，许多文献中把中度相关情况表述为"显著相关"，这很容易与相关系数假设检验中"显著相关"的提法相混淆。在相关系数假设检验中，原假设通常是"相关系数等于零"，因此拒绝原假设的含义是"相关系数显著地不等于零"，这一结论只表示线性相关的存在与否，不表示相关的强与弱。

(6) 皮尔逊直线相关系数是一种线性 (直线) 相关程度的度量。因此，比较、判断现象的相关系数 r 时，务必注意到这点：两个变量的皮尔逊相关系数低，只能表示它们之间线性相关程度很低，不表示他们之间其他形式的相关密切程度很低，因为现象之间的关系也许是非线性的。

根据表 7-1 的资料，可计算相关系数如表 7-2 所示。

表 7-2　相关系数计算表

企业	销售收入 (x) /万元	工人工资总额 (y) /万元	x^2	y^2	xy
1	271.5	76.1	73712.25	5791.21	20661.15
2	155.1	45.6	24056.01	2079.36	7072.56
3	318.2	87.5	101251.2	7656.25	27842.5
4	923.3	253.9	852482.9	64465.21	234425.9
5	202.6	60.5	41046.76	3660.25	12257.3
6	443.3	129.2	196514.9	16692.64	57274.36
7	1325.5	371	1756950	137641	491760.5
8	648.2	194.5	420163.2	37830.25	126074.9
9	553.6	155	306473	24025	85808
10	337.9	98.4	114176.4	9682.56	33249.36
合计	5179.2	1471.7	3886827	309523.7	1096427

$$
\begin{aligned}
r &= \frac{n\sum xy - \sum x \sum y}{\sqrt{n\sum x^2 - \left(\sum x\right)^2}\sqrt{n\sum y^2 - \left(\sum y\right)^2}} \\
&= \frac{10 \times 1096427 - 5179.2 \times 1471.7}{\sqrt{10 \times 3886827 - 5179.2^2}\sqrt{10 \times 309523.7 - 1471.7^2}} \\
&= 0.9989
\end{aligned}
$$

相关系数为 0.9989，说明销售收入和工人工资总额之间有高度的线性正相关关系。

(四) 相关系数的显著性检验

上述相关系数是基于样本计算的，是对总体相关系数的估计。因此需要对相关系数的显著性进行统计检验。检验的内容包括两部分：一是总体线性相关的存在性检验，即检验总体线性相关系数是否为零；二是总体线性相关差异性检验，检验某一总体线性相关程度是否等于 (或者单侧检验大于或小于) 某一指定值，以及检验两个相关系数是否来自同一相关总体。本节只讨论第一种情况。

设随机变量 (X, Y) 服从于正态分布，总体相关系数记为 ρ。则对于由样本资料 (x_i, y_i) $(i = 1, 2, \cdots, n)$ 计算的皮尔逊相关系数 r，需要检验以下原假设与备择假设：

H_0：$\rho = 0$；

H_1：$\rho \neq 0$。

在 H_0 成立的情况下，有以下 t 统计量：

$$t = \frac{r\sqrt{n-2}}{\sqrt{1-r^2}} \sim t(n-2) \tag{7.2}$$

将检验统计量 t 与临界值 $t_{\alpha/2}(n-2)$ 进行比较，并给出判断。

如利用表 7-1 的数据，求出 $r = 0.9989$，计算检验统计量：

$$t = \frac{0.9989\sqrt{10-2}}{\sqrt{1-0.9989^2}} = 60.25$$

在 0.05 的显著性水平下，查附表得 $t_{0.025}(10-2) = 1.859$。由于 $60.25 > 1.859$，所以拒绝原假设，表明销售收入和工人工资总额之间线性关系显著。

第二节　一元线性回归分析

一、回归分析的基本问题

1. 基本概念和假定

"回归"一词是由英国生物学家 F.Galton 在研究人体身高的遗传问题时首先提出的。根据遗传学的观点，子辈的身高受父辈影响，以 X 记父辈身高，Y 记子辈身高。虽然子辈身高一般受父辈影响，但同样身高的父亲，其子身高并不一致，因此，X 和 Y 之间存在一种相关关系。一般而言，父辈身高者，其子辈身高也高，依此推论，祖祖辈辈遗传下来，身高必然向两极分化，而事实上并非如此，显然有一种力量将身高拉向中心，即子辈的身高有向中心回归的特点。"回归"一词即源于此。虽然这种向中心回归的现象只是特定领域里的结论，并不具有普遍性，但从它所描述的关于 X 为自变量，Y 为不确定的因变量这种变量间的关系看，和我们现在的回归含义是相同的。不过，现代回归分析虽然沿用了"回归"一词，但内容已有很大变化，它是一种应用于许多领域的广泛的分析研究方法，在经济理论研究和实证研究中也发挥着重要的作用。

如果设变量 $x_1, x_2, x_3, \cdots, x_p$ 与随机变量 y 之间存在较显著的相关关系，建立模型如下：

$$y = f(x_1, x_2, x_3, \cdots, x_p) + \varepsilon$$

其中，y 称为因变量或被解释变量，x 称为解释变量或自变量，ε 为随机变量。为了估计参数的需要，古典线性回归模型需要满足以下几个基本假定：

(1) 因变量 y 与自变量 x 之间具有线性关系；

(2) 误差项服从均值为零、方差是常数 (方差齐性)、两两独立 (不相关) 的正态分布，即 $\varepsilon \sim N(0, \sigma^2)$。

以上假定也是在回归分析的显著性检验中需要重点检验的内容。

2. 回归分析的内容和步骤

回归分析通过一个变量或一些变量的变化解释另一变量的变化。其主要内容和步骤是：

(1) 根据研究目的和现象之间的内在联系，确定自变量和因变量；现象之间除了有相关关系，还存在着因果关系。作为原因的变量为自变量，作为结果的变量为因变量；或者说影响因素为自变量，被影响因素为因变量。做回归分析时，应该首先从理论出发进行定性分析，根据现象的内在联系确定变量之间的因果关系，从而确定哪个为自变量，哪个为因变量。必要时，需要对自变量进行筛选 (如采用逐步回归分析)、合并 (如主成分回归)，甚至于选择定性变量、设置虚拟变量等。

(2) 确定回归分析模型的类型及数学表达式；根据现象之间的内在影响机制或通过对具体变量数据描点分析，找出最适合的回归分析模型，再通过计算求出模型的待估参数，得到回归方程。估计方法可以是普通最小平法回归、岭回归、偏最小二乘法回归、约束最小二乘法回归、主成分回归等。

(3) 对回归分析模型进行评价与诊断；得到具体的回归方程以后，要对其进行统计检验。例如，对回归方程计算一些检验统计量，如 t 值、F 值、估计标准误、判决系数、时间序列 DW 检验等，来对回归方程的代表性及拟合程度进行评价。又如，要检验判断回归模型基本假设是否合理，是否满足，并做相应改进。

(4) 根据给定的自变量数值确定因变量的数值。回归方程可以用于统计估计或预测，即可根据给定的自变量数值估计因变量的数值或置信区间，以及利用回归模型进行回归控制。

3. 回归分析的特点

相关分析是回归分析的基础和前提，回归分析则是相关分析的深入和继续。相关分析需要依靠回归分析来表现变量之间数量相关的具体形式，而回归分析则需要依靠相关分析来表现变量之间数量变化的相关程度。只有当变量之间存在高度相关时，进行回归分析寻求其相关的具体形式才有意义。如果在没有对变量之间是否相关以及相关方向和程度做出正确判断之前，就进行回归分析，很容易造成"虚假回归"。与此同时，相关分析只研究变量之间相关的方向和程度，不能推断变量之间相互关系的具体形式，也无法从一个变量的变化来推测另一个变量的变化情况，因此，在具体应用过程中，只有把相关分析和回归分析结合起来，才能达到研究和分析的目的。

二者的区别主要体现在以下三个方面：

(1) 在相关分析中涉及的变量不存在自变量和因变量的划分问题，变量之间的关系是对等的；而在回归分析中，则必须根据研究对象的性质和研究分析的目的，对变量进行自变量和因变量的划分。因此，在回归分析中，变量之间的关系是不对等的。

(2) 在相关分析中所有的变量都必须是随机变量；而在回归分析中，自变量是给定的，因变量才是随机的, 即将自变量的给定值代入回归方程后, 所得到的因变量的估计值不是唯一确定的, 而是表现出一定的随机波动性。

(3) 相关分析主要是通过一个指标即相关系数来反映变量之间相关程度的大小, 由于变量之间是对等的, 因此相关系数是唯一确定的。而在回归分析中, 对于互为因果的两个变量 (如人的身高与体重, 商品的价格与需求量), 则有可能存在多个回归方程。

需要指出的是, 变量之间是否存在"真实相关", 是由变量之间的内在联系所决定的。相关分析和回归分析只是定量分析的手段, 通过相关分析和回归分析, 虽然可以从数量上反映变量之间的联系形式及其密切程度, 但是无法准确判断变量之间内在联系的存在与否, 也无法判断变量之间的因果关系。因此, 在具体应用过程中, 一定要始终注意把定性分析和定量分析结合起来, 在准确的定性分析的基础上展开定量分析。

4. 常见回归模型的分类

按照回归模型的形式不同, 回归分析模型可进行如下划分:

(1) 简单回归与多元回归。回归分析模型按照具有相关关系的变量个数划分, 可分为简单回归分析模型和多元回归分析模型。简单回归分析模型是指只有一个自变量和一个因变量的回归分析模型。多元回归分析模型也称复回归分析模型, 是指由多个自变量和一个因变量组成的回归分析的模型。它与简单回归分析模型相比, 增加了自变量的个数, 是对简单回归分析模型的拓展。

(2) 线性回归与非线性回归。回归分析模型按照变量间相互关系的形态来分, 可分为线性回归分析模型和非线性回归分析模型。当变量之间关系的形态表现为线性相关时, 拟合的模型称为线性回归分析模型, 其模型表达式为线性回归方程; 当变量之间相互关系的形态表现为某种曲线趋势时, 拟合的模型称为非线性回归分析模型, 其模型表达式为某种曲线回归方程。

除上述分类外, 根据简单回归和多元回归与直线回归和非直线回归的交叉结合, 还可以进一步细分为简单线性回归和简单非线性回归, 多元线性回归和多元非线性回归等不同类型。而一元线性回归模型 (simple linear regression)是本章重点介绍的模型。

二、一元线性回归模型

(一) 模型表示

一元线性回归模型也称为简单线性回归模型, 模型中只有一个因变量和一个自变量, 是线性方程中变量最少、最简单的一种。它在平面坐标图上表现为一条直线, 所以也称为简单直线回归方程。一元线性回归方程的理论模型与估计模型可分别写成如下所示:

理论模型

$$y = \alpha + \beta x + \varepsilon$$

估计模型

$$y_c = a + bx \tag{7.3}$$

按照统计的表述习惯, 在数学分析中, 上式中的 α, β 为回归参数或待定系数, a, b 为相应的估计值。a, b 值确定后, 估计的直线方程就确定, 式 (7.3) 称为 y 对 x 的直线回归方程。由该回归方程确定的直线称为回归直线, a 是回归直线的起始值 (截距), 即 x 为 0 时 y_c 的值, 从数学意义上理解, 它表示在没有自变量 x 的影响时, 其他各种因素对因变量 y 的平均影响; b 是回归系数 (直线的斜率), 表示自变量 x 每变动一个单位, 因变量 y 平均变动 b 个单位。

将给定的自变量 x 值代入 (7.3)式, 即可求出因变量 y 的估计值 y_c。但这个估计值不是一个实际的变量数值, 而是 y 的许多可能取值的平均数, 所以用 y_c 表示。

(二) 参数估计

拟合回归直线的主要任务是估计待定参数 a, b 的值, 常用的方法就是最小二乘法, 用这种方法求出的回归直线是原始数据的 "最佳" 拟合直线。最小二乘法的原理是使实际值 y 与估计值 y_c 的离差平方和最小。据此拟合直线方程的具体方法如下:

首先建立函数 Q

$$Q = \sum_{i=1}^{n}(y_i - y_c)^2 = \sum_{i=1}^{n}(y_i - a - bx_i)^2$$

然后根据导数性质, 一阶偏导数为 0 的点, 为函数的极值点。分别求 Q 关于 a 和 Q 关于 b 的偏导并令它们等于 0

$$\begin{cases} \dfrac{\partial Q}{\partial a}\bigg|_{\alpha=a} = -2\sum_{i=1}^{n}(y_i - a - bx_i)^2 = 0 \\ \dfrac{\partial Q}{\partial b}\bigg|_{\beta=b} = -2\sum_{i=1}^{n}x_i(y_i - a - bx_i)^2 = 0 \end{cases}$$

求解上述方程组, 解得

$$\begin{cases} b = \dfrac{n\sum_{i=1}^{n}x_i y_i - \left(\sum_{i=1}^{n}x_i\right)\left(\sum_{i=1}^{n}y_i\right)}{n\sum_{i=1}^{n}x_i^2 - \left(\sum_{i=1}^{n}x_i\right)^2} \\ a = \bar{y} - b\bar{x} \end{cases}$$

省略下标, 通常写为

$$\begin{cases} b = \dfrac{n\sum xy - \sum x \sum y}{n\sum x^2 - \left(\sum x\right)^2} \\ a = \bar{y} - b\bar{x} \end{cases} \tag{7.4}$$

当 a, b 求出后, 一元线性回归方程 $y_c = a + bx$ 便可确定。

例 7-1 利用表 7-1 的数据, 研究家电行业中企业销售额和工资总额之间的关系, 以销售收入为自变量, 工人工资总额为因变量, 建立回归方程。

解 依据式 (7.4), 首先计算相关数据见表 7-3。

表 7-3　回归方程计算表

企业	销售收入 (x) /万元	工人工资总额 (y) /万元	x^2	xy
1	271.5	76.1	73712.25	20661.15
2	155.1	45.6	24056.01	7072.56
3	318.2	87.5	101251.2	27842.5
4	923.3	253.9	852482.9	234425.9
5	202.6	60.5	41046.76	12257.3
6	443.3	129.2	196514.9	57274.36
7	1325.5	371	1756950	491760.5
8	648.2	194.5	420163.2	126074.9
9	553.6	155	306473	85808
10	337.9	98.4	114176.4	33249.36
合计	5179.2	1471.7	3886827	1096427

将表 7-3 中相关数据代入式 (7.4)，计算得

$$\begin{cases} b = \dfrac{n\sum xy - \sum x \sum y}{n \sum x^2 - \left(\sum x\right)^2} = 0.277 \\ a = \overline{y} - b\overline{x} = 3.457 \end{cases}$$

故有工资总额对销售额的回归方程

$$y = 3.457 + 0.277x$$

如果我们相信，应用最小二乘法估计的回归方程能满意地描述 x, y 之间的关系，那么对于一个已知的 x 值，去统计预测 y 的值将是合理的。因而在预测之前，需要进行显著性检验。

(三) 估计标准误差

回归方程的一个重要作用在于根据自变量的已知值估计因变量的理论值 (估计值)。而理论值 y_c 与实际值 y 存在着差距，这就产生了推算结果的准确性问题。如果差距小，说明推算结果的准确性高；反之，则低。为此，分析理论值与实际值的差距很有意义。为了度量 y 的实际水平和估计值离差的一般水平，可计算估计标准误差。估计标准误差是衡量回归直线代表性大小的统计分析指标，它说明观察值围绕着回归直线的变化程度或分散程度。

通常用 S_e 代表估计标准误差，其计算公式为

$$S_e = \sqrt{\dfrac{\sum (y - y_c)^2}{n - 2}} \tag{7.5}$$

用表 7-3 的资料说明估计平均误差的计算方法，可列出计算表 7-4。

表 7-4　估计平均误差计算表

企业	销售收入 (x) /万元	工人工资总额 (y) /万元	y_c	$(y-y_c)$	$(y-y_c)^2$
1	271.5	76.1	78.79	−2.69	7.25
2	155.1	45.6	46.49	−0.89	0.80
3	318.2	87.5	91.75	−4.25	18.07
4	923.3	253.9	259.66	−5.76	33.13
5	202.6	60.5	59.67	0.83	0.68
6	443.3	129.2	126.46	2.74	7.48
7	1325.5	371	371.26	−0.26	0.07
8	648.2	194.5	183.32	11.18	124.98
9	553.6	155	157.07	−2.07	4.29
10	337.9	98.4	97.22	1.18	1.40
合计	5179.2	1471.7	1471.70	0.00	198.15

将计算表的有关资料代入公式 (7.4) 得

$$S_e = \sqrt{\frac{\sum (y - y_c)^2}{n-2}} = 4.977$$

结果表明估计标准差是 4.977 万元。

回归估计标准差与标准差的计算原理是一致的, 两者都是反映平均差异程度和表明代表性的指标。一般标准差反映的是各变量值与其平均数的平均差异程度, 表明其平均数对各变量值的代表性强弱; 回归标准误差反映的是因变量各实际值与其估计值之间的平均差异程度, 表明其估计值对各实际值的代表性强弱, 其值越小, 估计值 y_c (或回归方程) 的代表性越强, 用回归方程估计或预测的结果越准确。

(四) 显著性检验

当我们得到一个实际问题的经验回归方程 $y_c = a + bx$ 后, 还不能用它去进行经济分析和预测, 因为 $y_c = a + bx$ 是否真正描述了变量 y 与 x 之间的统计规律性, 还需运用统计方法对回归方程进行检验。最常用的 F 检验是检验回归方程是否真正线性相关的一种方法, 它是建立在对总离差平方和分解的基础上进行的。

回归分析表明, 因变量 y 的实际值 (观察值) 有大有小、上下波动, 对每一个观察值来说, 波动的大小可用离差 $(y - \bar{y})$ 来表示。离差产生的原因有两个方面: 一是受自变量 x 变动的影响; 二是受其他因素的影响 (包括观察或实验中产生的误差的影响)。n 个观察值总的波动大小用总离差平方和 $\sum (y - y)^2$ 表示。

从图 7-3 可以看出, 每个观察点的离差可以分解为两部分, 即

$$y - \bar{y} = (y - y_c) + (y_c - \bar{y})$$

其中, $(y - y_c)$ 为剩余离差; $(y_c - \bar{y})$ 为回归离差。将上式两边平方, 然后对所有的 n 点求和, 则有

$$\sum (y - \overline{y})^2 = \sum \left[(y - y_c) + (y_c - \overline{y}) \right]^2$$
$$= \sum (y - y_c)^2 + 2 \sum (y - y_c)(y_c - \overline{y}) + \sum (y_c - \overline{y})^2$$

式中, 交错的乘积项等于零, 因而总离差平方和为

$$\sum (y - \overline{y})^2 = \sum (y - y_c)^2 + \sum (y_c - \overline{y})^2$$

即总离差平方和 = 剩余平方和 + 回归平方和。剩余平方和又称残差平方和, 它反映了自变量 x 对因变量 y 的线性影响之外的一切因素 (包括 x 对 y 的非线性影响和测量误差等) 对因变量 y 的作用。回归平方和表示在总离差平方和中, 由 x 与 y 的线性关系而引起因变量 y 变化的部分。上式可写成

$$L_{yy} = Q + U$$

其中

$$L_{yy} = \sum (y - \overline{y})^2 = nS_y^2 = \sum y^2 - \left(\sum y \right)^2 \Big/ n$$
$$U = L_{yy} - Q = bL_{xy}$$
$$Q = \sum (y - y_c)^2 = L_{yy} - bL_{xy}$$
$$L_{xy} = \sum (x - \overline{x})(y - \overline{y}) = nS_{xy} = \sum xy - \left(\sum x \sum y \right) \Big/ n$$

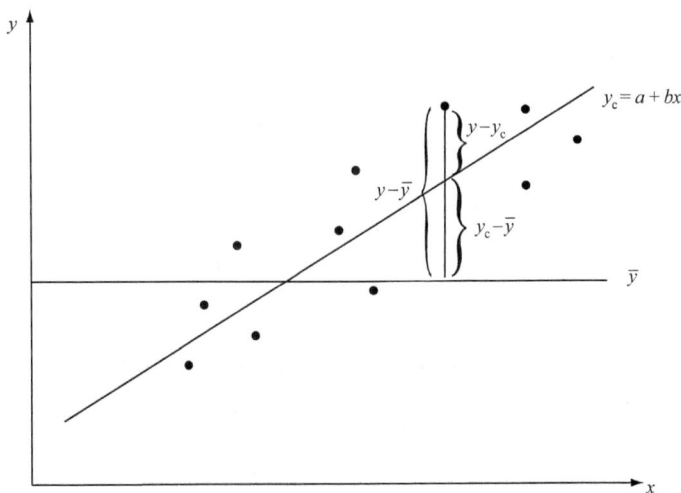

图 7-3　变差分解图

每个平方和都有一个自由度同它相联系。正如总离差平方和可以分解成剩余平方和 Q 与回归平方和 U 两部分一样, 总离差平方和的自由度 f 也等于剩余平方和的自由度 f_Q 与回归平方和的自由度 f_U 之和, 即

$$f = f_Q + f_U$$

其中, $f = n - 1, f_Q = n - 2, f_U = f - f_Q = 1$。

在总离差平方和 L_{yy} 中, Q 大就意味着 U 小, U 越小表示变量间线性相关性越低, 当且仅当 $b = 0$ 时, U 是最小的。可见要检验总体两变量间是否真正线性相关, 需要提出零假设和备择假设:

$$H_0:\ b = 0, \qquad H_1:\ b \neq 0$$

当 x 与 y 有线性关系时，可以用 F 统计量检验零假设 H_0

$$F = \frac{U}{Q/(n-2)} \sim F(1, n-2) \tag{7.6}$$

其中，$F(1, n-2)$ 表示第一自由度为 1，第二自由度为 $n-2$ 的 F 分布。对于回归方程的具体检验。可放在方差分析表中。方差分析表的形式如表 7-5 所示。

表 7-5　一元线性回归方差分析表

方差来源	平方和	自由度	F 值
回归	$U = \sum (y_c - \bar{y})^2 = bL_{xy}$	1	$F = \dfrac{U}{Q/(n-2)}$
剩余	$Q = \sum (y_c - y)^2 = L_{yy} - bL_{xy}$	$n-2$	
总和	$L_{yy} = \sum (y - \bar{y})^2 = U + Q$	$n-1$	

这时，若给定显著性水平 α，计算 F 值与查分布表得到的 F 值进行比较（α 一般取 0.05，0.01 等，$1-\alpha$ 表示检验的可靠度）。如果 $F \leqslant F_\alpha(1, n-2)$，则称变量 x 与 y 没有明显的线性关系，接受 H_0，说明回归方程不明著；如果 $F > F_\alpha(1, n-2)$，则拒绝 H_0。说明 x 与 y 有显著的线性关系。

仍以例 7-1 的资料，得

$$L_{yy} = \sum (y - \bar{y})^2 = nS_y^2 = \sum y^2 - \left(\sum y \right)^2 \Big/ n = 92933.64$$

$$L_{xy} = \sum (x - \bar{x})(y - \bar{y}) = \sum xy - \left(\sum x \sum y \right) \Big/ n = 334203.6$$

且知回归系数 $b = 0.2774$，$n = 10$，用 F 检验对制造费用与产量之间的线性关系进行检验。

$$F = \frac{U}{Q/(n-2)} \sim F(1, 8)$$

由于

$$U = bL_{xy} = 92735.49$$

$$Q = L_{yy} - bL_{xy} = 198.15$$

故

$$F = \frac{U}{Q/(n-2)} = 3743.97$$

将结果列入方差分析表（表 7-6）。

表 7-6　方差分析表

	自由度 df	平方和 SS	均方 MS	检验统计量 F	P 值
回归分析	1	92735.49	92735.487	3743.972621	5.65653×10^{-12}
残差	8	198.1542	24.769275		
总计	9	92933.64			

也对于给定的 $\alpha = 0.05$，查 F 分布表得临界值：

$$F_\alpha(1, 8) = 5.32$$

由于 $F > F_{0.05}(1, 8)$，所以可以认为总体两变量间的线性相关关系是显著的。

由回归平方和与剩余平方和的意义我们知道，在总的离差平方和中，回归平方和所占的比重越大，线性回归效果越好；如果残差平方和所占的比重大，则回归直线与样本观测值拟合得就不理想。这里把回归平方和与总离差平方和之比定义为判定系数，又称为决定系数，记为 r^2，且有

$$r^2 = \frac{\sum(y_c - \bar{y})^2}{\sum(y - \bar{y})^2} = \frac{bL_{xy}}{L_{yy}} \tag{7.7}$$

而 $\dfrac{bL_{xy}}{L_{yy}}$ 正是相关系数 r 的平方。决定系数 r^2 是一个回归直线与样本观测值拟合优度判定的指标。r^2 的值总在 0 和 1 之间。一个线性回归模型如果充分利用了 x 的信息，则 r^2 越大，拟合优度就越好；反之，如果 r^2 不大，说明模型中给出的 x 对 y 的信息还不够充分。

例 7-1 的决定系数为：$r^2 = 0.9978$，这说明在 y 值与 $\bar{y}$ 的偏差的平方和中有 99.78％可以通过变量 x 来解释。

(五) 因变量的置信区间估计

拟合的回归直线方程经检验具有意义，就可以进行预测。预测是回归模型在统计中的重要应用。在例 7-1 的研究中，估计回归方程为 $y = 3.457 + 0.277x$，提供了销售额 x 与工资总额 y 之间关系的一种估计。我们可以用回归方程来对给定某一特定 x 值时 y 的值进行点估计，或者预测某一特定 x 值的 y 值。例如，假定销售额是 300 万元，运用回归方程，我们可以得到点估计值

$$y_c = 3.457 + 0.277 \times 300 = 85.56 \text{ (万元)}$$

对于预测问题，除了知道点估计的预测值外，还希望知道预测的精度，因为点估计不能给出与估计有关的任何准确信息。比如研究产量与制造费用的关系，可建立回归方程 $y = a + bx$，当已知产量 $x = x_0$ 时，要预测制造费用，即计算出点估计值 $\hat{y}_0$，而仅知道这一数值意义不大，我们往往更希望能给出一个预测值的变动范围，即进行区间估计。而这一预测值范围比只给 $\hat{y}_0$ 更可信。这个问题也就是对于给定的显著水平 α，找一个区间 (T_1, T_2)，使对应于某特定的 x_0 的实际值 y_0 以 $1-\alpha$ 的置信概率被区间 (T_1, T_2) 所包含。且可以证明置信概率为 $(1-\alpha)$ 的预测区间为

$$\left(\hat{y}_0 - S_{y_0}\sqrt{F_\alpha(1, n-2)} \; , \; \hat{y}_0 + S_{y_0}\sqrt{F_\alpha(1, n-2)} \right)$$

其中，$S_{y_0} = \sqrt{S_e^2\left[1 + \dfrac{1}{n} + \dfrac{(x_0 - \bar{x})^2}{\sum(x - \bar{x})^2}\right]}$ 为 $\hat{y}_0$ 的标准差，$F_\alpha(1, n-2)$ 为 F 分布表查得的临界值。

令

$$\Delta = S_{y_0}\sqrt{F_\alpha(1, n-2)}$$

则预测区间为

$$(\hat{y}_0 - \Delta, \ \hat{y}_0 + \Delta)$$

从上式可看到，对于给定的显著性水平 α，为了提高预测精度，样本容量 n 应越大越好，采集数据 $x_1, x_2, \cdots, x_n$ 不能太集中。在进行预测时，所给的 x_0 不能偏离 $\bar{x}$ 太大，太大时，预测效果肯定不好。统计预测时，若时间序列数据发生了较大变化，即要预测未来太远时，x 的取值 x_0 肯定距当时建模时采集样本的 $\bar{x}$ 相差太大，因此再用原模型去预测肯定不准。

当样本量 n 较大，或 $|x_0 - \bar{x}|$ 较小时，我们可用近似的预测区间。置信水平为 0.95 与 0.99 的近似预测分别为

$$(\hat{y}_0 - 2S_e, \ \hat{y}_0 + 2S_e)$$
$$(\hat{y}_0 - 3S_e, \ \hat{y}_0 + 3S_e)$$

对于例 7-2 的资料和 $x = 300$ 时点估计值的计算结果，现以 $1 - \alpha = 0.95$ 的置信水平进行区间估计，则

$$\hat{y}_0 - 2S_e = 85.56 - 2 \times 4.97 = 76.62 (万元)$$
$$\hat{y}_0 + 2S_e = 85.56 + 2 \times 4.97 = 96.49 (万元)$$

即在置信水平为 95% 的条件下，预测区间为 (76.62, 96.49)。

第三节　多元线性回归及非线性回归

一、多元线性回归分析

在统计过程中，有时也会遇到一个变量受多种变量因素的共同作用。如在进行制造费用的分析时，可能受到机器工作小时和直接人工工时的共同影响，这时可根据若干历史时期的产量、成本资料，经分析、计量后，确定变动趋势，这就是多元线性回归分析。

(一) 多元线性回归模型

研究在线性相关条件下两个或两个以上自变量对一个因变量的数量变动关系，称为多元线性回归，表现这个数量关系的数学公式，称为多元线性回归模型。多元线性回归分析是对一元线性回归分析的拓展，其步骤、方法和一元线性回归分析基本上相类似，只是在计算上相对比较复杂些。涉及 p 个自变量的多元回归模型可表示为

$$y = \beta_0 + \beta_1 x_{1i} + \beta_2 x_{2i} + \cdots + \beta_p x_{pi} + \varepsilon \tag{7.8}$$

式中，β_0，β_1，$\cdots$，β_p 是参数，ε 是被称为误差项的随机变量。ε 包含在 y 里面但不能被 p 个自变量的线性关系所解释的变异性，其基本假定与一元线性回归相似。

(1) 误差项 ε 是一个期望值为 0 的随机变量，即 $E(\varepsilon) = 0$。

(2) 对于自变量 $x_1, x_2, \cdots, x_p$ 的所有值，ε 的方差 σ^2 都相同。

(3) 误差项 ε 是一个服从正态分布的随机变量，即 $\varepsilon \sim N(0, \sigma^2)$，且相互独立。

如果在方程 (7.8) 左右两端同时取期望值，可得

$$E(y) = \beta_0 + \beta_1 x_1 + \beta_2 x_2 + \cdots + \beta_p x_p$$

称为多元回归方程，描述因变量 y 的平均值或期望值如何依赖于自变量的方程。进一步用

样本统计量 $\hat{\beta}_0, \hat{\beta}_1, \hat{\beta}_2, \cdots, \hat{\beta}_p$ 估计回归方程中的参数 $\beta_0, \beta_1, \beta_2, \cdots, \beta_p$ 时得到的方程为

$$\hat{y} = \hat{\beta}_0 + \hat{\beta}_1 x_1 + \hat{\beta}_2 x_2 + \cdots + \hat{\beta}_p x_p$$

称为估计的多元回归的方程, $\hat{\beta}_i (i = 1, 2, \cdots p)$ 表示假定其他变量不变, 当 x_i 每变动一个单位时, y 的平均变动值。为了获得 β 的估计值 $\hat{\beta}$, 可以采用一元回归中相同的最小二乘法:

$$Q(\hat{\beta}_0, \hat{\beta}_1, \hat{\beta}_2, \cdots, \hat{\beta}_k) = \sum_{i=1}^n (y_i - \hat{y}_i)^2 = \sum_{i=1}^n e_i^2 = \text{最小}$$

然后求偏导数, 建立方程组

$$\begin{cases} \left. \dfrac{\partial Q}{\partial \beta_0} \right|_{\beta_0 = \hat{\beta}_0} = 0 \\ \left. \dfrac{\partial Q}{\partial \beta_i} \right|_{\beta_i = \hat{\beta}_i} = 0 \quad (i = 1, 2, \cdots, k) \end{cases} \tag{7.9}$$

通过求解方程组 (7.9), 可以得到参数估计值。

(二) 多元回归模型评估

1. 模型的整体检验

检验因变量与所有自变量之间的线性关系是否显著, 称为模型的整体检验。检验方法同样是一元线性回归中的 F 检验。如果检验结果是显著的, 因变量与自变量之间存在线性关系, 如果不显著, 因变量与自变量之间不存在线性关系。模型的整体检验步骤如下:

(1) 提出假设。

H_0: $\beta_1 = \beta_2 = \cdots = \beta_p = 0$ (线性关系不显著);

H_1: $\beta_1, \beta_2, \cdots, \beta_p$ (至少有一个不等于 0)。

(2) 计算检验统计量 F

$$F = \frac{U/p}{Q/(n-p-1)} = \frac{\sum_{i=1}^n (\hat{y}_i - \bar{y})^2 / p}{\sum_{i=1}^n (y_i - \hat{y})^2 / (n-p-1)} \sim F(p, n-p-1) \tag{7.10}$$

其中, p 表示自变量的个数。

(3) 确定显著性水平 α 和分子自由度 p、分母自由度 $n-p-1$ 找出临界值 F_α。

(4) 做出决策: 若 $F > F_\alpha$, 拒绝 H_0, 否则, 不拒绝 H_0。

2. 残差和估计标准误差

回归模型的残差是 Y 的真实值与预测值间的差异, 用 e 表示。残差分析可以评价模型的拟合优度, 方法与一元线性回归相同。同理, 多元回归分析的假设前提包括: 误差项大致为期望为 0 的正态分布, 因此估计标准差 S_e 是评价回归模型与数据的拟合优度的重要指标。计算公式为

$$S_e = \sqrt{\frac{\sum_{i=1}^{n}(y_i - \hat{y}_i)^2}{n-p-1}} = \sqrt{\frac{Q}{n-p-1}} \qquad (7.11)$$

3. 多重判定系数

多重判定系数与一元回归中的判定系数计算方法一致。值得说明的是在多元回归中，判定系数会随着自变量的增加而高估，因而通常使用修正的多重判定系数，计算公式为

$$R_a^2 = 1 - (1 - r^2) \times \frac{n-1}{n-p-1} \qquad (7.12)$$

(三) 多重共线性

在多元回归分析中，除了上述与一元回归相似的处理步骤外，还可能面临一些多元回归没有的问题，如多重共线性。多重共线性是指回归模型中两个或两个以上的自变量彼此相关，这可能导致回归结果混乱，比如对参数估计值的正负号产生影响，特别是各回归系数的正负号有可能同预期的正负号相反。

检测多重共线性的最简单的一种办法是计算模型中各对自变量之间的相关系数，并对各相关系数进行显著性检验。若有一个或多个相关系数显著，就表示模型中所用的自变量之间相关，存在着多重共线性。此外，当模型的线性关系检验 (F 检验) 显著时，几乎所有回归系数的 t 检验却不显著，以及回归系数的正负号与预期的相反等现象都意味着可能存在多重共线性。

对于多重共线性的处理，实际上也是模型的选择过程。最直接的处理方法就是将一个或多个相关的自变量从模型中剔除，使保留的自变量尽可能不相关。而实际上，当构建统计模型的主要目的是预测时，对因变量值的推断 (估计或预测) 的限定在自变量样本值的范围内，可以允许多重共线性的存在。

例 7-2 为了研究家电行业中零售商的定价影响因素，随机抽取了 15 家某品牌冰箱的销售商，对其销售价格与进货价格和销售费用进行了调查，结果如表 7-7 所示。

表 7-7　15 家某品牌冰箱销售商数据表　　　　　　　　　　　　(单位：元)

销售商	销售价格	进货价格	销售费用
1	1238	966	223
2	1266	894	257
3	1200	440	387
4	1193	664	310
5	1106	791	339
6	1303	852	283
7	1313	804	302
8	1144	905	214
9	1286	771	304
10	1084	511	326
11	1120	505	339

续表

销售商	销售价格	进货价格	销售费用
12	1156	851	235
13	1083	659	276
14	1263	490	390
15	1246	696	316

　　构建以销售价格为因变量, 进货价格和销售费用为自变量的多元线性回归方程。由于多元回归分析计算量较大, 直接给出计算结果如表 7-8 所示。

表 7-8　多元回归分析结果

	回归系数	标准误差	t 统计量	P 值	下限 95.0%	上限 95.0%
截距	375.601829	339.4106	1.10663	0.290145025	−363.91	1115.114
进货价格	0.53784095	0.210447	2.555711	0.02519961	0.079317	0.996365
销售费用	1.45719354	0.667707	2.182386	0.049681066	0.002386	2.912001

　　因而建立回归方程如下:

$$y = 375.6 + 0.538x_1 + 1.457x_2$$

表明进货价格每增加一个单位, 销售价格平均增加 0.538 个单位, 而销售费用每增加一个单位, 销售价格平均增加 1.457 个单位。

　　F 检验如表 7-9 所示。

表 7-9　F 检验结果

	自由度 df	平方和 SS	均方 MS	检验统计量 F	P 值
回归分析	2	31778.15	15889.08	3.26584184	0.073722186
残差	12	58382.78	4865.232		
总计	14	90160.93			

　　F 统计量为 3.2658, P 值为 0.0737, 可见在 0.05 的显著性水平下并不能够拒绝原假设, 调整后的判定系数为 0.24, 以上分析表明进货价格和销售费用对销售价格的解释还不十分充分。

二、非线性回归分析

　　实践中, 经常遇到的问题是经济变量之间的关系并非线性关系, 而是呈现出某种曲线关系。非线性回归内容繁杂, 这里简单介绍一下能够转化为线性回归的曲线。

　　实际问题中, 有许多回归模型的因变量 y 与自变量 x 之间的关系都不是线性的, 但 y 与未知参数 a, b 之间的关系都是线性的。注意, 线性回归是针对参数而言, 而不是针对自变量而言。因此, 有些因变量 y 对自变量 x 的曲线关系情形我们可以通过变量代换转换成线性的形式。具体思路是通过作散点图或定性分析认为两个变量之间存在的相关关系为曲线相关时, 可先根据变量间不同类型配合一条与其相适应的回归曲线, 如指数曲线、双曲线等，然后再确定回归方程中的未知参数。那些可线性化的回归方程，对新变量而言，线性化后的方程都为直线方程，故其参数的确定可用线性回归方程求参数的公式计算。下面给出几种常见的非线性模型及其线性化方法。

1．指数曲线模型

当自变量 x 等差的增加或减少时，因变量 y 随之作等比的增加或减少，则 x 与 y 之间的关系为指数函数关系，可以拟合指数曲线模型，其回归方程为

$$y = ab^x \tag{7.13}$$

对其两边取自然对数，得

$$\ln y = \ln a + \ln bx$$

令

$$y' = \ln y, \quad a' = \ln a, \quad b' = \ln b$$

则

$$y' = a' + b'x$$

从而转化为一元线性回归模型，利用最小二乘法求出 a' 和 b' 之后，再求反对数就可以估计出参数 a 和 b 的数值。

下面只简单给出转化为线性回归的过程。

2．幂函数

幂函数回归方程为

$$y = ax^b \tag{7.14}$$

对上式两边取对数，得 $\lg y = \lg a + b \lg x$，令 $y' = \lg y$，$x' = \lg x$，则得

$$y' = \lg a + bx'$$

3．双曲线

双曲线回归方程为

$$\frac{1}{y} = a + \frac{b}{x} \tag{7.15}$$

令 $y' = \dfrac{1}{y}$，$x' = \dfrac{1}{x}$，则得

$$y' = a + bx'$$

4．对数函数

对数函数回归方程为

$$y = a + b \lg x \tag{7.16}$$

令 $x' = \lg x$，则得

$$y = a + bx'$$

5．抛物线

抛物线回归方程为

$$y = a + bx + cx^2 \tag{7.17}$$

令 $x_1 = x, x_2 = x^2$，则得

$$y = a + bx_1 + cx_2$$

这是一个二元线性回归模型，按照前面所述二元线性回归模型的参数求解方法，即可得到拟合的抛物线回归方程。

第四节 SPSS 的相关与回归分析

1. 连续变量简单相关系数的计算与分析

依据例 7-1 的数据，分析销售额对工资总收入的相关关系。操作步骤与过程：

◆ 建立数据文件"销售额与工资收入.sav"，依次选择"【分析】→【相关】→【双变量】"打开对话框如图 7-4 所示，将待分析的变量移入右边的变量列表框内。其他均可选择默认项，单击"确定"提交系统运行。

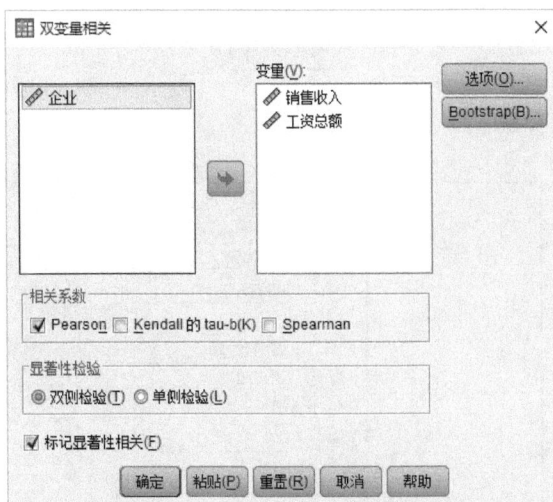

图 7-4 双变量相关对话框

输出结果见表 7-10。

表 7-10 相关性

		销售收入	工资总额
销售收入	Pearson 相关性	1	0.999**
	Sig. (双侧)		0.000
	N	10	10
工资总额	Pearson 相关性	0.999**	1
	Sig. (双侧)	0.000	
	N	10	10

** 在 0.01 水平 (双侧) 上显著相关。

表中给出了 Pearson 简单相关系数, 相关检验 t 统计量对应的 P 值。相关系数右上角有两个星号表示相关系数在 0.01 的显著性水平下显著。从表中可以看出, 销售额与工资收入具有较强的正相关关系。

2. 一元线性回归分析

继续以例 7-1 数据为例, 建立工资收入和销售额之间的回归方程。SPSS 中线性回归分析的基本步骤及结果分析。

(1) 绘制散点图。打开数据文件, 选择 "【图形】→【旧对话框】→【散点/点状】"。选择简单分布, 单击 "定义", 打开子对话框, 选择 X 变量和 Y 变量, 如图 7-5 所示。单击 "确定" 提交系统运行。

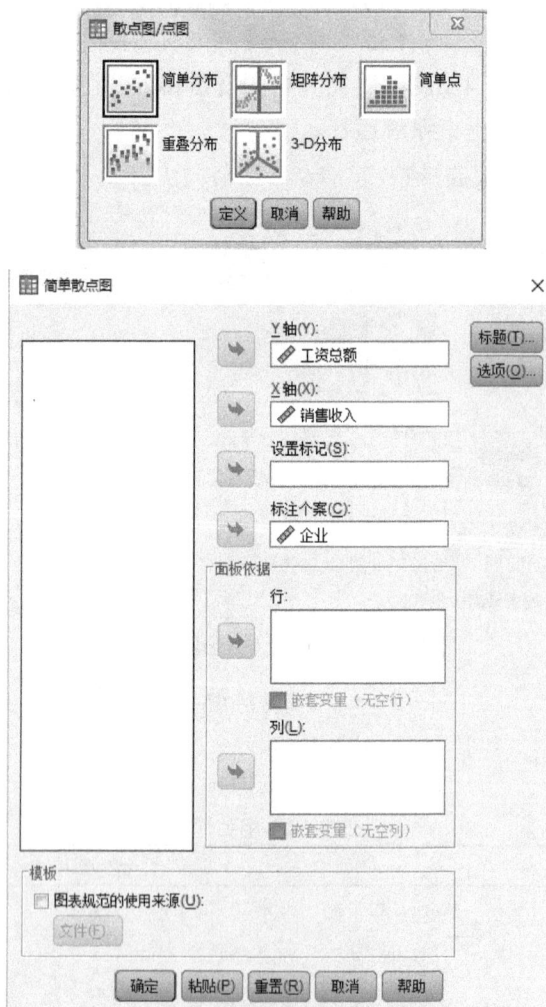

图 7-5 散点图对话框

输出结果如图 7-6 所示。

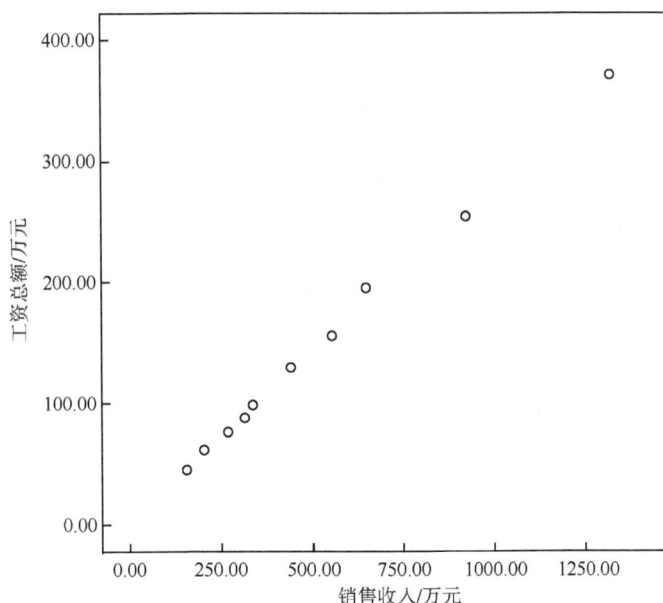

图 7-6　散点图

可以更加直观地发现工资总额与销售收入之间有显著的线性相关关系。在此前提下进一步进行回归分析，建立一元线性回归方程。

(2) 线性回归分析。SPSS 中回归分析包括以下几个步骤：

步骤 1：选择菜单"【分析】→【回归】→【线性】"，打开"线性回归"对话框。将变量工资总额 y 移入"因变量"列表框中，将销售收入 x 移入"自变量"列表框中。在"方法"框中选择"进入"选项，表示所选自变量全部进入回归模型 (图 7-7)。

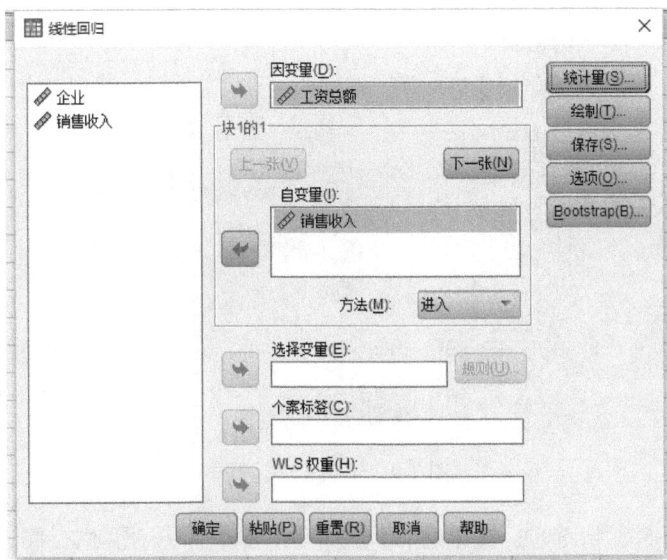

图 7-7　回归变量选择对话框

步骤 2：单击"统计量"按钮，如图 7-8 在"统计量"子对话框中设置要输出的统计量。

这里选中估计、模型拟合度复选框。

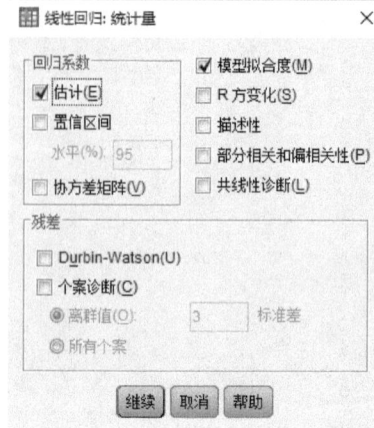

图 7-8 统计量子对话框

◆ 估计：输出有关回归系数的统计量，包括回归系数、回归系数的标准差、标准化的回归系数、t 统计量及其对应的 P 值等。

◆ 置信区间：输出每个回归系数的 95% 的置信度估计区间。

◆ 协方差矩阵：输出解释变量的相关系数矩阵和协差阵。

◆ 模型拟合度：输出可决系数、调整的可决系数、回归方程的标准误差、回归方程 F 检验的方差分析。

步骤 3：单击"绘制"按钮，如图 7-9 在绘图子对话框中的标准化残差图选项栏中选中"正态概率图"复选框，以便对残差的正态性进行分析。

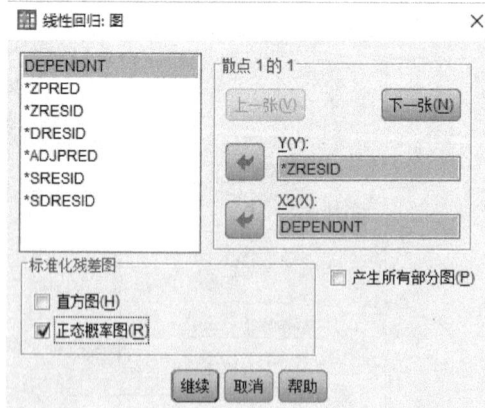

图 7-9 绘图子对话框

其余保持 SPSS 默认选项。在主对话框中单击"确定"按钮，执行线性回归命令，输出结果包括：

表 7-11 给出了回归模型的方差分析表，可以看到，F 统计量为 3743.973，对应的 P 值近

似为 0，所以，拒绝模型整体不显著的原假设，即该模型的整体线性关系是显著的。

表 7-11 方差分析表

模型		平方和	df	均方	F	Sig.
1	回归	92735.487	1	92735.487	3743.973	0.000
	残差	198.154	8	24.769		
	总计	92933.641	9			

表 7-12 给出了回归系数 B、标准误差、标准系数以及显著性检验的 t 值和显著性水平 sig.。从表中可以看到解释变量销售收入的系数，其 t 统计量对应的 P 值小于显著性水平 0.05，因此，在 0.05 的显著性水平下通过了 T 检验。变量销售收入 x 的回归系数为 0.277，即销售收入每增加 1 万元，工资总额就增加 0.277 万元。

表 7-12 回归系数表

模型		非标准化系数		标准系数	t	Sig.
		B	标准误差	试用版		
1	(常量)	3.457	2.827		1.223	0.256
	销售收入	0.277	0.005	0.999	61.188	0.000

为了判断随机扰动项是否服从正态分布，观察图 7-10 所示的标准化残差的 P-P 图可以发现，各观测的散点基本上都分布在对角线上，据此可以初步判断残差服从正态分布。

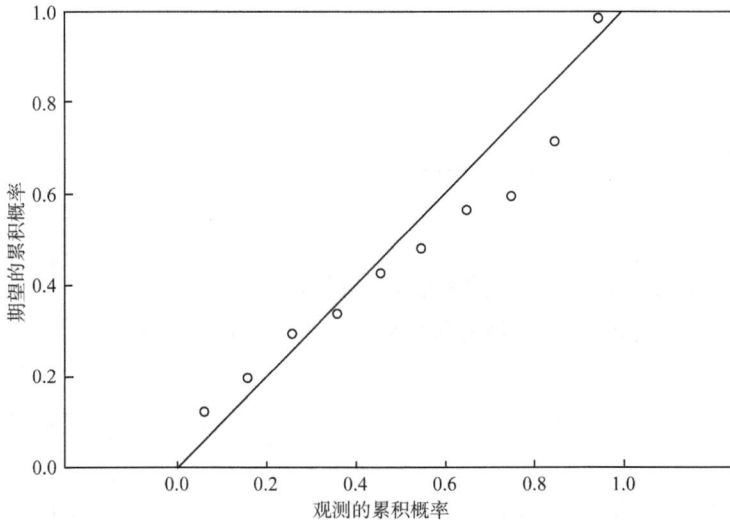

图 7-10 标准化残差的 P-P 图

因变量：工资总额

思考与练习

一、思考题

(1) 相关分析与回归分析的区别和联系。

(2) 相关关系与函数关系的区别与联系。

(3) 回归分析模型有哪些种类?

(4) 什么是估计标准误? 这个指标有什么作用?

二、练习题

(1) 有 10 个同类企业的生产性固定资产年均价值和工业增加值资料见表 7-13。

表 7-13　固定资产年均价值与工业增加值资料表

企业编号	生产性固定资产价值/万元	工业增加值/万元
1	318	524
2	910	1019
3	200	638
4	409	815
5	415	913
6	502	928
7	314	605
8	1210	1516
9	1022	1219
10	1225	1624

要求:

1) 计算相关系数, 说明两变量相关的方向和程度;

2) 建立以工业增加值为因变量的直线回归方程, 说明方程参数的经济意义;

3) 计算估计标准误;

4) 在 95％的置信水平下, 估计生产性固定资产为 980 万元时, 工业增加值的可能置信区间。

(2) 有一项研究分析药片表面积和体积对药品在释放剂量控制中释放速度的作用的试验, 试验中准备了 6 个形状相似具有不同重量和厚度的药片, 测量了每个药片表面积与体积的比。利用溶解设备, 每个药片放在 900mL 去离子水中, 确定渗滤药品释放速度, 实验数据见表 7-14。

表 7-14 实验数据表

药品释放速度/%	表面积与体积之比
60	1.5
48	1.05
39	0.9
33	0.75
30	0.6
29	0.65

1) 拟合简单线性模型, 其中被解释变量为药品释放速度。
2) 计算残差平方和, 并计算估计标准误差 S_e。

第八章 时间序列分析

第一节 时间序列分析概述

一、时间序列的含义及分类

社会经济现象随着时间的推移不断变化,关于社会经济现象的统计指标也是在不同时间观察记录的。表 8-1 就是中国 2000～2014 年 GDP 及其构成状况的几个时间数列。可以发现,所谓时间序列,就是反映不同时间上的社会经济现象统计指标值,按时间先后顺序加以排列后形成的数列,也称动态数列或时间数列。在统计分析中,时间序列的分析和研究具有很重要的意义,一般有三个目的:①通过观察时间数列,可以了解社会经济现象总体的动态变化全过程,便于人们客观、全面地认识事物的发展方向和速度。②通过对时间数列的分析,可以研究哪些因素对时间数列的指标数值大小在起作用,可以进一步掌握事物发展变化的趋势和规律性。③根据时间数列原有的发展变化规律,进行短期或长期预测,是生产、管理、决策过程中不可缺少的有利工具。

表 8-1　中国 2000～2014 年 GDP 及其构成状况

年份	GDP/亿元	人均 GDP/元	第一产业占 GDP 的比重/%	第二产业占 GDP 比重/%	第三产业占 GDP 的比重/%
2000	99214.6	7858	15.1	45.9	39
2001	109655.2	8622	14.4	45.2	40.5
2002	120332.7	9398	13.7	44.8	41.5
2003	135822.8	10542	12.8	46	41.2
2004	159878.3	12336	13.4	46.2	40.4
2005	184937.4	14185	12.1	47.4	40.5
2006	216314.4	16500	11.1	47.9	40.9
2007	265810.3	20169	10.8	47.3	41.9
2008	314045.4	23708	10.7	47.4	41.8
2009	340902.8	25608	10.3	46.2	43.4
2010	401512.8	30015	10.1	46.7	43.2
2011	473104	35198	10	46.6	43.4
2012	518942.1	38420	10.1	45.3	44.6
2013	568845	41908	10	43.9	46.1
2014	636463	46629	9.2	42.7	48.1

资料来源:中华人民共和国国家统计局.2015.中国统计年鉴 2015.北京:中国统计出版社.

由表 8-1 可以看出,时间序列形式上包含两部分:一是现象所属的时间,即表中第 1

列；二是现象在不同时间上的观察值两部分组成，即表中 2～6 列，这两部分是任何一个时间序列所应具备的两个基本要素。现象所属的时间可以是年份、季度、月份或其他任何时间形式。现象的观察值根据表现形式不同有绝对数、相对数和平均数，因此，从观察表现形式上看，时间序列可分为绝对数时间序列、相对数时间序列和平均数时间序列。

(一) 绝对数时间序列

绝对数时间序列又称总量指标数列，是指将反映现象总规模、总水平的某一总量指标在不同时间上的观察数值按时间先后顺序排列起来所形成的数列。总量指标数列是计算相对指标和平均指标，进行各种时间序列分析的基础。按其指标所反映时间状况的不同，总量指标数列又分为时期数列和时点数列。

1. 时期数列

时期数列是指同类的时期指标按时间先后顺序形成的数列，数列中的各期指标值反映社会经济现象在一定时期内累计达到的总量。表 8-1 中的第 2 列 GDP 时间数列就是时期数列。时期数列的特点是：

(1) 数列中不同时间的指标数值可以累计。

(2) 指标值的大小和时期长短有直接关系。一般来说，时期越长，数值越大。

(3) 指标值一般是通过连续登记获取的。相应的由社会商品零售额、居民总收入、进出口贸易总额等指标构成的时间数列均为时期数列。

2. 时点数列

时点数列是指时点指标按时间先后顺序排列而形成的统计数列，其指标反映经济现象在某一时点或某一瞬间所达到的水平，表 8-2 中 "年末人口总数" "男性人口总数" "女性人口总数" 等指标均为时点数列。与时期数列不同，时点数列的特点是：

(1) 数列中不同时点上数值不可以累计 (或相加没有意义)。

(2) 指标数值的大小和时间长短无直接关系。

(3) 时点指标的数值一般是通过不连续登记取得的。相应地，由商品库存数、企业数、存款余额等指标构成的时间数列均为时点数列。

表 8-2　2000～2014 年全国年末人口数及其构成

年份	年末人口总数/万人	男性人口数/万人	女性人口数/万人	65 岁及以上人口数/万人	65 岁及以上人口比重/%
2000	126743	65437	61306	8821	6.96
2001	127627	65672	61955	9062	7.1
2002	128453	66115	62338	9377	7.3
2003	129227	66556	62671	9692	7.5
2004	129988	66976	63012	9857	7.6
2005	130756	67375	63381	10055	7.7
2006	131448	67728	63720	10419	7.9
2007	132129	68048	64081	10636	8.1

续表

年份	年末人口总数/万人	男性人口数/万人	女性人口数/万人	65 岁及以上 人口数/万人	65 岁及以上 人口比重/%
2008	132802	68357	64445	10956	8.3
2009	133450	68647	64803	11307	8.5
2010	134091	68685	65343	11894	8.9
2011	134735	69068	65667	12288	9.1
2012	135404	69395	66009	12714	9.4
2013	136072	69728	66344	13161	9.7
2014	136782	70079	66703	13755	10.1

资料来源：中华人民共和国国家统计局. 2015. 中国统计年鉴 2015. 北京：中国统计出版社.

(二) 相对数时间数列

相对指标按时间先后顺序形成的数列称为相对数时间数列，它反映社会经济现象之间数量对比关系的发展变化过程。相对指标有很多，但大多数是由两个总量指标对比派生出来的，因此可以分别研究绝对指标时间数列，再进行对比。两个对比的时间数列可以都是时间数列，如第三产业产值时间数列与社会总产值时间数列对比就构成第三产业增加值构成的相对数时间数列；也可以是两个时点数列之比，如第三产业从业人数与社会劳动者人数两个时点数列对比就构成第三产业从业人数结构的相对数时间数列；同样一个时期数列和一个时点数列之比也可以构成相对数时间数列，如商品流转次数书记数列就是由商品销售额时期数列与商品库存时点数列对比而成的。

表 8-1 中三次产业占 GDP 的比重以及人均 GDP 的时间数列均为相对指标时间数列。由于相对指标计算时抽象了基数 (或绝对数) 的差异，所以相对指标不仅在空间上不具有直接可加性，而且在时间上也不具有直接可加性。也就是说，相对数时间数列是不可直接相加的。

(三) 平均数时间数列

平均指标按时间先后顺序排列形成的数列为平均数时间数列，它反映现象的一般水平在不同时间上的发展变化情况。与相对指标时间数列类似，它也是由两个总量指标时间数列对比形成的派生数列。例如，职工平均工资的时间数列就是平均数时间数列。只是与相对指标时间数列不同的是，平均指标时间数列的分子分母之间的关系是总体单位总数与总体标志总量之间的关系。与相对数时间数列类似，平均指标时间数列同样在时间上不具有可加性。

二、编制时间序列应注意的问题

编制时间序列的目的是要通过数列中各指标的比较，来研究社会经济现象的发展及其规律。因此，保证数列中各个指标数值的可比性，是编制时间数列的基本原则。具体有以下几点要求：

(1) 时间一致。对于总量指标时间序列,各指标值所属时期长短应一致。对于时点指标时间序列,各指标的时点间隔应一致。

(2) 口径一致。这包含几个方面:一是现象总体范围应一致。无论是时期指标时间序列还是时点指标时间序列,指标值的大小都与现象总体范围有密切关系,若指标的总体范围不一致,则失去比较意义。二是计算价格应一致。价值指标有不变价、现行价,而不变价又有不同时期的不变价,编制价值指标的时间序列要保证各指标的计算价格相同,才具有比较意义。三是计量单位一致。实物量指标度量单位如吨、公斤以及标准实物量和混合实物量等,编制实物量指标时间序列要保证各指标的计量单位相同。四是经济内容要一致。例如,新中国成立以来,我国曾经采用工农业总产值、社会总产值、国民收入和国内生产总值等指标反映我国的经济活动总量,这些指标都有不同的经济内容,在编制新中国成立以来的经济活动总量时间序列时,就应对这些指标加以区别和调整,达到可比性的要求。

(3) 计算方法一致。指标名称、总体范围、计算价格和计量单位以及经济内容都一致的指标,有时因计算方法不一致,也会导致数值上的差异。例如,国内生产总值指标,可以用生产法、分配法和使用法来计算,从理论上讲,三种方法的计算结果一致,但由于资料来源的渠道不同,这三种方法计算的结果往往存在差异,所以在编制时间序列时,应注意各指标的计算方法是否统一,以确保指标可比。

三、时间序列常用分析方法

时间序列分析 (time series analysis) 是一种动态数据处理的统计方法。该方法基于随机过程理论和数理统计学方法,研究随机数据序列所遵从的统计规律,以用于解决实际问题。它包括一般统计分析方法,统计模型的建立与推断,以及关于时间序列的最优预测、控制与滤波等内容。在一般统计分析中,初级的时间序列分析有最常用的两种方法,一是指标分析法,二是构成因素分析法。

(一) 时间序列指标分析法

所谓指标分析法,是指通过计算一系列时间序列分析指标,包括发展水平、平均发展水平、增长量、平均增长量、发展速度、平均发展速度、增长速度、平均增长速度等来揭示现象的发展状况和发展变化程度。

(二) 时间序列构成因素分析法

这种方法是将时间序列看成由长期趋势、季节变动、循环变动和不规则变动几种因素所构成,通过对这些因素的分解分析,揭示现象随时间变化而演变的规律,并在揭示这些规律的基础上,假定事物今后的发展趋势遵循这些规律,从而对事物的未来发展做出预测。

时间序列的这两种基本分析方法,各有不同的特点和作用,各揭示不同的问题和状况,分析问题时应视研究的目的和任务分别采用或综合应用。

第二节　时间序列的水平指标分析

时间序列水平分析指标有：发展水平、平均发展水平、增长量、平均增长量四种。

一、发展水平

在时间序列中，用 $t_i(i=1,\cdots,n)$ 表示现象所属的时间，a_i 表示现象在不同时间上的观察值。$a_i(i=1,\cdots,n)$ 也称为现象在时间 t_i 上的发展水平，它表示现象在某一时间上所达到的一种数量状态。若观察的时间范围为 $t_1,t_2,\cdots,t_n$，相应的观察值表示为 $a_1,a_2,\cdots,a_n$，其中 a_1 称为最初发展水平，a_n 称为最末发展水平。作为对比基准的水平称为基期水平，被研究考察时间的水平称为报告期水平。例如，表 8-1 中，2000 年我国 GDP 为 99214.6 亿元、人口数为 12.67 亿、人均 GDP 为 7858 元、第三产业比重为 39%。2014 年我国 GDP 为 636463 亿元、人口数为 13.67 亿、人均 GDP 为 46629 元、第三产业比重为 48.1%。这就是我国这些社会经济现象的发展水平及所达到的规模和发展程度。

二、平均发展水平

平均发展水平是现象在时间 $t_i(i=1,\cdots,n)$ 上取值的平均数，又称为序时平均数或动态平均数。它可以概括性地描述出现象在一段时期内所达到的一般水平。序时平均数作为一种平均数，与静态平均数有相同点，即它们都抽象了现象的个别差异，以反映现象总体的一般水平。但二者又有明显的区别，主要表现在：序时平均数抽象的是现象在不同时间上的数量差异，因而它能够从动态上说明现象在一定时期内发展变化的一般趋势；静态平均数抽象的是总体各单位某一数量标志值在同一时间上的差异，因此，它是从静态上说明现象总体各单位的一般水平。由于不同时间序列中观察值的表现形式不同，所以序时平均数有不同的计算方法。

(一) 绝对数时间序列的序时平均数

绝对数时间序列序时平均数的计算方法是最基本的，它是计算相对数或平均数时间序列序时平均数的基础。绝对数时间序列有时期数列和时点数列之分，序时平均数的计算方法也有所区别。

(1) 时期数列的序时平均数，其计算公式为

$$\bar{a}=\frac{a_1+a_2+\cdots+a_n}{n}=\frac{\sum a_i}{n} \tag{8.1}$$

式中 $\bar{a}$ 为序时平均数，n 为观察值的个数。

例 8-1　根据表 8-1 的数据，计算 2000～2014 年间国内生产总值的年平均值。

解　根据时期数列序时平均数公式有

$$\bar{a}=\frac{\sum a_i}{n}=\frac{99214.6+109655.2+\cdots+636463}{15}=303052.05（亿元）$$

(2) 由时点数列计算序时平均数,在社会经济统计中一般是将一天看作一个时点,即以"一天"作为最小时间单位。这样时点数列可认为有连续时点和间断时点数列之分;而间断时点数列又有间隔相等与间隔不等之别。其序时平均数的计算方法略有不同,分述如下:

1) 连续时点数列计算序时平均数。在统计中,对于逐日排列的时点资料,视其为连续时点资料。这样的连续时点数列,其序时平均数公式可按式(8.1)计算。例如,存款 (贷款) 平均余额指标,通常就是由报告期内每日存款 (贷款) 余额之和除以报告期日历数而求得。

例8-2 某银行支行 9 月 1 日到 9 月 10 日逐日登记的某类贷款账面余额如下 (单位:万元) :

12450, 12345, 12658, 16400, 13780, 12360, 17540, 12330, 12580, 13660,

则平均贷款余额为多少?

解 代入式(8.1)计算可得

$$\bar{a} = \frac{a_1 + a_2 + \cdots + a_n}{n} = \frac{\sum a_i}{n} = 13610.3 \, (万元)$$

另一种情形是,资料登记的时间单位仍然是 1 天,但实际上只在指标值发生变动时才记录一次。此时需采用加权均值的方法计算序时平均数,权数是每一指标值的持续天数。

计算公式如下:

$$\bar{a} = \frac{\sum af}{\sum f} \tag{8.2}$$

例8-3 某防盗门制造企业 8 月份的库存量记录见表 8-3,计算 8 月份平均日库存量。

表 8-3 某防盗门制造企业 8 月份库存资料

日期/日	1~5	6~12	13~20	21~24	25~31
库存量/个	550	590	540	480	530

解 该挖掘机企业 5 月份平均日库存量为

$$\bar{a} = \frac{\sum af}{\sum f} = \frac{550 \times 5 + 590 \times 7 + 540 \times 8 + 480 \times 4 + 530 \times 7}{5 + 7 + 8 + 4 + 7} = 543(个)$$

2) 间断时点数列计算序时平均数。实际统计工作中,很多现象并不是逐日对其时点数据进行统计,而是隔一段时间 (如一月、一季度、一年等) 对其期末时点数据进行登记。这样得到的时点数列称为间断时点数列。如果每隔相同的时间登记一次,所得数列称为间隔相等的间断时点数列;如果每两次登记时间的间隔不尽相同,那么所得数列称为间隔不等的间断时点数列。

当其时点资料是以月度、季度、年度为时间间隔单位时,我们已不可能像连续时点资料那样求得准确的时点平均数。这种情况下,我们可以根据资料所属时间的间隔特点,选用不同的计算公式。对于间隔相等的资料,采用"首末折半";对于间隔不等的资料,采用"间隔加权"的方法计算序时平均数。

例 8-4　某防盗门制造企业 2010 年第三季度的库存量如表 8-4 所示, 求企业第三季度月平均库存量。

表 8-4　某防盗门制造企业 2010 年第三季度库存量

	6 月末	7 月末	8 月末	9 月末
库存量/百件	66	72	64	68

解
$$7 月份平均库存量 = \frac{66 + 72}{2} = 69 \ (百件)$$

$$8 月份平均库存量 = \frac{72 + 64}{2} = 68 \ (百件)$$

$$9 月份平均库存量 = \frac{64 + 68}{2} = 66 \ (百件)$$

$$第三季度平均库存量 = \frac{69 + 68 + 66}{3} = 67.67 \ (百件)$$

为简化计算过程, 上述计算步骤可表示为

$$第三季度平均库存量 = \frac{\dfrac{66 + 72}{2} + \dfrac{72 + 64}{2} + \dfrac{64 + 68}{2}}{3} = \frac{\dfrac{66}{2} + 72 + 64 + \dfrac{68}{2}}{3}$$

$$= 67.67 \ (百件)$$

根据上述计算过程可推导出计算公式为

$$\bar{a} = \frac{\dfrac{a_1 + a_2}{2} + \dfrac{a_2 + a_3}{2} + \cdots + \dfrac{a_{n-1} + a_n}{2}}{n - 1}$$

$$= \frac{\dfrac{a_1}{2} + a_2 + \cdots + a - 1 + \dfrac{a_n}{2}}{n - 1} \tag{8.3}$$

该公式形式上表现为首末两项观察值折半, 故称为"首末折半法"。这种方法适用于间隔相等的间断时点数列求序时平均数。

如果时点指标不连续登记, 且间隔也不完全相同, 则用间隔的时间长度作权数, 在公式 (8.3) 的基础之上计算加权的序时平均数。

$$\bar{a} = \frac{\dfrac{(a_1 + a_2)}{2} f_1 + \dfrac{(a_2 + a_3)}{2} f_2 + \cdots + \dfrac{(a_{n-1} + a_n)}{2} f_{n-1}}{f_1 + f_2 + \cdots + f_{n-1}} \tag{8.4}$$

例 8-5　某银行支行 2015 年若干个月份月初的企业存款余额如下: 1 月初 560 亿元, 5 月初 600 亿元, 8 月初 520 亿元, 12 月初 540 亿元, 12 月末 620 亿元, 则全年企业存款平均余额为多少?

解　对资料进行观察分析, 属于间隔不等的间断时点数列, 采用式(8.4)得

$$\bar{a} = \frac{\frac{(a_1 + a_2)}{2} f_1 + \frac{(a_2 + a_3)}{2} f_2 + \cdots + \frac{(a_{n-1} + a_n)}{2} f_{n-1}}{f_1 + f_2 + \cdots + f_{n-1}}$$

$$= \frac{\frac{560 + 600}{2} \times 4 + \frac{600 + 520}{2} \times 3 + \frac{520 + 540}{2} \times 4 + \frac{540 + 620}{2} \times 1}{12}$$

$$= 558.33 \,(\text{亿元})$$

(二) 相对数或平均数时间序列的序时平均数

从形式上看，无论是相对数还是平均数，都是两个指标对比的结果，因此相对数时间数列与平均数时间数列的序时平均数的计算原理是相同的。相对数和平均数是两个有联系的相对数对比求得的，用符号表示即 $c = \dfrac{a}{b}$。因此，由相对数或平均数数列计算序时平均数，不能直接根据该相对数或平均数数列中各项观察值简单平均计算 (即不应当用 $\bar{c} = \sum c / n$ 的公式)，而应当先分别计算构成该相对数或平均数数列的分子数列和分母数列的序时平均数，再对比求得。用公式表示为

$$\bar{c} = \frac{\bar{a}}{\bar{b}} \tag{8.5}$$

相对数或平均数时间数列的序时平均数计算的关键是搞清楚相对数或平均数的分子分母指标内容与性质。分子分母的情况可能包括三种，均为时期或时点数列，一个时期一个时点数列，对于相对指标，分子或分母还可能又是"相对数"或"平均数"。

例 8-6 某防盗门制造企业 2010 年第四季度职工人数资料如表 8-5 所示，计算工人占职工人数的平均比重。

表 8-5 某防盗门制造企业 2010 年第三季度职工人数表

	6 月末	7 月末	8 月末	9 月末
工人人数/人	125	138	130	152
职工人数/人	225	230	235	250
工人占职工比重	55.56%	60.00%	55.32%	60.80%

解 $\bar{c} = \dfrac{\bar{a}}{\bar{b}} = \dfrac{a_1 / 2 + a_2 + a_3 + \cdots + a_n / 2}{b_1 / 2 + b_2 + b_3 + \cdots + b_n / 2} = \dfrac{406.5}{702.5} = 57.86\%$

例 8-7 某防盗门制造企业 2010 年下半年劳动生产率资料见表 8-6，计算平均月劳动生产率和下半年平均职工劳动生产率。

表 8-6 某防盗门制造企业 2010 年下半年劳动生产率数据表

	6 月	7 月	8 月	9 月	10 月	11 月	12 月
总产值/万元	102	105	100	110	105	108	112
月末职工人数/人	225	230	235	250	240	245	255
劳动生产率/(元/人)	4533	4565	4255	4400	4375	4408	4392

解　从表 8-6 中可以看到, 劳动生产率的分子总产值是时期指标, 分母职工人数是时点指标, 计算平均月劳动生产率应用下列公式:

$$\bar{c} = \frac{\bar{a}}{\bar{b}} = \frac{\left(\sum a\right)/n}{(b_1/2 + b_2 + b_3 + \cdots + b_n/2)/(n-1)}$$

代入表中资料,

$$\bar{c} = \frac{(105 + 100 + \cdots + 112)/6}{(225/2 + 230 + \cdots + 255/2)/(7-1)}$$
$$= 4445(元/人)$$

若计算下半年平均职工劳动生产率, 则有两种计算形式。一种是用下半年平均月劳动生产率乘月份个数 n, 即 $n\bar{c} = 4445 \times 6 = 26670$ (元/人) 得出, 另一种则采用下列公式计算:

$$\bar{c} = \frac{\sum a}{(b_1/2 + b_2 + b_3 + \cdots + b_n/2)/(n-1)}$$

代入表中资料, 有

$$\bar{c} = \frac{105 + 100 + \cdots + 112}{(225/2 + 230 + \cdots + 255/2)/(7-1)}$$
$$= 26670(元/人)$$

三、增长量

增长量是报告期水平与基期水平之差, 用以说明现象在一定时期内增长的绝对数量。由于所选择基期不同, 增长量可分为逐期增长量和累积增长量。

逐期增长量是报告期水平与其前一期水平之差, 说明本期较上期增长的绝对数量, 用公式表示为

$$a_i - a_{i-1} \quad (i = 1, 2, \cdots, n) \tag{8.6}$$

累积增长量是报告期水平与某一固定基期水平之差, 说明报告期与某一固定时期相比增长的绝对数量。用公式表示为

$$a_i - a_0 \quad (i = 1, 2, \cdots, n) \tag{8.7}$$

逐期增长量与累积增长量之间存在一定的关系：各逐期增长量的和等于相应时期的累积增长量；两相邻时期累积增长量之差等于相应时期的逐期增长量。用公式分别表示为

$$\sum_{i=1}^{n} (a_i - a_{i-1}) = a_n - a_0 \tag{8.8}$$

例 8-8　利用表 8-1 中数据计算 2005～2010 年 GDP 的增长量。

计算结果见表 8-7。

表 8-7　2005～2010 年 GDP 增长量　　　　　　　　　　（单位：亿元）

年份	2005	2006	2007	2008	2009	2010
国内生产总值	184937.4	216314.4	265810.3	314045.4	340902.8	401512.8
逐期增长量	—	31377	49495.9	48235.1	26857.4	60610
累积增长量	—	31377	80872.9	129108	155965.4	216575.4

四、平均增长量

平均增长量是观察期各逐期增长量的序时平均数，用于描述现象在观察期内平均每期增长的数量。它可以根据逐期增长量求得，也可以根据累积增长量求得。计算公式为

$$平均增减量 = \frac{\sum\limits_{i=1}^{n}(a_i - a_{i-1})}{n} = \frac{a_n - a_0}{n} \tag{8.9}$$

其中 n 为逐期增长量个数。

例 8-9　以表 8-7 的资料，计算 2005～2010 年 GDP 增长量。

解　$平均增减量 = \dfrac{\sum\limits_{i=1}^{n}(a_i - a_{i-1})}{n} = \dfrac{a_n - a_0}{n} = \dfrac{216575.4}{5} = 43315.08\,(亿元)$

第三节　时间序列的速度指标分析

时间序列的速度指标有：发展速度、增长速度、平均发展速度、平均增长速度。

一、发展速度

发展速度是报告期发展水平与基期发展水平之比，用于描述现象在观察期内相对的发展变化程度。

由于采用的基期不同，发展速度可以分为环比发展速度和定基发展速度。环比发展速度是报告期水平与前一时期水平之比，说明现象逐期发展变化的程度；定基发展速度是报告期水平与某一固定时期水平之比，说明现象在整个观察期内总的发展变化程度。

设时间序列的观察值为 $a_i\,(i=1,2,\cdots,n)$，发展速度为 R，环比发展速度和定基发展速度的一般形式可以写为如下形式：

环比发展速度

$$R_i = \frac{a_i}{a_{i-1}} \quad (i=1,\cdots,n) \tag{8.10}$$

定基发展速度

$$R_i = \frac{a_i}{a_0} \quad (i=1,\cdots,n) \tag{8.11}$$

环比发展速度与定基发展速度之间存在着重要的数量关系：观察期内各个环比发展速度的连乘积等于相应时期的定基发展速度；两个相邻的定基发展速度，用后者除以前者，等于相应时期的环比发展速度，即

$$\prod \frac{a_i}{a_{i-1}} = \frac{a_n}{a_0}$$

$$\frac{a_i}{a_0} \div \frac{a_{i-1}}{a_0} = \frac{a_i}{a_{i-1}}$$

利用上述关系，可以根据一种发展速度去推算另一种发展速度。

二、增长速度

增长速度也称增长率，是增长量与基期水平之比，用于说明报告期水平较基期水平的相对增长程度。它可以根据增长量求得，也可以根据发展速度求得。其基本计算公式为

$$增长速度 = \frac{增长量}{基期水平} = \frac{报告期水平 - 基期水平}{基期水平}$$

$$= 发展速度 - 1$$

从上式可以看出，增长速度等于发展速度减1，但各自说明的问题是不同的。发展速度说明报告期水平较基期发展到多少；而增长速度说明报告期水平较基期增长多少（扣除了基数）。当发展速度大于 1 时，增长速度为正值，表示现象的增长程度；当发展速度小于 1 时，增长速度为负值，表示现象的降低程度。

由于采用的基期不同，增长速度也可分为环比增长速度和定基增长速度。前者是逐期增长量与前一时期水平之比，用于描述现象逐期增长的程度，后者是累积增长量与某一固定时期水平之比，用于描述现象在观察期内总的增长程度。

设增长速度为 G，环比增长速度和定基增长速度的公式可写为如下形式：

环比增长速度

$$G_i = \frac{a_i - a_{i-1}}{a_{i-1}} = \frac{a_i}{a_{i-1}} - 1 \quad (i = 1, \cdots, n) \tag{8.12}$$

定基增长速度

$$G_i = \frac{a_i - a_0}{a_0} = \frac{a_i}{a_0} - 1 \quad (i = 1, \cdots, n) \tag{8.13}$$

需要指出，环比增长速度与定基增长速度之间没有直接的换算关系。在由环比增长速度推算定基增长速度时，可先将各环比增长速度加1后连乘，再将结果减1，即得定基增长速度。

例 8-10 以表 8-7 中的 GDP 及其增长量数据为基础，计算发展速度和增长速度。

解 依据公式 (8.10)～公式 (8.13)，计算结果见表 8-8。

表 8-8　2005～2010 年 GDP 发展速度与增长速度

年份	2005	2006	2007	2008	2009	2010
国内生产总值/亿元	184937.4	216314.4	265810.3	314045.4	340902.8	401512.8
逐期增长量/万	—	31377	49495.9	48235.1	26857.4	60610
累积增长量/万	—	31377	80872.9	129108	155965.4	216575.4
环比发展速度/%	—	116.97	122.88	118.15	108.55	117.78
定基发展速度/%	—	116.97	143.73	169.81	184.33	217.11
环比增长速度/%	—	16.97	22.88	18.15	8.55	17.78
定基增长速度/%	—	16.97	43.73	69.81	84.33	117.11

三、平均发展速度

平均发展速度是各个时期环比发展速度的平均数,用于描述现象在整个观察期内平均发展变化的程度。

计算平均发展速度的常用方法是水平法。水平法又称几何平均法,它是根据各期的环比发展速度采用几何平均数计算出来的。计算公式

$$\bar{R} = \sqrt[n]{\frac{a_1}{a_0} \times \frac{a_2}{a_1} \times \cdots \times \frac{a_n}{a_{n-1}}} = \sqrt[n]{\frac{a_n}{a_0}} \tag{8.14}$$

式中,$\bar{R}$ 为平均发展速度;n 为环比发展速度的个数,它等于观察数据的个数减 1。

例 8-11 以表 8-8 中的 GDP 及其速度指标数据为基础,计算 2005～2010 年 GDP 平均发展速度。

解

$$\bar{R} = \sqrt[5]{116.97\% \times 122.88\% \times \cdots \times 117.78\%}$$
$$= 116.77\%$$

从水平法计算平均发展速度的公式中可以看出,$\bar{R}$ 实际上只与序列的最初观察值 a_0 和最末观察值 a_n 有关,而与其他各观察值无关,这一特点表明,水平法旨在考察现象在最后一期所达到的发展水平。因此,如果我们所关心的是现象在最后一期应达到的水平,采用水平法计算平均发展速度比较合适。

四、平均增长速度

平均增长速度说明现象逐期增长的平均程度。平均增长速度($\bar{G}$)与平均发展速度仅相差一个基数,即

$$\bar{G} = \bar{R} - 1 \tag{8.15}$$

平均增长速度为正值,表明现象在某段时期内逐期平均递增的程度,也称为平均递增率;若为负值,表明现象在某段时间内逐期平均递减的程度,也称为平均递减率。

例 8-12 以表 8-8 中的 GDP 及其速度指标数据为基础,计算 2005～2010 年 GDP 平均增长速度。

解

$$\bar{G} = \bar{R} - 1 = 116.77\% - 1 = 16.77\%$$

五、水平分析与速度分析的结合与应用

时间序列的速度指标是由水平指标对比计算得来的,以百分数表示的抽象化指标。速度指标把现象的具体规模或水平抽象掉了,因此不能反映现象的绝对量差别。在应用速度指标进行分析时,应尽量注意把作为计算基础的水平指标结合起来,才能做出正确的判断。在具体计算和应用时,要注意以下几个问题:

(1) 要结合具体研究目的适当选择基期,并注意其所依据的基本指标在整个研究时期的同质性。如果资料中有几年的环比速度增长特别快,而有几年又是负增长,出现显著的

悬殊和不同的发展方向，以及所选择的最初水平和最末水平受特殊因素的影响过高或过低，用这样的资料来计算平均发展速度，就会降低甚至失去指标的代表意义和实际分析意义。

(2) 要联系各个时期的环比发展速度来补充说明平均发展速度。例如，几何平均法名义上是各个时期环比发展速度的平均数，但实际上只计算最末水平和最初水平两个数字，把中间各个时期的具体变动抽象掉了，所以有必要补充各期的环比速度加以分析。

(3) 要结合基期水平进行分析。因为发展速度是由报告期水平除以基期水平而得，从数量关系来看，基期水平低，速度就容易提高；基期水平高，就难以达到高速度。因此，速度高可能掩盖低水平，速度低可能隐藏着高水平。以表 8-8 中数据为例，2006 年我国 GDP 为 216314.4 亿元，2007 年我国 GDP 为 216314.4 亿元，2007 年 GDP 的环比发展速度为 122.88%。2009 年我国 GDP 为 340902.8 亿元，2010 年我国 GDP 为 401512.8 亿元，2010 年 GDP 的环比发展速度为 117.78%。从发展速度分析，前者大于后者。但从发展速度指标后面的发展水平指标分析，却是后者大于前者。2007 年我国 GDP 比 2006 年增加 49495.9 亿元，每增长 1% 的绝对量为 2163.14 亿元；2010 年我国 GDP 比 2009 年增加 60610 亿元，每增加 1% 的绝对量为 3409.03 亿元。

在这种情况下，我们需要将速度与绝对水平结合起来进行分析，通常要计算增长 1% 的绝对值来弥补速度分析中的局限性。

增长 1% 绝对值表示速度每增长 1% 而增加的绝对数量，其计算公式为

$$增长1\%绝对值 = \frac{逐期增长量}{环比增长速度 \times 100} = \frac{前期水平}{100} \tag{8.16}$$

(4) 平均速度指标应结合其所依据的各个基本指标，如发展水平、增长量、环比发展速度、定基发展速度等进行分析研究，才能深入了解现象的全面发展、具体过程和特点，从而对研究现象具有比较确切和完整的认识。

第四节　时间序列的分解分析

一、时间序列的模型

在时间序列中，各时期的发展水平是受各种因素共同影响的结果。归纳起来，这些影响因素可以分为四类，即长期趋势、季节变动、循环变动和不规则变动。

(1) 长期趋势 (long-term tend，用 T 表示)。指社会经济现象按一定方向不断长期发展变化 (向上或向下发展) 的趋势。

(2) 季节变动 (seasonal variation，用 S 表示)。指社会经济现象随着季节的更替而发生的有固定规律性的变动。

(3) 循环变动 (cyclical variation，用 C 表示)。也称波浪式变动，指反复高低变化的一种变动。

(4) 不规则变动 (irregular movements，用 I 表示)。也称随机变动，指由于自然或社会

的偶然因素引起的社会经济现象的变动。

时间序列分析的任务之一, 就是对时间序列中这几个构成因素进行测定和分析, 从而揭示现象变动的规律和特征, 为认识和预测事物的发展提供依据。上述四种因素, 按照它们的影响方式不同, 可以设定不同的组合模型, 其中最常见的有加法模型和乘法模型。

加法模型: 当时间数列的四种变动因素相互独立时, 时间数列就是各因素的代数和。即

$$Y = T + S + C + I \tag{8.17}$$

乘法模型: 当时间数列的四种变动因素相互影响时, 时间数列就是各因素的乘积。即

$$Y = T \cdot S \cdot C \cdot I \tag{8.18}$$

乘法模型是最常用的一种形式, 模式中只有长期趋势值 T 用其原始单位 (绝对量) 表示, 而另三个因素用系数或百分数表示。利用乘法模型可以将四个因素很容易地从时间序列中分离出来, 因而乘法模型在时间序列分析中被广泛应用。本节介绍的时间序列构成分析方法, 以乘法模型为例。

二、长期趋势的测定

长期趋势是时间数列变动影响因素中最基本、最常见的因素, 是指现象在较长时期内持续发展变化的一种趋向或状态。测定长期趋势的目的在于从跌宕起伏的序列过程中归纳总结出现象变化的基本走势。采用一定的方法对时间数列进行修匀, 使修匀后的数列排除季节变动、循环变动、不规则变动等因素的影响, 就可以凸显其基本趋势或长期趋势。

长期趋势的测定方法很多, 最简捷、直观的方法是随手描绘法, 即把时间数列中的时间和因变量值在直角坐标上描述出来, 统计上称为历史图。据此观察现象变动的基本形状, 拟合适当的趋势线。这一方法虽然简单易行, 但据此描述的趋势线其准确性很有限, 所以一般只适于对长期趋势进行初步判断。实践中更常用的长期趋势测定方法有"时距扩大法" "移动平均法"和"函数拟合法" (数学模型法) 三类。其中"时距扩大法"是通过时间合并的方式, 把时间数列中各期水平所包括的时间长度扩大, 这样虽然会使时间序列项数减少, 但可以消除季节变动、循环变动等规律性因素的影响。例如, 把以月份或季度表现的数据通过合并变成以年份为时间单位的时间序列, 把以年份为单位的时间序列又合并成为以 "五年或十年" 为时间单位。由于后两种方法较常用, 故主要介绍移动平均法和函数拟合法。通过介绍这两种方法, 以熟悉测定长期趋势的基本方法及各自的特点。

(一) 移动平均法

移动平均法是趋势变动分析的一种较简单的常用方法。该方法的基本思想和原理是, 通过扩大原时间序列的时间间隔, 并按一定的间隔长度逐期移动, 分别计算出一系列移动平均数, 这些平均数形成的新的时间序列对原时间序列的波动起到一定的修匀作用, 削弱了原序列中短期偶然因素的影响, 从而呈现出现象发展的变动趋势。该方法可以用来分析预测销售情况、库存、股价或其他趋势。设移动间隔长度为 K, 则移动平均数序列可以写为

$$\bar{Y}_i = \frac{Y_i + Y_{i+1} + \cdots + Y_{i+k-1}}{K} \tag{8.19}$$

式中, $\bar{Y}_i$ 为移动平均趋势值; K 为大于 1 小于 n 的正整数。

例8-13 江西省2000～2014年餐饮业社会消费品零售总额见表8-9第二列，分别计算3年和5年的移动平均趋势值。

解 基于式 (8.19)，分别取 $k = 3$ 和 $k = 5$，计算结果见表8-9第三列和第四列。

表8-9　江西省2000～2014年餐饮业社会消费品零售总额　　（单位：万元）

年份	餐饮业社会消费品零售总额	趋势值 ($k = 3$)	趋势值 ($k = 5$)	趋势值 ($k = 4$)	二次移动
2000	601080	—	—	—	—
2001	669000	673493.3	—	718370	—
2002	750400	757466.7	777376	821450	769910
2003	853000	872266.7	909454.2	969567.8	895508.9
2004	1013400	1042624	1073874	1154743	1062155
2005	1261471	1255324	1283194	1390743	1272743
2006	1491100	1516524	1566794	1705143	1547943
2007	1797000	1853033	1916514	2080275	1892709
2008	2271000	2276667	2288579	2487948	2284112
2009	2762000	2718264	2758479	2998849	2743398
2010	3121793	3241465	3339247	3606308	3302578
2011	3840601	3887744	3930513	4222642	3914475
2012	4700839	4589591	4549036	4905847	4564244
2013	5227333	5260928	—	—	—
2014	5854613	—	—	—	—

如果采用三项移动平均，则意味着把 2000～2002 年三年的数据相加，再除以 3 (求简单算术平均)，作为 2001 年 (中间年份) 的"趋势值"，然后又把 2001～2003 年三年的数据相加，再除以 3，作为 2002 年 (中间年份) 的"趋势值"。依次类推，最后将 2012～2014 年三年的数据相加再除以 3 得到 2013 年的趋势值。结果如表 8-9 第三列。

如果采用五项移动平均，则需要把2000～2004 年五年的数据相加求简单算术平均，作为中间年份 2002 年的"趋势值"，把 2010～2014 年这五年的数据相加求简单算术平均，作为 2012 年的"趋势值"。

移动平均法的关键是移动项数。应用时，还需要注意以下一些特点：

(1) 移动平均的项数越多，对数列修匀的作用越大。但当项数太多时，移动平均值 (趋势值) 在图形上会表现出很平缓，与实际趋势反而不相吻合。因为相邻两个移动平均值之间有 $k-1$ 项数据是一样的，只有一项数据是不一样的。当 k 无限扩大时，相邻两个移动平均值会越来越接近，最后趋于相等，因此移动项数应该适中。同理，移动平均法会损失时间数列的项数，上例中，如果三项移动平均，则损失了 2000 年和 2014 年的趋势值。如果采用五项移动平均，则会损失 2000 年、2001 年、2013 年和 2014 年的趋势值，移动项数越多，损失的趋势值也越多。

(2) 在利用移动平均法分析趋势变动时，要注意应把移动平均后的趋势值放在各移动项的中间位置。比如三项移动平均的趋势值应放在第 2 项对应的位置上，五项移动平均的趋势值应放在第 3 项对应的位置上, 其余类推。因此, 若移动间隔长度 k 为奇数时, 一次移动即得趋势值; 若 k 为偶数时, 需将第一次得到的移动平均值再做一次二项移动平均, 才能得到最后的趋势值。因此, 该趋势值也可以叫移正趋势值。如表 8-9 第五列采用了四项移动平均, 此时的简单平均值落在两个相邻年份的中间, 为此需要进行 "校正", 即再做一次 "两项移动平均" 即可。表 8-9 中的第 6 列即为校正之后的移动平均值。

(3) 如何确定移动平均的项数应视具体情形而定, 一般当时间数列的数值存在自然周期时, 移动项数应与其自然周期相一致。例如, 对于以季度为时间单位的时间数列, 通常要进行四项移动平均 (因为相邻四项之和恰好为一个自然年度, 避免了季节因素的影响), 然后再做一次 "两项移动平均" 以 "校正" 时间位置; 对于以月份为时间单位的时间数列, 通常要进行十二项移动平均, 然后再做一次 "两项移动平均"。对于以天为时间单位的时间数列, 如果存在星期规律 (如所谓的 "周一效应" 或 "周末效应"), 则以星期内数据个数为移动项数, 如股票价格指数一般是采取五项移动平均 (因为一周有五个交易日)。当时间数列足够长时, 以上述周期数的整数倍为移动项数也是可以考虑的。如果时间数列中无自然周期, 则以奇数项移动为好。

(4) 由于移动平均值的计算采用了简单算术平均, 因此各期指标值对趋势值的影响被等权处理了, 实践中也可以采取 "加权" 方式计算移动平均值, 以体现 "厚古薄今" 的原则。例如, 以 "中间年份" 为中心, 离 "中心年份" 近的年份指标值给相对大的权重, 离 "中心年份" 远的年份指标值给相对小的权重, 然后加权平均。例如, 表 8-9 采用三项移动平均时, 2001 年的趋势值采取 1 : 2 : 1 的权数 (此权数比值可根据需要设定) 对 2000～2002 年三年数据进行加权。2013 年的趋势值也采取 1 : 2 : 1 的权数对 2012～2014 年三年的数据进行加权; 五项移动平均时, 2012 年的趋势值可采用 1 : 2 : 3 : 2 : 1 的权数对 2010～2014 年五年数据进行加权平均。这样做的目的是 "扩大近期水平的影响, 削弱远期水平的影响"。

(5) 在加权移动平均法中还有一种特殊的方法, 称为指数平滑法。指数平滑法可分为一次指数平滑法和多次指数平滑法。这里简要介绍一次指数平滑法。一次指数平滑法是用过去时间序列值的加权平均数作为趋势值, 其基本形式是根据本期的实际值 Y_t 和本期的趋势值 $\hat{Y}_t$, 分别给以不同权数 α 和 $1 - \alpha$, 计算加权平均数作为下期的趋势值 $\hat{Y}_{t+1}$。基本指数平滑法模型如下:

$$\hat{Y}_{t+1} = \alpha Y_t + (1-\alpha)\hat{Y}_t \tag{8.20}$$

式中, $\hat{Y}_{t+1}$ 表示时间序列 $t + 1$ 期趋势值, Y_t 表示时间序列 t 期的实际值, $\hat{Y}_t$ 表示时间序列 t 期的趋势值, α 为平滑常数 $(0 < \alpha < 1)$。若利用指数平滑法模型进行预测, 从基本模型中可以看出, 只需一个 t 期的实际值 Y_t, 一个 t 期的趋势值 $\hat{Y}_t$ 和一个 α 值, 所用数据量和计算量都很少, 这是普通移动平均法所不能及的。

例 8-14　利用表 8-9 中江西省 2000～2014 年餐饮业社会消费品零售总额数据, α 分别取 0.2 和 0.8 进行一次指数平滑预测。

解　根据式 (8.20), 计算结果见表 8-10。

表 8-10　江西省 2000～2014 年餐饮业社会消费品零售总额指数平滑预测　（单位：万元）

年份	餐饮业社会消费品零售总额	一次平滑预测	
		$\alpha = 0.2$	$\alpha = 0.8$
2000	601080		
2001	669000	601080	601080
2002	750400	614664	655416
2003	853000	641811.2	731403.2
2004	1013400	684049	828680.6
2005	1261471	749919.2	976456.1
2006	1491100	852229.5	1204468
2007	1797000	980003.6	1433774
2008	2271000	1143403	1724355
2009	2762000	1368922	2161671
2010	3121793	1647538	2641934
2011	3840601	1942389	3025821
2012	4700839	2322031	3677645
2013	5227333	2797793	4496200
2014	5854613	3283701	5081106
2015	—	3797883	5699912

一次指数平滑法比较简单，但也有问题，从例 8-12 中也可看出，α 值和初始值的确定是关键，它们直接影响着趋势值误差的大小。

(1) 选择 α，一个总的原则是使预测值与实际观察值之间的误差最小。从理论上讲，α 取 0～1 的任意数据均可以。具体如何选择，要视时间序列的变化趋势来定。当时间序列呈较稳定的水平趋势时，应取小一些，如 0.1～0.3，以减小修正幅度，同时各期观察值的权数差别不大，预测模型能包含更长时间序列的信息。当时间序列波动较大时，宜选择居中的 α 值，如 0.3～0.5。当时间序列波动很大，呈现明显且迅速的上升或下降趋势时，α 应取大些，如 0.6～0.8，以使预测模型灵敏度高些，能迅速跟上数据的变化。在实际预测中，可取几个 α 值进行试算，比较预测误差，选择误差小的那个 α 值。

(2) 如果资料总项数 N 大于 50，则经过长期平滑链的推算，初始值的影响变得很小了，为了简便，可用第一期水平作为初始值。但是如果 N 小到 15 或 20，则初始值的影响较大，可以选用最初几期的平均数作为初始值。

(二) 数学模型法

这是测定长期趋势最广泛适用的方法，是采用适当的数学模型 (函数) 给动态数列拟合一个方程式，并据此计算各期的趋势值。模型可以有线性的，也可以有非线性模型，但前者是基础。

假定有一个多年的数据序列，为了算出逐年的趋势值，可以考虑对原始数据拟合一条数学曲线。例如，假如趋势是线性的，就可以用最小二乘法拟合直线方程；如果趋势是指数曲线型的, 则可考虑拟合指数曲线方程。在用数学曲线拟合法测定趋势值时首先要解决的问题是曲线方程的选择。选择曲线方程有两个途径: 一是在以时间 t 为横轴, 变量 Y 为纵轴的直角坐标图上作时间序列数值的散点图, 根据散点的分布形状来确定应拟合的曲线方程; 二是对时间序列的数值做一些分析, 根据分析的结果来确定应选择的曲线方程。选择合适的方程, 是评估人员在分析预测时应特别注意的问题。下面主要介绍直线趋势线的拟合。

根据线性函数的特性:

$$\Delta Y_t = Y_{t+1} - Y_t = a + b(t+1) - a - bt = b$$

如果一个多年的数据序列, 其相邻两年数据的一阶差近似为一常数, 就可以配合一条直线: $Y_t = a + bt$, 然后, 用最小二乘法来求解参数 a, b。由所求的趋势线

$$y_c = a + bt$$

可求得

$$\sum (y - y_c)^2 = \sum (y - a - bt)^2 = 最小值$$

其中, t 代表时间, a 代表直线趋势方程的起点值, b 代表直线趋势方程的斜率, 即 t 每变动一个单位时, 长期趋势值增加 (或减少) 的数值。使用第七章介绍的最小二乘法, 可解得

$$\begin{cases} b = \dfrac{n\sum ty - \sum t \sum y}{n\sum t^2 - (\sum t)^2} \\ a = \bar{y} - b\bar{t} \end{cases} \tag{8.21}$$

其中, n 代表时间的项数, $\bar{y} = \sum y / n$, $\bar{t} = \sum t / n$, 其他符号所代表的意义不变。

在对时间序列按最小二乘法进行趋势配合的运算时, 为使计算更简便些, 将各年份(或其他时间单位) 简记为 1, 2, 3, 4, …, 并用坐标移位方法将原点 O 移到时间序列的中间项, 使 $\sum t = 0$。当项数 n 为奇数时, 中间项为 0, 当为偶数时, 中间的两项分别设–1, 1, 这样间隔便为 2, 各项依次设成: …, –5, –3, –1, 1, 3, 5, …。这样求解公式便可简化为

$$\begin{cases} \sum y = na \\ \sum ty = b\sum t^2 \end{cases} \rightarrow \begin{cases} a = \sum y / n = \bar{y} \\ b = \sum ty / \sum t^2 \end{cases} \tag{8.22}$$

例 8-15　某品牌空调 2000～2010 年在网上门店销售数量如表 8-11 所示, 用最小二乘法进行长期趋势分析。

表 8-11　某品牌空调 2000～2010 年在网上门店销售数量

年份	时间 t	销售量 y/百台	t^2	ty	趋势值 y_c
2000	1	99	1	99	99.95
2001	2	112	4	224	113.36
2002	3	126	9	378	126.77
2003	4	141	16	564	140.18
2004	5	156	25	780	153.59
2005	6	170	36	1020	167
2006	7	180	49	1260	180.41

续表

年份	时间 t	销售量 y/百台	t^2	ty	趋势值 y_c
2007	8	193	64	1544	193.82
2008	9	206	81	1854	207.23
2009	10	220	100	2200	220.64
2010	11	234	121	2574	234.05
合计	66	1837	506	12497	1837

解 由表 8-11 得，$\sum t = 66, \sum y = 1837, \sum t^2 = 506, \sum ty = 12497$，代入公式(8.21)得

$$\begin{cases} b = \dfrac{n\sum ty - \sum t \sum y}{n\sum t^2 - \left(\sum t\right)^2} = 13.41 \\ a = \bar{y} - b\bar{t} = 86.54 \end{cases}$$

从而求得直线趋势方程

$$y_c = 86.54 + 13.41t$$

把各 t 值代入上式，便求得相对应的趋势值 y_c，见表 8-11 的第 6 列。这里需要指出的是：对表 8-11 的空调销售量用直线趋势配合，是因为各年的逐期增长量大体相当，具备了直线型时间序列的特征。若采用式 (8.22) 的方法计算，结果见表 8-12。

表 8-12　某品牌空调 2000～2010 年在网上门店销售数量趋势拟合表

年份	时间 t	销售量 y/百台	t^2	ty	趋势值 y_c
2000	−5	99	25	−495	99.95
2001	−4	112	16	−448	113.36
2002	−3	126	9	−378	126.77
2003	−2	141	4	−282	140.18
2004	−1	156	1	−156	153.59
2005	0	170	0	0	167
2006	1	180	1	180	180.41
2007	2	193	4	386	193.82
2008	3	206	9	618	207.23
2009	4	220	16	880	220.64
2010	5	234	25	1170	234.05
合计	0	1837	110	1475	1837

由式 (8.22) 可得

$$\begin{cases} a = \sum y / n = \bar{y} = 167 \\ b = \sum ty / \sum t^2 = 13.41 \end{cases}$$

即

$$y_c = 167 + 13.41\,t$$

将各 t 值代入上式，便求得各年的趋势值 y_c，可见与表 8-12 的预测结果一致。

最小二乘法在对原数列做长期趋势的测定时，通过趋势值 y_c 来修匀原数列，得到比较接近原值的趋势值。特别要注意的是，这里的直线方程 $y = a + bt$，不涉及变量 t 与变量 Y 之间的任何因果关系，也没有考虑误差的任何性质，因此它仅仅是一个直线拟合公式，并不是什么回归模型。还需要指出的是，作为较长期的一种趋势，利用所拟合的数学方程式进行预测时，必须假定趋势变化的因素到预测年份仍然起作用。注意，由于例题只是为了说明分析计算的方法，所以为简便起见，一般选用的数据都比较少，实际应用时，数据应丰富些方能更好地反映长期趋势。

三、季节变动分析

在前面我们已经知道，季节变动是指在一定时期内由于受自然界的季节变化或政治经济社会因素的影响而形成有规则的周期性的重复变动。它具有三个明显的特征：有规律的变动；按一定的周期重复进行；每个周期变化大体相同。由于季节变动的最大周期为一年，所以以年份为单位的动态数列中不可能有季节变动。

显然，季节指数也呈一数列，其平均水平为 100%。若一个现象受季节性因素影响很大，则表现在季节指数序列有剧烈的波动。为避免偶然因素影响，测定季节变动时，掌握的资料年份数应该尽量多一些，一般需要 3～5 年以上的分月（季）资料。当然，由于多种原因，特定现象的季节性规律也许会发生迁移，所以太长的年份数有时也未必是合适的，反而会淡化近期的季节规律。

测定季节变动的方法从是否排除长期趋势的影响看，可分为两种：一是简单平均法，不排除长期趋势的影响，直接根据原时间序列来测定；二是趋势剔除法，依据消除长期趋势后的时间序列来测定。

(一) 简单平均法

这种方法是测定季节变动最简便的方法。它是以若干年资料数据求出同月（季）的平均水平与全年总月（季）水平，然后对比得出各月（季）的季节指数来表明季节变动的程度。根据月（季）的时间序列，用简单平均法测定季节变动的计算步骤如下：

(1) 分别就每年各月（季）的数值加总后，计算各年的月（季）的平均数；

(2) 将各年同月（季）的数值加总，计算若干年内同月（季）的平均数；

(3) 根据若干年内每个月的数值总计，计算若干年总的月（季）平均数；

(4) 将若干年内同月（季）的平均数与总的月（季）平均数相比，即求得用百分数表示的各月（季）的季节比率，又可以称为季节指数。

例 8-16 某空调销售网点在 2011～2015 年的销售量见表 8-13。用简单平均法计算季节指数。

表 8-13　某空调销售网点在 2011～2015 年的销售量

年份	销售量/台			
	第一季度	第二季度	第三季度	第四季度
2011	202	273	142	105
2012	224	326	150	112
2013	264	348	161	122
2014	312	405	181	128
2015	349	461	192	132

解　依据上述计算步骤, 计算结果见表 8-14。

表 8-14　某空调销售网点在 2011～2015 年销售量季节变动分析

年份	销售量/台				
	第一季度	第二季度	第三季度	第四季度	全年合计
2011	202	273	142	105	722
2012	224	326	150	112	812
2013	264	348	161	122	895
2014	312	405	181	128	1026
2015	349	461	192	132	1134
同季合计	1351	1813	826	599	4589
同季平均	270.2	362.6	165.2	119.8	229.45
季节指数/%	117.76	158.03	72.00	52.21	4

由表 8-14 的资料可知, 该空调销售量夏季是旺季, 秋、冬为淡季, 春季产量回升, 高于平均水平。

(二) 趋势剔除法

在具有明显的长期趋势变动的数列中, 为了测定季节变动, 必须先将趋势变动因素在数列中加以剔除。这种事先剔除趋势变动因素, 而后计算季节比率的方法, 就称为趋势剔除法。

在前面我们已经知道测定趋势值有两种基本途径, 一是通过移动平均法, 二是通过最小平方法确定趋势模型。假定包含趋势变动的时间序列的各影响因素以乘法模型形式组合, 以移动平均法测定趋势值, 则确定季节变动的步骤如下:

(1) 根据时间序列中各年按月 (季) 的数值来计算其 12 个月的 (若是季资料则为 4 个季的) 移动平均数。由于是偶数项移动平均, 所以趋势值 y_c 要分两步求得。

(2) 用时间序列中各月 (季) 的数值 (y) 与其相对应的趋势值 (y_c) 对比, 计算 y / y_c 的百分比数值。

(3) 把 y / y_c 的百分比数值按月 (季) 排列, 计算出各年同月 (季) 的总平均数, 这个平均数就是各月 (季) 的季节比率。

(4) 把各月 (季) 的季节比率加起来, 其总计数应等于 1200% (若为季资料其总计数应等于 400%), 如果不符, 还应把 1200% 与实际加总的各月季节比率相比求出校正系数, 将校正系数分别乘上各月的季节比率, 这样求得的季节比率就是一个剔除了长期趋势影响后的季节比率。

例 8-17 以表 8-12 的数据用移动平均趋势剔除法分析季节变动。

解 首先计算长期趋势 T, 计算过程和结果见表 8-15。

表 8-15 移动平均计算长期趋势

年份	季度	顺序	销售量 Y/百台	趋势值 ($k=4$)	二次移动 T	Y/T
2011	1	1	202			
	2	2	273	180.5		
	3	3	142	186	183.25	0.774898
	4	4	105	199.25	192.625	0.545101
2012	1	5	224	201.25	200.25	1.118602
	2	6	326	203	202.125	1.612863
	3	7	150	213	208	0.721154
	4	8	112	218.5	215.75	0.519119
2013	1	9	264	221.25	219.875	1.200682
	2	10	348	223.75	222.5	1.564045
	3	11	161	235.75	229.75	0.700762
	4	12	122	250	242.875	0.502316
2014	1	13	312	255	252.5	1.235644
	2	14	405	256.5	255.75	1.583578
	3	15	181	265.75	261.125	0.693155
	4	16	128	279.75	272.75	0.469294
2015	1	17	349	282.5	281.125	1.241441
	2	18	461	283.5	283	1.628975
	3	19	192			
	4	20	132			

然后计算季节指数, 结果见表 8-16。

表 8-16 同季平均计算季节指数 (单位: %)

年份	第一季度	第二季度	第三季度	第四季度	合计
2011			77.49	54.51	132.00
2012	111.86	161.29	72.12	51.91	397.17
2013	120.07	156.40	70.08	50.23	396.78
2014	123.56	158.36	69.32	46.93	398.17
2015	124.14	162.90			287.04
同季平均	119.91	159.74	52.88	37.27	100.70
季节指数	119.09	158.64	52.51	37.01	
修正季节指数	129.69	172.76	57.19	40.31	

计算结果与上面的移动平均有所差异，但是基本结论相近。显然，季节变动分析中的两种方法各有特点，前者计算简便，但所求出的季节比率包含长期趋势的影响。后者计算较繁，但却得到了一个反映现象发展过程中的季节变动的缩影——剔除长期趋势后的季节比率。

四、循环变动的测定

循环变动往往存在于一个较长的时期中。循环变动不同于长期趋势，它所表现的不是朝着某一个方向持续上升或下降，而是从低到高，又从高到低的周而复始的近乎规律性的变动。循环变动也不同于季节变动，季节变动一般以一年、一季或一月等为一周期，可以预见。而循环变动没有固定的周期，一般都在数年以上，很难事先预知。因此，对循环变动的分析研究不仅借助于统计分析，还要借助于定性的政治经济分析。

从统计分析的角度来看，循环变动的测定方法有多种，如剩余法、直接法和循环平均法等。不同的方法得出的分析结论有一定的差异，下面介绍最常用的剩余法。

剩余法也称分解法。其基本思路是：利用分解分析的原理，在时间序列中剔除长期趋势和季节变动，然后再消除不规则变动，从而揭示循环变动的特征。即

$$\frac{Y}{T \cdot S} = \frac{T \cdot S \cdot C \cdot I}{T \cdot S} = C \cdot I \tag{8.23}$$

将 $C \cdot I$ 数列进行移动平均修匀，则修匀后的数列即为各期循环变动的系数。

例 8-18 利用表 8-13 中某空调销售网点在 2011～2015 年的销售量数据，用剩余法测定其循环变动。

解 计算结果见表 8-17，计算步骤如下：

第一步，用直接平均法求季节指数 S，列在表中第 (2) 栏。

第二步，剔除季节变动，列在表中第 (3) 栏。

第三步，用最小二乘法对销售量拟合长期趋势值 T，列在表中第 (4) 栏中。

第四步，剔除长期趋势 T，列在表中第 (5) 栏。

第五步，进行移动平均 (取 $k = 3$) 消除不规则变动 I，剩余循环变动 C 列在表中第 (6) 栏。

表 8-17 剩余法测定循环变动计算表

年份	季度	顺序	销售量 Y/百台 (1)	季节指数 S/% (2)	$T \cdot C \cdot I$ (3) = (1) / (2)	长期趋势 T (4)	$C \cdot I$/% (5) = (3) / (4)	循环变动 C/% (6)
	1	1	202	117.76	171.5355	193.3	88.74	
2011	2	2	273	158.03	172.7519	197.1053	87.64	91.52
	3	3	142	72.00	197.227	200.9105	98.17	94.68
	4	4	105	52.21	201.1039	204.7158	98.24	95.87
	1	5	224	117.76	190.2176	208.5211	91.22	95.54
2012	2	6	326	158.03	206.2899	212.3263	97.16	94.92
	3	7	150	72.00	208.3384	216.1316	96.39	97.03
	4	8	112	52.21	214.5109	219.9368	97.53	98.04

续表

年份	季度	顺序	销售量 Y/百台 (1)	季节指数 S/% (2)	$T \cdot C \cdot I$ (3)=(1)/(2)	长期趋势 T (4)	$C \cdot I$/% (5)=(3)/(4)	循环变动 C/% (6)
2013	1	9	264	117.76	224.185	223.7421	100.20	98.17
	2	10	348	158.03	220.2113	227.5474	96.78	97.88
	3	11	161	72.00	223.6165	231.3526	96.66	97.60
	4	12	122	52.21	233.6636	235.1579	99.36	102.30
2014	1	13	312	117.76	264.946	238.9632	110.87	105.27
	2	14	405	158.03	256.2803	242.7684	105.57	106.13
	3	15	181	72.00	251.395	246.5737	101.96	101.81
	4	16	128	52.21	245.1553	250.3789	97.91	105.49
2015	1	17	349	117.76	296.3658	254.1842	116.59	109.19
	2	18	461	158.03	291.7166	257.9895	113.07	110.51
	3	19	192	72.00	266.6731	261.7947	101.86	103.37
	4	20	132	52.21	252.8164	265.6	95.19	

思考与练习

一、思考题

(1) 时期数列与时点数列有哪些区别?

(2) 动态数列采用的分析指标主要有哪些?

(3) 环比增长量和定基增长量有什么关系?

(4) 环比发展速度和定基发展速度之间有什么关系?

(5) 为什么要注意速度指标和水平指标的结合运用?

(6) 测定长期趋势有哪些常用的方法? 测定的目的是什么?

(7) 用移动平均法确定移动项数时应注意哪些问题?

二、练习题

(1) 某企业 2000～2005 年不变价工业总产值的资料见表 8-18。

表 8-18　2000～2005 年不变价工业总产值表

年份	2000	2001	2002	2003	2004	2005
工业总产值/万元	660	700	732	756	780	820

计算 2001～2005 年工业总产值的平均发展水平、年平均增长量及平均增长速度。

(2) 某企业 2010 年 9～12 月月末职工人数资料见表 8-19。

表 8-19　9～12 月月末职工人数表

日期	9 月 30 日	10 月 31 日	11 月 30 日	12 月 31 日
月末人数/人数	1500	1610	1560	1520

计算该企业第四季度的平均职工人数。

(3) 某企业 1~4 月商品销售及人员资料见表 8-20。计算：

表 8-20 1~4 月商品销售及人员资料表

月份	1	2	3	4
商品销售额/万元	300	350	280	250
月初销售员人数/人	40	45	40	42

1) 第一季度该店平均每月商品销售额；

2) 第一季度平均售货员人数；

3) 第一季度平均每个售货员的销售额；

4) 第一季度平均每月每个售货员的销售额。

(4) 某化工企业 2010~2014 年的农药产量资料见表 8-21。

表 8-21 2010~2014 年农药产量资料表

年份	2010	2011	2012	2013	2014
农药产量/百吨	400			484	
环比增长速度/%	—	5			12.5
定基发展速度/%	—		111.3		

利用指标间关系将表中所缺数字补充。

(5) 某企业历年销售收入资料见表 8-22。

表 8-22 某企业历年销售收入表

年份	2010	2011	2012	2013	2014	2015
销售收入/万元	10	12	15	18	20	23

要求：

1) 分别用最二乘法的普通法和简捷法拟合直线方程，并预测该企业 2016 年的销售收入。

2) 比较两种方法的异同。

(6) 某空调专卖店 2010~2012 年各季度销售额见表 8-23。

表 8-23 2010~2012 年各季度销售额 （单位：万元）

年份	一季度	二季度	三季度	四季度
2010	51	75	87	54
2011	65	67	82	62
2012	76	77	89	73

要求：

1) 计算季节指数；

2) 计算 2012 年无季节变动情况下的销售额。

第九章 统计指数

第一节 统计指数概述

一、统计指数的概念和性质

(一) 指数的概念

统计指数也称经济指数，它是一个完全不同于数学指数的概念。统计指数是用来分析社会经济现象数量变动的对比性指标。简单地说，统计指数就是对有关现象进行比较分析的一种相对比率。从广义上讲，一切比较相对数均可称之为统计指数。在统计理论和统计实践的发展进程中，统计指数的分析对象也随之发生变化。1675 年，英国经济学家莱斯 (Rice Vaughan) 将 1650 年的谷物、家畜、鱼类、布帛与皮革等商品的价格分别与 1352 年的价格相比较来考察商品价格的变动情况，这可以看做是统计指数的萌芽。当前，统计指数在经济分析的各个领域里已得到广泛的应用，是一种常用且重要的分析指标。例如，人们所熟知的股票指数，是综合反映股票市场变动情况的统计指标，受到广泛的关注，被称为一国政治经济情况的晴雨表。再如人们通过商品价格指数，可掌握和了解市场价格的动态、货币流通量的状况以及对居民生活的影响；通过经济增长指数，分析经济增长水平等。可见，最早的统计指数是由研究物价变动、计算物价指数开始的，后来逐渐扩大到产量、成本、劳动生产率等指数的计算。同时，物价指数也由最初反映一种商品的价格变动指标，逐渐扩展到反映多种商品价格的综合变动指标，并且从动态研究逐渐扩展为同一时间不同地区之间的静态对比。

(二) 指数的性质

正确应用指数的统计方法，必须要对指数性质有深刻的了解，概括地讲，指数具有以下性质。

第一，相对性。指数是总体各变量在不同场合下对比形成的相对数，它可以度量一个变量在不同时间或不同空间的相对变化，如一种商品的价格指数或数量指数，这种指数称为个体指数；它也可用于反映一组变量的综合变动，如消费价格指数反映一组指定商品和服务的价格变动水平，这种指数称为综合指数。总体变量在不同时间上对比形成的指数称为时间性指数，在不同空间上对比形成的指数称为区域性指数。

第二，综合性。指数是反映一组变量在不同场合下的综合变动水平，这是就狭义的指数而言的，它也是指数理论和方法的核心问题。实际中所计算的主要是这种指数。没有综合性，指数就不可能发展成为一种独立的理论和方法论体系。综合性说明指数是一种特殊的相对数，它是由一组变量或项目综合对比形成的。比如，由若干种商品和服务构成的一组消费项目，通过综合后计算价格指数，以反映消费价格的综合变动水平。

第三，平均性。指数是总体水平的一个代表性数值。平均性的含义有二：一是指数进行比较的综合数量是作为个别量的一个代表，这本身就具有平均的性质；二是两个综合量对比形成的指数反映了个别量的平均变动水平，比如物价指数反映了多种商品和服务项目价格的平均变动水平。

二、统计指数作用

统计指数的作用主要可以表现为以下几个方面：

(1) 运用统计指数可以分析复杂经济现象总体的变动方向和程度。例如，股票价格的变动是一种复杂现象，通过编制股票价格指数可以反映股票市场价格总变动的情况。再比如，商品销售额、商品销售量、商品价格水平的变动都是复杂的经济现象，通过编制统计指数就能反映其总体的变动方向和程度。

(2) 运用统计指数可以分析复杂经济现象总体变动中各个因素的变动，以及它们的变动对总体变动的影响程度。复杂现象总体的变动是各种因素综合影响的结果，而各种因素自身变动的速度和变动方向常常是不一致的，对总体变动的影响也不同。例如，商品销售额是销售量和销售价的乘积；产品总成本是产品产量与单位成本的乘积；产品产值是劳动量与劳动生产率的乘积或产品产量与产品价格的乘积等。将不同时期的商品销售额、产品总成本、产品产值进行比较，就能反映其总体的变动方向和变动程度。如某地区 2010 年商品销售额对比 2009 年为 110.9%，说明 2010 年该地区商品销售额的增长幅度为 10.9%。这个变动是销售量与价格两个因素共同作用的结果，借助于统计指数法可以深入分析和测定这两个因素的变动及其对销售额变动所带来的影响。

(3) 运用统计指数可以分析复杂现象平均水平的变动中各个因素的变动，以及它们的变动对总平均水平变动的影响程度。例如，城镇就业人口平均工资水平的变动，既受各行业职工工资水平变动的影响，也受各行业职工构成变动的影响。借助于统计指数法，就能对全体就业人口的工资水平变动进行分析，同时分析各行业职工平均工资变动及其对全体就业人口平均工资变动的影响，分析各行业职工所占比重的变动及其对全体就业人口平均工资的影响。

(4) 运用统计指数可以分析复杂经济现象总体在长时期内的发展变化趋势。借助连续编制的动态指数形成的指数数列，可以反映现象长时间的发展变化趋势。同时，如果把两个相互联系的指数数列 (如居民收入指数和价格指数) 加以比较，还可以进一步认识复杂现象总体之间数量上的变动关系。

三、统计指数的分类

指数的种类很多, 可以按不同的标志作不同的分类。

(1) 统计指数按所考察的范围不同, 可以分为个体指数与总指数。

个体指数是仅考察总体中单个事物或单个项目某一数量对比关系的相对数, 也就是一般的相对数或广义的指数, 如电视机产量指数、大米价格指数、某种产品产量计划完成指数等。

总指数则是通过总体数量对比关系来反映总体某种数量综合变动情况的相对数, 也就是狭义上的指数, 如商品零售价格指数、居民消费价格指数等。根据计算的方式不同, 总指数可分为未加权指数 (简单指数) 和加权指数两种。未加权指数是总体各事物或各项目指数化因素的报告期数值之和 (或简单算术平均数) 与基期数值之和 (或简单算术平均数) 之比, 或者是总体各事物或各项目指数化因素的个体指数的简单平均数 (可以是算术平均、调和平均或几何平均), 而加权指数则是赋予总体各事物或各项目不同的权数, 采用适当的加权方法计算出总指数。我们目前采用的主要是加权指数。

按照编制的方法不同 (主要由于所掌握的数据资料条件不同), 总指数 (加权指数) 又分为综合指数和平均指数两种。综合指数是应用综合法由两个总量指标对比而形成的指数, 平均指数是应用加权平均法由个体指数 (或组指数) 的加权平均而形成的指数。综合指数与平均指数是统计指数的重点内容。

当然, 个体指数与总指数的区分是相对的, 这是由个体与总体关系的相对性所决定的。事实上, 介于个体指数与总指数之间还有组指数等。组指数也称类指数, 是综合反映总体内某一类现象变动的相对数, 如食品类、衣着类、服务类价格指数等, 组指数通常也是编制总指数的中间环节, 其编制方法与总指数相同。例如, 在居民消费价格指数中, 服务价格指数就是其中的一个类指数。

(2) 统计指数按指数化指标的性质不同, 可以分为数量指标指数与质量指标指数。

所谓指数化指标, 也称为指数化因素, 就是在指数中要反映其数量变化或对比关系的指标, 例如, 在居民消费价格指数中, "价格"就是指数化指标, 在股票成交量指数中, "成交量"就是指数化指标。由于指标的性质不外乎数量指标和质量指标两种, 所以按指数化指标的性质不同, 统计指数也就可以分为数量指标指数与质量指标指数两种。

数量指标指数就是指数化指标为某一数量指标的指数, 也即反映总体某种数量指标变动的指数, 如产品产量指数、商品销售量指数、能源消耗量指数等。

质量指标指数就是指数化指标为某一质量指标的指数, 也即反映总体某种质量指标变动的指数, 如商品零售价格指数、产品单位成本指数、股票价格指数、劳动生产率指数等。

(3) 统计指数按对比的性质不同, 可以分为动态指数与静态指数。

动态指数也叫时间指数, 是通过不同时间上的同类现象水平对比来计算的指数, 考察的是同类现象的某种数量在不同时间上的发展变化情况。动态指数是最为常见的指数, 商品零售价格指数、股票价格指数、居民消费价格指数、房地产价格指数等都是动态指数。动态指数按照所采用基期是否固定又可分为定基指数和环比指数两种，以某一固定时期作为对比基期的指数就是定基指数，以前一期作为对比基期的指数就是环比指数。

静态指数则包括空间指数与计划完成指数两种。空间指数是通过不同空间 (如不同国家、不同区域、不同企业) 上的同类现象水平对比来计算的指数，考察的是同类现象的某种数量在不同空间上的发展变化情况或差异程度。例如，地区人均 GDP 比较指数、地区价格比较指数等，都是空间指数。计划完成指数则是现象的实际水平与计划水平对比的结果，考察计划目标实现的程度。例如，能耗降低计划完成指数、全面小康建设进程指数等，就属于这一类。

第二节　综合指数的编制与应用

一、综合指数的编制特点

综合指数是通过两个具有经济意义并紧密联系的总量指标对比求得的指数。

计算综合指数的分子和分母都是由两个或两个以上因素 (或指标) 所决定的总量指标 (尤其是价值总量指标)，其中的一个因素 (或指标) 就是指数化因素或指数化指标，其他因素则是把不能直接相加的指数化因素转化为能直接相加的量的因素，称为同度量因素。由于综合指数反映的是复杂现象总体某一因素的数量总变动，所以要求分子、分母的研究对象 (如商品)、资料范围等必须一致，并且具备完整的各因素不同时间或空间的数据。

编制综合指数的特点是：先综合，后对比。所谓先综合就是要先通过同度量因素，把总体中不能直接相加的各事物或各项目的指数化因素综合成为能直接相加的总量指标，解决复杂现象总体内各事物或各项目的数量不能直接相加或相加后不可比的问题。例如，要编制物价指数以反映商品价格的变化，由于不同商品 (即事物或项目) 的价格 (即指数化因素) 不能直接相加，所以无法进行对比，必须先借助商品销售量这个同度量因素把它转化为商品销售额这个能直接相加的量，进而综合为可比的商品销售总额。同样，如果要编制商品销售量指数以反映商品销售量的变化，也要先把不能直接相加的不同商品的销售量，通过商品价格这个同度量因素转化为销售额这个能相加的量，再综合为可比的商品销售总额。所谓后对比，就是在得到可比的总量指标的基础上，通过固定同度量因素的时间 (或空间)，选择两个合适的总量指标进行对比来得到所需要的指数。在对比时，处于分子的指数化因素属于报告期 (或属于要考察的空间)，处于分母的指数化因素则属于基期 (或属于作为参照的空间)。

关于同度量因素还需要说明以下几点：一是在决定总量指标的各因素中，指数化因素与同度量因素的区分是相对的，实际上他们是互为同度量因素。例如，在决定商品销售总额的因素中, 商品的价格以销售量为同度量因素, 商品销售量以价格为同度量因素; 在决定生产总成本 (生产多种不同产品) 的因素中, 产品单位成本以产量为同度量因素, 产品产量以单位成本为同度量因素。二是在编制综合指数时, 同度量因素的时间或空间必须加以固定, 即分子、分母总量指标中的同度量因素的数量是相同的, 只有这样才能反映指数化因素的变化情况。至于如何固定同度量因素的时间或空间, 则有多种不同的方法, 稍后将择要加以介绍。三是同度量因素在起到同度量的同时, 也起到一定的加权作用, 即指数化因素与同度量因素乘积大 (小) 的事物或项目, 其指数化因素变动对总指数的影响就大 (小)。四是在两因素的问题中, 确定同度量因素的性质 (数量化因素还是质量化因素) 比较容易, 而在超过两个因素的问题中, 确定同度量因素的性质就困难一些, 必须注重各因素的内在联系关系。例如, 企业总能耗支出取决于产品产量、单位产品能耗量和能耗单价三个因素, 从他们的内在联系关系出发, 我们可以认为: 相对于产品产量, 后两者是质量化因素; 相对于能耗单价, 前两者是数量化因素; 相对于单位产品能耗, 前者是数量化因素, 后者是质量化因素。

二、综合指数的编制方法

在两因素的综合指数中, 习惯上以 q 表示数量化因素, 以 p 表示质量化因素, 以 1 表示报告期 (或所要考察的空间), 以 0 表示基期 (或参照的空间), 以 I 表示指数, 以 I_q 表示数量指标指数, 以 I_p 表示质量指标指数。

由于对如何固定同度量因素的时间有很多种不同的意见, 所以综合指数也有很多种不同的形式或编制方法, 其中最主要的有拉氏指数、帕氏指数、理想指数、马埃指数和杨格指数这五种形式, 尤其是拉氏指数和帕氏指数最为常用。

(一) 拉氏指数和帕氏指数

1. 拉氏指数

拉氏指数 (简记为 L), 是德国经济统计学家拉斯佩雷斯 (E.Laspeyres) 在 1864 年提出的, 后人以他的名字来命名该指数。拉氏指数公式的特点是将同度量因素固定在基期水平上, 因此也称基期综合指数, 公式具体形式如下:

$$L_p = \frac{\sum p_1 q_0}{\sum p_0 q_0} \tag{9.1}$$

$$L_q = \frac{\sum p_0 q_1}{\sum p_0 q_0} \tag{9.2}$$

例 9-1 设某便利店基期年和报告期三种商品的零售价格和销售量资料如表 9-1 所示。要求用拉氏综合指数形式编制商品价格指数和商品销售量指数。

表 9-1 某便利店三种商品的价格和销售量

商品名称	计量单位	销售量		单价/元	
		基期	报告期	基期	报告期
啤酒	箱	130	160	20	30
糖果	kg	25	30	10	12
大米	kg	100	110	3	3.5

解 根据表 9-1 数据，拉氏指数计算过程见表 9-2。

表 9-2 拉氏指数计算表

商品名称	计量单位	销售量		销售价格/元		销售额/元			
		q_0	q_1	p_0	p_1	p_0q_0	p_1q_1	p_0q_1	p_1q_0
啤酒	箱	130	160	20	30	2600	4800	3200	3900
糖果	kg	25	30	10	12	250	360	300	300
大米	kg	100	110	3	3.5	300	385	330	350
合计	—	—	—	—	—	3150	5545	3830	4550

根据式 (9.1)，得商品价格指数为

$$L_p = \frac{\sum p_1 q_0}{\sum p_0 q_0} = \frac{4550}{3150} = 144.44\%$$

根据式 (9.2)，得商品销售量指数为

$$L_q = \frac{\sum p_0 q_1}{\sum p_0 q_0} = \frac{3830}{3150} = 121.59\%$$

计算结果表明，与基期相比，该便利店三种商品的零售价格平均上涨了 44.44%，销售量平均上涨了 21.59%。

拉氏指数的特点是，由于同度量因素的时间固定在基期，所以能单纯反映指数化因素的变动情况；尤其是用于编制定基指数时，可以确保各期指数的权数相同，能够比较客观地反映指数化因素较长时期的变化过程。但拉氏指数也存在一定的缺陷。比如，物价指数是在假定销售量不变的情况下报告期价格的变动水平，这一指数尽管可以单纯反映价格的变动水平，但不能反映出消费量的变化。从实际生活角度看，人们更关心在报告期销售量条件下价格变动对实际生活的影响。因此，拉氏价格指数在实际中应用得很少。而拉氏数量指数是假定在价格不变的条件下报告期销售量的综合变动，它不仅可以单纯反映出销售量的综合变动水平，也符合计算销售量指数的实际要求。因此，拉氏数量指数在实际中应用得较多。

2. 帕氏指数

帕氏指数 (简记为 P)，是德国的另一位经济统计学家帕舍 (H.Paasche) 继拉斯佩雷斯之后在 1874 年提出的，后来的人也以他的名字来命名该指数。与拉氏指数不同之处是，帕氏指数将同度量因素固定在报告期水平上，因此也称报告期综合指数。公式具体形式如下：

$$P_p = \frac{\sum p_1 q_1}{\sum p_0 q_1} \tag{9.3}$$

$$P_q = \frac{\sum p_1 q_1}{\sum p_1 q_0} \tag{9.4}$$

例 9-2 根据表 9-1、表 9-2 所示数据，要求用帕氏综合指数形式编制商品价格指数和商品销售量指数。

解 根据式 (9.3)，得帕氏商品价格指数为

$$P_p = \frac{\sum p_1 q_1}{\sum p_0 q_1} = \frac{5545}{3830} = 144.78\%$$

根据式 (9.4)，得帕氏商品销售量指数为

$$P_q = \frac{\sum p_1 q_1}{\sum p_1 q_0} = \frac{5545}{4550} = 121.87\%$$

计算结果表明，与基期相比，该便利店三种商品的零售价格平均上涨了 44.78%。销售量平均上涨了 21.87%。

帕氏指数因以报告期变量值为权数，所以不能消除权数变动对指数的影响，因而不同时期的指数缺乏可比性。但帕氏指数可以同时反映出价格和消费结构的变化，具有比较明确的经济意义。在实际应用中，常采用帕氏公式计算价格、成本等质量指数。而帕氏数量指数由于包含了价格的变动，意味着按调整后的价格来测定物量的综合变动，这本身不符合计算物量指数的目的，因此帕氏数量指数在实际中应用得较少。

从上面的计算和分析中可以看到，采用不同时期的权数所得计算结果是有一定差别的。但从实际应用的角度看，计算数量指数时大多采用式 (9.2)，而计算质量指数时大多采用式(9.3)。

(二) 其他编制方法

其他编制方法主要包括理想指数、马埃指数和杨格指数等，简要介绍如下。

1. 理想指数

理想指数 (简记 F)，由美国经济学家沃尔什 (G. M. Walsh) 和庇古 (P. C. Pigou) 等人于 1901～1902 年先后提出，后来美国经济学家费雪 (Irving Fisher) 比较验证了其优良性后，将它命名为理想公式，也称为费雪指数。理想指数是对拉氏指数和帕氏指数的几何平均。公式具体形式如下：

$$F_p = \sqrt{\frac{\sum p_1 q_1}{\sum p_0 q_1} \times \frac{\sum p_1 q_0}{\sum p_0 q_0}} \tag{9.5}$$

$$F_q = \sqrt{\frac{\sum p_1 q_1}{\sum p_1 q_0} \times \frac{\sum p_0 q_1}{\sum p_0 q_0}} \tag{9.6}$$

2. 马埃指数

马埃指数(简记为 E),由英国著名经济学家马歇尔 (A.Marshall) 和埃奇沃斯 (F.Y.Edgeworth) 等人于 1887～1890 年提出。该指数对拉氏指数和帕氏指数的同度量因素进行简单平均。公式具体形式如下:

$$E_p = \frac{\sum p_1 \dfrac{q_0 + q_1}{2}}{\sum p_0 \dfrac{q_0 + q_1}{2}} = \frac{\sum p_1 (q_0 + q_1)}{\sum p_0 (q_0 + q_1)} = \frac{\sum p_1 q_0 + \sum p_1 q_1}{\sum p_0 q_0 + \sum p_0 q_1} \tag{9.7}$$

$$E_q = \frac{\sum q_1 \dfrac{p_0 + p_1}{2}}{\sum q_0 \dfrac{p_0 + p_1}{2}} = \frac{\sum q_1 (p_0 + p_1)}{\sum q_0 (p_0 + p_1)} = \frac{\sum p_0 q_1 + \sum p_1 q_1}{\sum p_0 q_0 + \sum p_1 q_0} \tag{9.8}$$

3. 杨格指数

杨格指数也称为固定权数综合指数,由英国经济学家杨格 (A. Young) 提出。在固定加权综合指数中,同度量因素所属时期既不固定在报告期也不固定在基期,而是固定在一个特定的水平上。公式具体形式如下:

$$I_p = \frac{\sum p_1 q_n}{\sum p_0 q_n} \tag{9.9}$$

$$I_q = \frac{\sum p_n q_1}{\sum p_n q_0} \tag{9.10}$$

其中, q_n, p_n 表示特定时期的数量和质量指标,保证同度量因素不因比较时期 (报告期或基期) 的改变而改变。

三、综合指数的主要应用

上述各种形式的综合指数各有不同的特点,在实际分析应用时应加以选择。综合指数的应用很广,下面简单介绍两种常用的综合指数。

(一) 工业生产指数

工业生产指数概括反映了一个国家或地区各种工业产品产量的综合变动程度,它是衡量经济增长水平的重要指标之一。世界各国都非常重视工业生产指数的编制,但采用的编制方法却不完全相同。

我国在 1995 年以前,采用综合指数中的杨格指数形式来编制工业生产指数。其基本编制过程是:首先,对各种工业产品分别制定相应的不变价格标准 (记为 p_n);然后,逐项计算各种产品的不变价格产值,加总起来就得到全部工业产品的不变价格总产值;将不同时期的不变价格总产值加以对比,就得到相应时期的工业生产指数。

记 t 时期的不变价格总产值为 $\sum q_t p_n (t = 0, 1, 2, \cdots)$，则该时期的工业生产指数就是固定加权综合指数的形式

$$I_{q_1} = \frac{\sum q_t p_n}{\sum q_0 p_n} \tag{9.11}$$

$$I_{q_2} = \frac{\sum q_t p_n}{\sum q_{t-1} p_n} \tag{9.12}$$

公式 (9.11) 是与某个固定时期比较的生产指数，也称定基指数；公式 (9.12) 是与前一期比较的生产指数，也称环比指数。

采用不变价格法编制工业生产指数的特点是，只要具备了完整的不变价格产值资料，就能够很容易地计算出有关的生产指数；而且可以在不同层次上 (如各地区、各部门、各企业等) 进行编制，满足各方面的分析需要。然而，不变价格的制定和不变价格产值的计算本身却是一项非常浩繁的工作，这项工作又必须连续不断地、全面地展开，其难度可想而知。新中国成立后，我国先后采用过 1952 年、1957 年、1965 年、1970 年、1980 年和 1990 年的不变价格。但由于工业产品繁多、更新换代速度加快，不变价与实际价之间的差距越来越大，不变价的工业生产指数逐步暴露出了不能真实反映工业发展速度的缺点，因而 1995 年以后逐步被加权算术平均指数所替代。

(二) 股票价格指数

股票作为一种特殊的金融商品，也有价格。广义的股票价格包括票面价格、发行价格、账面价格、清算价格、内在价格、市场价格等。狭义的股票价格，即通常所说的市场价格，也称股票行市。它完全随股市供求行情变化而涨落。股票价格指数是根据精心选择的那些具有代表性且敏感性强的样本股票某时点平均市场价格计算的动态相对数，用以反映某一股市股票价格总的变动趋势。股价指数的单位习惯上用 "点" 表示，即以基期为 100 (或 1000)，每上升或下降 1 个单位称为 1 点。股价指数计算的方法很多，但一般以发行量为权数进行加权综合。其公式为

$$I_p = \sum p_{1i} q_i / \sum p_{0i} q_i \tag{9.13}$$

式中，p_{1i} 和 p_{0i} 分别为报告期和基期样本股的平均价格，q_i 为第 i 种股票的报告期发行量 (也有采用基期的)。

例如，美国标准普尔指数包括 500 支股票，采用拉氏综合指数公式 (即把发行量固定在基期)；我国的上证综合指数和深证综合指数都包括全部上市股票，采用帕氏综合指数公式。

第三节 平均指数的编制与应用

一、平均指数的编制特点

平均指数是计算总指数的另一种形式，是个体指数的加权平均数。它具体又分为加权

算术平均指数和加权调和平均指数两种。需要指出的是，平均指数是与综合指数并列的，是由于编制总指数的资料条件不同而采用的一种方式，并不是对平均数求指数，那是平均指标指数所要讨论的内容。从某种意义上说，平均指数是综合指数的变形和发展。

编制平均指数的特点是先对比，后综合。所谓先对比，就是先计算出所研究现象总体中各事物或各项目的指数化因素的个体指数，获得反映单个事物或单个项目指数化因素数量变动的相对数；所谓后综合，就是通过选择适当的权数，采用适当的加权方法，对指数化因素的个体指数进行加权平均，把单个的个体指数综合成为总指数。可见，在平均指数的编制过程中，加权平均只是获得总指数的一种方法，是把个体指数综合成为总指数的一种手段。综合的过程就是平均的过程。实际上，针对同一现象总体和相同的指数编制范围，综合指数与平均指数的结果应该是一致的。如果能够具备编制范围内各事物或各项目的所有各因素的基期、报告期数据资料，可用综合指数公式计算。如果只能掌握各事物或各项目的个体指数数据以及相应的权数资料，则要通过平均指数的形式来编制。

平均指数与综合指数都是计算总指数的形式，它们之间既有联系又有区别。两者的联系是，在一定条件下两种指数公式存在变形关系，两者的区别是出发点不同。综合指数是从复杂现象总体总量出发，固定同度量因素，以观察指数化因素的变动情况。而平均指数则是从独立的个体事物出发，对个体数量的变化比率进行加权平均，以观察总体数量的平均变化。因此，平均指数有其自身的特点与应用价值。

二、平均指数的编制方法

平均指数中作为权数的总量通常是两个变量的乘积，它可以是价值总量，如商品销售额（销售价格与销售量的乘积）、工业总产值（出厂价格与生产量的乘积），也可以是其他总量，如农产品总产量（单位面积产量与收获面积的乘积）等。而其中的个体指数可以是个体质量指数，也可以是个体数量指数。加权平均指数因权数所属时期的不同，有下面几种计算形式。

(一) 基期总量加权

基期总量加权指数是以基期总量为权数对个体指数加权平均计算出来的。由于这一指数在计算形式上采用了算术平均形式，故也被称为加权算术平均指数。

设基期总量权数为 $p_0 q_0$，个体质量指数为 $\dfrac{p_1}{p_0}$，个体数量指数为 $\dfrac{q_1}{q_0}$，则基期总量加权的质量指数和数量指数的一般公式为

$$I_p = \frac{\sum \dfrac{p_1}{p_0} p_0 q_0}{\sum p_0 q_0} \tag{9.14}$$

$$I_q = \frac{\sum \dfrac{q_1}{q_0} p_0 q_0}{\sum p_0 q_0} \tag{9.15}$$

例 9-3 根据表 9-1、表 9-2 所示数据，要求用基期总量加权形式编制商品价格指数和

商品销售量指数。

解　计算过程如表 9-3 所示。

表 9-3　某便利店三种商品的销售数据

商品名称	计量单位	销售量		销售价格/元		销售额/元		个体销量指数	个体价格指数
		q_0	q_1	p_0	p_1	p_0q_0	p_1q_1	q_1/q_0	p_1/p_0
啤酒	箱	130	160	20	30	2600	4800	123.08%	150.00%
糖果	kg	25	30	10	12	250	360	120.00%	120.00%
大米	kg	100	110	3	3.5	300	385	110.00%	116.67%
合计	—					3150	5545		

根据式 (9.14)，得

$$I_p = \frac{\sum \dfrac{p_1}{p_0} p_0 q_0}{\sum p_0 q_0} = \frac{2600 \times 150\% + 250 \times 120\% + 300 \times 116.67\%}{2600 + 250 + 300}$$
$$= 144.44\%$$

根据式 (9.15)，得

$$I_q = \frac{\sum \dfrac{q_1}{q_0} p_0 q_0}{\sum p_0 q_0} = \frac{2600 \times 123.08\% + 250 \times 120\% + 300 \times 110\%}{2600 + 250 + 300}$$
$$= 121.59\%$$

这两式的计算结果和前面拉氏指数的计算结果完全相同。不难发现，这是因为当个体指数与总值权数之间存在严格的一一对应关系时，采用基期总值加权的平均指数，可以看成拉氏综合指数的变形。但需要指出的是，算术平均指数不仅仅是综合指数的变形，在许多场合下它还是一种相对独立的总指数编制方法，具有比综合指数更广泛的适用性。以价格指数为例，其计算公式可变形为

$$I_p = \frac{\sum \dfrac{p_1}{p_0} p_0 q_0}{\sum p_0 q_0} = \frac{\sum p_1 q_0}{\sum p_0 q_0} \tag{9.16}$$

$$I_p = \frac{\sum \dfrac{p_1}{p_0} p_0 q_0}{\sum p_0 q_0} = \sum \frac{p_1}{p_0} \frac{p_0 q_0}{\sum p_0 q_0} = \sum \frac{p_1}{p_0} \lambda \tag{9.17}$$

从式 (9.16) 可以看出，算术平均指数可以变形为拉氏综合指数。从式 (9.17) 可以发现，算术平均指数不仅可以用绝对权数加权，也可以用相对权数 λ 加权。而相对权数可以根据全面资料确定，也可以根据非全面资料确定。在特定情况下，还可以将相对权数加以固定，大大便于指数的编制工作。这是综合指数所不具备的。

(二) 报告期总量加权

报告期总量加权是以报告期总量为权数对个体指数加权平均计算出来的。由于这一指数在计算形式上采取了调和平均形式，故也被称为加权调和平均指数。

设报告期总量权数为 p_1q_1, 个体质量指数为 $\dfrac{p_1}{p_0}$, 个体数量指数为 $\dfrac{q_1}{q_0}$, 则报告期总量加权的质量指数和数量指数的一般公式为

$$I_p = \frac{\sum p_1q_1}{\sum \dfrac{1}{p_1/p_0}p_1q_1} \tag{9.18}$$

$$I_q = \frac{\sum p_1q_1}{\sum \dfrac{1}{q_1/q_0}p_1q_1} \tag{9.19}$$

例9-4　根据表9-3所示数据, 要求用报告期总量加权形式编制商品价格指数和商品销售量指数。

解　根据式(9.18)得

$$I_p = \frac{\sum p_1q_1}{\sum \dfrac{1}{p_1/p_0}p_1q_1} = \frac{4800 + 360 + 385}{\dfrac{4800}{150\%} + \dfrac{360}{120\%} + \dfrac{385}{116.67\%}} = 144.78\%$$

根据式(9.19)得

$$I_q = \frac{\sum p_1q_1}{\sum \dfrac{1}{q_1/q_0}p_1q_1} = \frac{4800 + 360 + 385}{\dfrac{4800}{123.08\%} + \dfrac{360}{120\%} + \dfrac{385}{110\%}} = 121.87\%$$

这两式的计算结果和前面帕氏指数的计算结果完全相同。不难发现, 这也是因为当个体指数与总值权数之间存在严格的一一对应关系时, 编制平均指数和综合指数的原理是相互贯通的。

三、平均指数的主要应用

(一) 居民消费价格指数

居民消费价格指数 (CPI) 是反映一个国家或地区一定时期内居民家庭所购买的生活消费品和服务项目的价格变动趋势与程度的一种指数, 在国外也有称为居民消费者价格指数。由于居民消费价格指数不仅可以反映居民消费品与服务价格的变化, 还可用于反映一个国家或地区通货膨胀状况、货币购买能力和对居民实际收入的影响, 是研究人民生活水平, 监测社会经济发展稳定性, 进行宏观经济分析和政府制定有关财政、货币、消费、工资、社会保障等政策的重要依据, 因此各国都非常重视居民消费价格指数的编制。除了编制总的居民消费价格指数外, 还可分别编制城市居民消费价格指数与农村居民消费价格指数。

我国的居民消费价格指数是采用固定加权算术平均指数方法来编制的, 涵盖全国城乡居民生活消费的食品、烟酒及用品、衣着、家庭设备用品及维修服务、医疗保健和个人用

品、交通和通信、娱乐教育文化用品及服务、居住等八大类、262 个基本分类的商品与服务价格。数据来源于全国 31 个省 (区、市) 500 个市县、6.3 万家价格调查点，包括食杂店、百货店、超市、便利店、专业市场、专卖店、购物中心以及农贸市场与服务消费单位等。指数编制所需的数据资料采用抽样调查和重点调查相结合的方法取得，即在全国选择不同经济区域和分布合理的地区，以及有代表性的商品作为样本，对其市场价格进行定期调查，以样本推断总体。主要编制过程和特点如下：

(1) 从 2011 年 1 月起，我国 CPI 开始计算以 2010 年为对比基期的价格指数序列。这是自 2001 年计算 CPI 定基价格指数以来，第二次进行基期例行更换，首轮基期为 2000 年，第二轮基期为 2005 年。调整基期是为了更容易比较。因为对比基期越久，价格规格品变化就越大，可比性就会下降。选择逢 0 逢 5 年度作为计算 CPI 的对比基期，目的是与我国国民经济和社会发展五年规划保持相同周期，便于数据分析与使用。

(2) 根据 2010 年全国城乡居民消费支出调查数据以及有关部门的统计数据，按照制度规定对 CPI 权数构成进行了相应调整。其中居住提高 4.22 个百分点，食品降低 2.21 个百分点，烟酒降低 0.51 个百分点，衣着降低 0.49 个百分点，家庭设备用品及服务降低 0.36 个百分点，医疗保健和个人用品降低 0.36 个百分点，交通和通信降低 0.05 个百分点，娱乐教育文化用品及服务降低 0.25 个百分点。

(3) 根据各选中调查市县 2010 年最新商业业态、农贸市场以及服务消费单位状况，按照国家统一规定的原则和方法，增加了 1.3 万个调查网点。采集全国 CPI 价格的调查网点(包括食杂店、百货店、超市、便利店、专业市场、专卖店、购物中心以及农贸市场与服务单位等) 达到 6.3 万个。

采用固定加权算术平均公式，依次编制各小类、中类的消费价格指数和消费价格总指数

$$I_q = \frac{\sum i_q \cdot w}{\sum w} = \frac{\sum i_q \cdot w}{100} \tag{9.20}$$

我国零售商品价格指数的编制方法与居民消费价格指数类似。表 9-4 是我国 2014 年全国以及城市、农村的居民消费价格指数。

表 9-4　居民消费价格分类指数 (2014 年)　(上年指数 = 100)

项目	全国	城市	农村
居民消费价格指数	102.0	102.1	101.8
食品	103.1	103.3	102.6
粮食	103.1	103.2	103.1
油脂	95.1	94.9	95.4
肉禽及其制品	100.4	100.6	99.7
蛋	110.4	110.4	110.3
水产品	104.4	104.5	104.0

续表

项目	全国	城市	农村
菜	99.2	99.2	99.3
糖	100.1	100.4	99.4
茶及饮料	101.8	101.7	102.1
干鲜瓜果	114.1	114.1	113.9
液体乳及乳制品	108.5	108.9	106.6
烟酒及用品	99.4	99.3	99.5
烟草	100.2	100.1	100.3
酒	98.2	98.1	98.5
衣着	102.4	102.4	102.4
服装	102.6	102.6	102.4
鞋袜帽	101.9	102.0	101.8
家庭设备用品及维修服务	101.2	101.2	101.2
耐用消费品	100.3	100.2	100.6
室内装饰品	100.0	99.7	100.8
家庭服务及加工维修服务	107.3	107.6	106.1
医疗保健和个人用品	101.3	101.2	101.5
医疗保健	101.7	101.7	101.7
个人用品及服务	100.4	100.2	101.0
交通和通信	99.9	99.8	100.0
交通	100.2	100.2	100.4
通信	99.4	99.3	99.5
娱乐教育文化用品及服务	101.9	101.9	101.7
文娱用耐用消费品及服务	97.3	96.9	98.6
教育	102.4	102.6	101.9
文化娱乐	101.3	101.3	101.1
旅游	105.0	104.8	105.9
居住	102.0	102.1	101.9
建房及装修材料	101.0	101.1	100.9
住房租金	103.3	103.2	103.3
自有住房	103.0	102.8	103.5
水电燃料	100.7	100.9	100.0

资料来源：中华人民共和国国家统计局. 2015. 中国统计年鉴 2015. 北京：中国统计出版社.

(二) 工业生产指数

前面已经提到，我国 1995 年以后采用加权算术平均指数形式来编制工业生产指数。具体步骤是在产品分类的基础上逐层计算各相应指数，即先计算产品个体指数，再由个体指数计算类指数，最后由类指数或大类指数计算出反映整个工业发展速度的总指数。权数是各相应的基期增加值。

计算公式为

$$I_q = \frac{\sum i_q \cdot p_0 q_0}{\sum p_0 q_0} \tag{9.21}$$

其中, i_q 为各种工业品的个体产量指数, $p_0 q_0$ 则为相应产品的基期增加值。编制这种工业生产指数的目的是说明工业增加值中物量因素的综合变动程度, 其分析意义与一般的工业总产量指数是不同的。

在实践中, 为了简化指数的编制工作, 常常以各种工业品的增加值比重作为权数, 并且将这种比重权数相对固定起来, 连续地编制各个时期的工业生产指数

$$I_q = \frac{\sum i_q \cdot w}{\sum w} \tag{9.22}$$

这里运用了"固定加权算术平均指数"。

第四节 指数体系与因素分析

一、指数体系

(一) 指数体系的概念

一种现象的变动, 往往会受到两个或更多因素共同变动的影响, 这种变动与影响可以通过数量表现出来。因此, 反映现象总体总变动的指数和反映各因素变动的指数之间就具有一定的联系。这种联系常可表现为一定的统计指数体系, 个体指数之间存在这种联系, 总指数之间也存在这种联系。例如, 我们知道,

商品销售额 = 商品销售量 × 商品价格

产品总成本 = 产品生产量 × 单位成本

等式左边是受多因素影响的现象, 等式右边则是它的两个因素。静态上的这种数量联系, 在动态上同样存在, 即商品销售额的变动一定是由商品销售量和商品价格这两个因素的变动引起的, 产品总成本的变动一定是由产品生产量和单位成本这两个因素的变动引起的。由于现象的总变动和因素的变动都可以通过前面介绍的统计指数的形式来反映, 所以, 现象与影响因素之间的动态数量关系也就可以通过统计指数的关系表现出来, 即

商品销售额指数 = 商品销售量指数 × 商品价格指数

产品总成本指数 = 产品生产量指数 × 单位成本指数

不仅现象与影响因素之间具有这种相对数上的数量联系, 而且也具有绝对数上的数量联系, 即商品销售额的实际增减额是商品销售量变动影响额与商品价格变动影响额之和, 产品总成本的实际增减额是产品生产量变动影响额与单位成本变动影响额之和。由此可见, 所谓统计指数体系就是由三个或三个以上具有内在本质联系的统计指数所组成的有机整体。

我们研究和利用统计指数体系, 主要目的有两个: 一是利用统计指数体系对复杂现象总体的数量变化, 从相对数和绝对数两方面进行因素分析, 说明现象总变动中各个影响因素的变动方向和影响程度; 二是利用指数体系中各个指数之间的数量关系, 由已知的统计指数去推算未知的指数。

(二) 构建指数体系的基本原则

统计指数体系是因素分析的基本依据, 因此在构建统计指数体系时应遵循下列基本原则:

(1) 统计指数体系中的各个指数之间必须保持等式关系, 以便从相对数和绝对数两方面进行因素分析。一般地, 相对数之间是乘除的关系, 绝对数之间是加减的关系。

(2) 在利用统计指数体系进行多因素分析时, 必须分清各个因素 (指标) 的性质, 即科学区分数量指标和质量指标, 以便选择合适的方法来编制各相关的指数。

(3) 为了保持与统计指数一般编制原则的一致性, 在一个统计指数体系中, 质量指标指数采用帕氏形式, 数量指标指数采用拉氏形式。

同样, 完美的统计指数体系是不存在的, 因为统计指数的编制具有一定的假定性, 所以统计指数体系的构建也就具有相应的假定性。

二、因素分析

(一) 因素分析的意义

所谓因素分析, 就是利用统计指数体系中各个指数之间的数量联系关系, 对现象总体总变动的各个影响因素进行分解, 分析各因素变动对现象总体总变动的影响程度和绝对效果。可见, 因素分析是针对受多因素影响的复杂现象总体而言的, 最基本的因素分析是两因素分析。在因素分析中, 必须借助统计指数体系的等式关系, 遵循统计指数编制的一般原则, 理清各影响因素之间的联系关系 (必要时要对各个影响因素按性质进行排序)。当然, 由于统计指数体系具有一定的假定性, 所以因素分析的结果也具有一定的假定性, 即在所利用的统计指数体系的前提下说明各因素的影响程度和效果。

因素分析的步骤可以简单地归纳为以下三步: 首先是要明确分析研究的目的和要求, 确定各影响因素之间的相互关系, 构造合适的统计指数体系; 其次是选用合适的指数形式计算出反映现象总体总变动和各影响因素变动的指数; 最后是从相对数和绝对数两方面对各影响因素进行综合分析和验证。

(二) 综合指数因素分析

综合指数因素分析就是要利用综合指数体系, 对现象总体某种总量指标的变动原因进行分析。由于综合指数是统计指数的基本形式, 所以综合指数因素分析也是统计指数因素分析的基础。

前面已经指出, 复杂现象总体是由不可相加的个体 (个别事物或项目) 所组成的, 而复杂现象总体的总量则是由两个或两个以上因素所决定的。因此, 根据影响因素多少的不同，综合指数因素分析可以分为两因素分析和多因素分析。需要指出的是，影响因素多少的确定不是绝对的，因为影响因素本身还可以再分解或合并。例如，前面曾指出，企业总能耗支出取决于产品产量、单位产品能耗量和能耗单价三个因素，实际上"产品产量、单位产品能耗量"这两个因素可以合并为"企业总能耗量"这一个因素，而"单位产品能耗量、能耗单价"这两个因素可以合并为"单位产品能耗支出"这一个因素。当然，确定的影响因素多一些，分析的工作量会增加一些，但分析也会更深入、透彻一些。

1．两因素分析

如果现象总体的某种总量指标的变动只受两个相关因素变动的影响，或只需要分解为两个影响因素，那么就可以进行两因素分析。我们仍以商品销售额为例来加以说明。

商品销售总额这个总量指标变动程度的指数可用如下公式表达：

$$\frac{\sum q_1 p_1}{\sum q_0 p_0} \tag{9.23}$$

总指数可分解为数量指标综合指数和质量指标综合指数两因素的乘积。综合指数因素分析的相对数体系为

$$\frac{\sum q_1 p_1}{\sum q_0 p_0} = \frac{\sum q_1 p_0}{\sum q_0 p_0} \times \frac{\sum p_1 q_1}{\sum p_0 q_1} \tag{9.24}$$

综合指数因素分析的绝对数体系为

$$\sum q_1 p_1 - \sum q_0 p_0 = \left(\sum q_1 p_0 - \sum q_0 p_0\right) + \left(\sum p_1 q_1 - \sum p_0 q_1\right) \tag{9.25}$$

例 9-5 根据表 9-1 和表 9-2 的有关计算数据，对该便利店三种商品销售额的变动进行因素分析。

解 从表 9-1 和表 9-2 的有关计算数据，该便利店总销售额的动态指数为

$$\frac{\sum q_1 p_1}{\sum q_0 p_0} = \frac{5545}{3150} = 176.03\%$$

报告期总销售额比基期增加

$$\sum q_1 p_1 - \sum q_0 p_0 = 5545 - 3150 = 2395$$

这个结果是由销售量和价格两个因素变动共同引起的。其中，销售量变动影响为

$$L_q = \frac{\sum p_0 q_1}{\sum p_0 q_0} = \frac{3830}{3150} = 121.59\%$$

销量增加使销售额增加的绝对额为

$$\sum q_1 p_0 - \sum q_0 p_0 = 3830 - 3150 = 680$$

销售价格变动影响为

$$P_p = \frac{\sum p_1 q_1}{\sum p_0 q_1} = \frac{5545}{3830} = 144.78\%$$

销售价格提高使总销售额增加的绝对额为

$$\sum p_1 q_1 - \sum p_0 q_1 = 5545 - 3830 = 1715$$

用相对数表示

$$176.03\% = 121.59\% \times 144.78\%$$

用绝对额表示

$$2395 = 680 + 1715$$

综上所述,该便利店三种商品的销售总额之所以上升了76.03%,增加了2395元,是商品销售量上升了21.59%使销售总额增加了680元和商品销售价格上升了44.78%使销售总额增加了1715元的共同结果。

2. 多因素分析

如果现象总体的某种总量指标的变动受到三个或三个以上相关因素变动的影响,那么就需要进行多因素分析。在具体分析时应根据现象的内在关系对若干因素进行合理的排序,一般按数量指标在前、质量指标在后的顺序排列。当分析某一因素对复杂总体变动的影响时,未被分析的后面诸因素要固定在基期水平,而已被分析过的前面诸因素,则要固定在报告期水平。

例9-6 某企业产值变动数据见表9-5,要求对总产值的变动进行因素分析。

表9-5 某企业产值变动情况表

产品名称	计量单位	产品产量				出厂价格	
		职工人数		劳动生产率			
		基期 (T_0)	报告期 (T_1)	基期 (L_0)	报告期 (L_1)	基期 (p_0)	报告期 (p_1)
胶布	件	100	900	20	25	50	55
网线	m	800	1000	18	16	20	30
瓶盖	t	450	500	8	10	18	20

从表9-5可以看出,该企业总产值受到职工人数 (T)、劳动生产率 (L) 和出厂价格 (p) 三个因素共同影响。综合指数因素分析的相对数体系为

$$\frac{\sum T_1 L_1 P_1}{\sum T_0 L_0 P_0} = \frac{\sum T_1 L_0 P_0}{\sum T_0 L_0 P_0} \times \frac{\sum T_1 L_1 P_0}{\sum T_1 L_0 P_0} \times \frac{\sum T_1 L_1 P_1}{\sum T_1 L_1 P_0} \tag{9.26}$$

综合指数因素分析的绝对数体系如下

$$\sum T_1 L_1 P_1 - \sum T_0 L_0 P_0$$
$$= \left(\sum T_1 L_0 P_0 - \sum T_0 L_0 P_0\right) + \left(\sum T_1 L_1 P_0 - \sum T_1 L_0 P_0\right) + \left(\sum T_1 L_1 P_1 - \sum T_1 L_1 P_0\right) \tag{9.27}$$

根据表9-5整理计算的总产值资料如表9-6所示。

表9-6 某企业产值计算表

产品名称	$T_0 L_0 P_0$	$T_1 L_1 P_1$	$T_1 L_0 P_0$	$T_1 L_1 P_0$
胶布	100000	123750	90000	112500
网线	288000	480000	360000	320000
瓶盖	64800	100000	72000	90000
合计	452800	703750	522000	522500

该企业工业总产值的动态指数为

$$\frac{\sum T_1 L_1 P_1}{\sum T_0 L_0 P_0} = \frac{703750}{452800} = 155.42\%$$

报告期工业总产值比基期增加额为

$$\sum T_1 L_1 P_1 - \sum T_0 L_0 P_0 = 703750 - 452800 = 250950$$

其中, 职工平均人数变动影响为

$$\frac{\sum T_1 L_0 P_0}{\sum T_0 L_0 P_0} = \frac{522000}{452800} = 115.28\%$$

影响绝对额为

$$\sum T_1 L_0 P_0 - \sum T_0 L_0 P_0 = 522000 - 452800 = 69200$$

全员劳动生产率变动影响为

$$\frac{\sum T_1 L_1 P_0}{\sum T_1 L_0 P_0} = \frac{522500}{522000} = 100.1\%$$

影响绝对额为

$$\sum T_1 L_1 P_0 - \sum T_1 L_0 P_0 = 522500 - 522000 = 500$$

出厂价格变动影响为

$$\frac{\sum T_1 L_1 P_1}{\sum T_1 L_1 P_0} = \frac{703750}{522500} = 134.69\%$$

影响绝对额为

$$\sum T_1 L_1 P_1 - \sum T_1 L_1 P_0 = 703750 - 522500 = 181250$$

用相对数表示

$$155.42\% = 115.28\% \times 100.10\% \times 134.69\%$$

用绝对额表示

$$250950 = 69200 + 500 + 181250$$

三、平均指标指数的因素分析

(一) 平均指标指数的含义

从综合指数的定义上可以看出, 当一个总量指标可以分解成两个因素的乘积时, 就可以计算每一个因素的变动对总量的影响, 这就是综合指数的含义。同样地, 对平均指标来讲, 我们也可以用上述方法进行分析, 因为平均指标也能够分解成两个影响因素。例如, 当研究某企业职工工资水平的变动时, 可以计算平均工资

$$\overline{x} = \frac{\sum xf}{\sum f} \tag{9.28}$$

式中, x 为每组的工资额, f 为各组的职工人数。式 (9.28) 还可以写成如下形式:

$$\bar{x} = \sum x \frac{f}{\sum f} \tag{9.29}$$

式中，$f / \sum f$ 为各组职工的比重，即频率。式 (9.29) 说明，平均工资实际上受两个因素的影响：一个是各组职工的工资水平；另一个是每组职工所占的比重，因此，类似于综合指数的定义，我们按照如下方式定义有关平均指标指数：

$$\text{平均指标指数} = \frac{\bar{x}_1}{\bar{x}_0} \tag{9.30}$$

式中，下标 1 为报告期；下标 0 为基期。这个指数通常称为可变构成指数 (简称可变指数)，它反映了平均指标的实际变动情况。

1. 固定构成指数

在假定各组权数 f 固定的情况下，观察各组变量值水平 x 的变动对总平均数的影响，即 x 是指数化因素，f 是同度量因素，计算公式

$$\text{固定结构指数} = \frac{\sum x_1 \dfrac{f_1}{\sum f_1}}{\sum x_0 \dfrac{f_1}{\sum f_1}} \tag{9.31}$$

这个指数也称为固定构成指数，它反映了各组标志值的变动对总平均数的影响。

2. 结构变动指数

计算结构变动影响指数，就是假定从基期到报告期的各组变量值水平 x 保持不变，观察各组权数 f 的变动对总平均数的影响，x 是同度量因素，f 为指数化因素，计算公式

$$\text{结构变动指数} = \frac{\sum x_0 \dfrac{f_1}{\sum f_1}}{\sum x_0 \dfrac{f_0}{\sum f_0}} \tag{9.32}$$

这个指数也称为结构影响指数，它反映了总体内各组结构的变动对总平均数的影响。

(二) 因素分析方法

由上述方法定义的有关平均指标指数，构成如下的指数体系。

从相对量角度

$$\frac{\bar{x}_1}{\bar{x}_0} = \frac{\sum x_1 \dfrac{f_1}{\sum f_1}}{\sum x_0 \dfrac{f_1}{\sum f_1}} \times \frac{\sum x_0 \dfrac{f_1}{\sum f_1}}{\sum x_0 \dfrac{f_0}{\sum f_0}} \tag{9.33}$$

即

$$\text{可变指数} = \text{固定结构指数} \times \text{结构变动指数}$$

从绝对量角度

$$\bar{x}_1 - \bar{x}_0 = \left(\sum x_1 \frac{f_1}{\sum f_1} - \sum x_0 \frac{f_1}{\sum f_1} \right) + \left(\sum x_0 \frac{f_1}{\sum f_1} - \sum x_0 \frac{f_0}{\sum f_0} \right) \tag{9.34}$$

即 平均指标的增加额 = 变量水平的变动引起的平均指标的增加额

+ 结构的变动引起的平均指标的增加额

式 (9.33) 和式 (9.34) 是对平均指标的变动进行因素分析的基础。下面通过一个例子来说明平均指标的因素分析方法。

例9-7 已知某企业基期和报告期职工的月工资情况如表9-7所示, 对该企业职工工资总额的变动进行因素分析。

表 9-7 某企业职工月工资情况

工人类别	月工资额/元		职工人数/人		工资总额/元		
	基期 (x_0)	报告期 (x_1)	基期 (f_0)	报告期 (f_1)	$x_0 f_0$	$x_1 f_1$	$x_0 f_1$
焊工	8000	9500	50	40	400000	380000	320000
钳工	7500	8200	50	60	375000	492000	450000
管工	6000	7300	80	60	480000	438000	360000
合计	—	—	180	160	1255000	1310000	1130000

首先计算平均工资指数, 来说明平均工资的变动情况:

报告期的平均工资

$$\overline{x}_1 = \sum x_1 f_1 \Big/ \sum f_1 = 1310000/160 = 8187.5 (\text{元})$$

基期的平均工资

$$\overline{x}_0 = \sum x_0 f_0 \Big/ \sum f_0 = 1255000/180 = 6972.2 (\text{元})$$

$$可变指数 = \frac{\overline{x}_1}{\overline{x}_0} = \frac{8187.5}{6972.2} = 117.43\%$$

$$\overline{x}_1 - \overline{x}_0 = 8187.5 - 6972.2 = 1215.3 (\text{元})$$

计算固定结构指数

$$固定结构指数 = \frac{\sum x_1 f_1 \Big/ \sum f_1}{\sum x_0 f_0 \Big/ \sum f_0} = \frac{1310000/160}{1130000/160} = \frac{8187.5}{7062.5} = 115.93\%$$

$$\frac{\sum x_1 f_1}{\sum f_1} - \frac{\sum x_0 f_1}{\sum f_1} = 8187.5 - 7062.5 = 1125$$

计算结构变动指数

$$结构变动指数 = \frac{\sum x_0 f_1 \Big/ \sum f_1}{\sum x_0 f_0 \Big/ \sum f_0} = \frac{1130000/160}{1255000/180} = \frac{7062.5}{6972.2} = 101.29\%$$

$$\sum x_0 \frac{f_1}{\sum f_1} - \sum x_0 \frac{f_0}{\sum f_0} = 7062.5 - 6792.2 = 90.3 \ (\text{元})$$

上述指数之间的关系如下:

相对数角度

$$117.43\% = 115.93\% \times 101.29\%$$

绝对数角度

$$1215.3 = 1125 + 90.3$$

上述计算结果表明：从相对量角度来看，报告期职工平均工资比基期上升了 17.43%，是工资水平提高了 15.93%和结构变动使平均工资上升 1.29%两个因素共同作用的结果；从绝对量角度来看，每组平均工资提高使总的平均工资上升了 1125 元，每组结构变动使总的平均工资上升了 90.3 元，两个因素共同作用的结果导致总的平均工资共增加 1215.3 元。

可见，关于平均指标指数的因素分析，原理与综合指数相同，唯一的区别就在于某些计算所需的总量指标的表现形式不同。平均指标指数因素分析就是要对总平均指标指数的结果从各组变量值水平变动和各组权数（结构）变动这两个方面进行分解分析。

思考与练习

一、思考题

(1) 试谈统计指数的概念、分类与作用。

(2) 举例说明数量指标指数和质量指标指数的区分。

(3) 综合指数的编制有什么特点？

(4) 平均指数的编制有什么特点？

(5) 什么是指数化指标？什么是同度量因素？编制综合指数时同度量因素所属时期应怎样固定？有哪几种方法？各种不同的方法又有哪些特点？

(6) 为什么称同度量因素为"权数"？同度量因素是怎样起"权数"作用的？

(7) 什么是指数体系？怎样进行因素连锁替代分析？

(8) 平均指标因素分析应编制哪几种指数？各种指数的分析意义是什么？

二、练习题

(1) 根据已给三种商品资料如表 9-8 所示，对销售额的变动进行计算和分析。

表 9-8　三种商品数据表

商品	计量单位	销售量		价格/元		销售额/元	
		基期(q_0)	报告期(q_1)	基期(p_0)	报告期(p_1)	基期($q_0 p_0$)	报告期($q_1 p_1$)
甲	公斤	8000	8800	10.0	10.5		
乙	件	2000	2500	8.0	9.0		
丙	盒	10000	10500	6.0	6.5		
合计	—	—	—	—	—		

(2) 某公司三种商品销售额及价格变动资料如表 9-9 所示：

表 9-9　三种商品销售额与价格变动表

商品名称	商品销售额/万元		价格变动率/%
	基期	报告期	
甲	500	650	2
乙	200	200	−5
丙	1000	1200	10

计算三种商品价格总指数和销售量总指数。

(3) 某家具公司三种产品的有关数据见表 9-10。

表 9-10　三种产品数据表

产品名称	总生产费用额/万元		报告期产量比基期的产量增长/%
	基期	报告期	
电脑桌	45.4	53.6	14.0
护眼灯	30.0	33.8	13.5
拐棍	55.2	58.5	8.6

要求:

1) 计算三种产品总生产费用额总量指数;

2) 计算以基期生产费用为权数的加权平均产量指数;

3) 计算以报告期生产费用为权数的加权平均单位产品成本指数;

4) 分析产量和单位产品成本变动对总生产费用的影响。

(4) 某农产品市场三种蔬菜销售资料如表 9-11 所示:

表 9-11　三种蔬菜销售表

品名	成交额/万元		二季度比一季度的涨跌 (+ −) /%
	一季度	二季度	
茄子	3.6	4.2	+12
黄瓜	1.5	2.0	+15
豆角	2.4	2.4	−5

要求:

1) 计算三种蔬菜价格总指数;

2) 从相对数和绝对数两方面对三种蔬菜成交总额的变动进行因素分析。

(5) 某企业生产三种产品的有关资料如表 9-12 所示:

表 9-12　三种产品资料表

产品名称	总生产费用/万元		报告期比基期产量增长/%
	基期	报告期	
甲	35	43	15
乙	20	24	12
丙	45	48	8
合计	100	115	—

计算:

1) 三种产品的产量总指数及由于产量变动而增加的总生产费用;

2) 三种产品的单位成本总指数及由于单位成本变动而增加的总生产费用;

3) 结合两因素分析进行简要说明。

参 考 文 献

艾维森 G R, 格根 H. 2000. 统计学——基本概念和方法. 吴喜之译. 北京：高等教育出版社.

陈希孺. 2009. 陈希孺文集. 合肥：中国科学技术大学出版社.

David R. Anderson, Dennis J. Sweeney, Thomas A. Williams. 2000. 商务与经济统计学精要. 路成来, 胡成秀, 等译. 大连：东北财经大学出版社.

黄良文. 2012. 统计学. 3 版. 北京：中国统计出版社.

黄良文, 曾五一. 2000. 统计学原理. 北京：中国统计出版社.

贾俊平. 2006. 统计学. 2 版. 北京：清华大学出版社.

贾俊平, 何晓群. 2015. 统计学. 6 版. 北京：中国人民大学出版社.

李金昌, 苏为华. 2010. 统计学 (修订版). 北京：机械工业出版社.

李心愉. 1999. 应用经济统计学. 北京：北京大学出版社.

栗方忠. 2001. 统计学原理——标准化题型习题集. 大连：东北财经大学出版社.

Mario F. Triola. 2001. 初级统计学. 8 版. 北京：清华大学出版社.

庞皓, 杨作廉. 2000. 统计学. 成都：西南财经大学出版社.

孙文生. 2009. 统计学原理. 2 版. 北京：中国农业出版社.

孙文生, 靳光华. 1996. 统计学学习与考试指南. 北京：中国统计出版社.

袁卫, 庞皓, 曾五一. 2000. 统计学. 北京：高等教育出版社.

附　录

一、标准正态分布表

$$\Phi(x) = \int_{-\infty}^{x} \frac{1}{\sqrt{2\pi}} e^{-\frac{t^2}{2}} dt = P \quad (X \leqslant x)$$

x	0	1	2	3	4	5	6	7	8	9
0.0	0.5000	0.5040	0.5080	0.5120	0.5160	0.5199	0.5239	0.5279	0.5319	0.5359
0.1	0.5398	0.5438	0.5478	0.5517	0.5557	0.5596	0.5636	0.5675	0.5714	0.5753
0.2	0.5793	0.5832	0.5871	0.5910	0.5848	0.5987	0.6026	0.6064	0.6103	0.6141
0.3	0.6179	0.6217	0.6255	0.6293	0.6331	0.6368	0.6406	0.6443	0.6480	0.6517
0.4	0.6554	0.6591	0.6628	0.6664	0.6700	0.6736	0.6772	0.6808	0.6844	0.6879
0.5	0.6915	0.6950	0.6985	0.7019	0.7054	0.7088	0.7123	0.7157	0.7190	0.7224
0.6	0.7257	0.7219	0.7324	0.7357	0.7389	0.7422	0.7454	0.7486	0.7571	0.7549
0.7	0.7580	0.7611	0.7642	0.7673	0.7703	0.7734	0.7764	0.7794	0.7823	0.7852
0.8	0.7881	0.7910	0.7939	0.7967	0.7995	0.8023	0.8051	0.8087	0.8106	0.8133
0.9	0.8159	0.8186	0.8212	0.8283	0.8264	0.8289	0.8315	0.8340	0.8365	0.8389
1.0	0.8413	0.8438	0.8461	0.8485	0.8508	0.8531	0.8554	0.8577	0.8599	0.8621
1.1	0.8643	0.8665	0.8686	0.8708	0.8729	0.8749	0.8770	0.8790	0.8810	0.8830
1.2	0.8849	0.8869	0.8888	0.8907	0.8925	0.8944	0.8962	0.8980	0.8997	0.9015
1.3	0.9023	0.9049	0.9066	0.9082	0.9099	0.9115	0.9131	0.9147	0.9162	0.9177
1.4	0.9192	0.9207	0.9222	0.9236	0.9251	0.9265	0.9278	0.9292	0.9306	0.9319
1.5	0.9332	0.9345	0.9357	0.9370	0.9382	0.9394	0.9406	0.9418	0.9430	0.9441
1.6	0.9452	0.9463	0.9474	0.9484	0.9495	0.9505	0.9515	0.9525	0.9535	0.9545
1.7	0.9554	0.9564	0.9573	0.9582	0.9591	0.9599	0.9608	0.9616	0.9625	0.9633
1.8	0.9641	0.9648	0.9656	0.9664	0.9671	0.9678	0.9686	0.9693	0.9700	0.9706
1.9	0.9713	0.9719	0.9726	0.9732	0.9738	0.9744	0.9750	0.9756	0.9762	0.9767
2.0	0.9772	0.9778	0.9783	0.9788	0.9793	0.9798	0.9803	0.9808	0.9812	0.9817
2.1	0.9821	0.9826	0.9830	0.9834	0.9838	0.9842	0.9846	0.9850	0.9854	0.9857
2.2	0.9861	0.9864	0.9868	0.9871	0.9874	0.9878	0.9881	0.9884	0.9887	0.9890
2.3	0.9893	0.9896	0.9898	0.9901	0.9904	0.9906	0.9909	0.9911	0.9913	0.9916
2.4	0.9918	0.9920	0.9922	0.9925	0.9927	0.9929	0.9931	0.9932	0.9934	0.9936
2.5	0.9938	0.9940	0.9941	0.9943	0.9945	0.9946	0.9948	0.9949	0.9951	0.9952
2.6	0.9953	0.9955	0.9956	0.9957	0.9959	0.9960	0.9961	0.9962	0.9963	0.9964
2.7	0.9965	0.9966	0.9967	0.9968	0.9969	0.9970	0.9971	0.9972	0.9973	0.9974
2.8	0.9974	0.9975	0.9976	0.9977	0.9977	0.9978	0.9979	0.9979	0.9980	0.9981
2.9	0.9981	0.9982	0.9982	0.9983	0.9984	0.9984	0.9985	0.9985	0.9986	0.9986
3.0	0.9987	0.9990	0.9993	0.9995	0.9997	0.9998	0.9998	0.9999	0.9999	1.0000

二、t 分布表

$$P\{t(n) > t_\alpha(n)\} = \alpha$$

n	$\alpha = 0.25$	$\alpha = 0.10$	$\alpha = 0.05$	$\alpha = 0.025$	$\alpha = 0.01$	$\alpha = 0.005$
1	1.0000	3.0777	6.3138	12.7062	31.8207	63.6574
2	0.8165	1.8856	2.9200	4.3037	6.9646	9.9248
3	0.7649	1.6377	2.3534	3.1824	2.5407	5.8409
4	0.7407	1.5332	2.1318	2.7764	3.7469	4.6014
5	0.7267	1.4759	2.0150	2.5706	3.3649	4.0322
6	0.7176	1.4398	1.9432	2.4469	3.1427	3.7074
7	0.7111	1.4149	1.8946	2.3634	2.9980	3.4995
8	0.7064	1.3968	1.8595	2.3060	2.8965	3.3554
9	0.7027	1.3830	1.8331	2.2622	2.8214	3.2498
10	0.6998	1.3722	1.8125	2.2281	2.7638	3.1693
11	0.6974	1.3634	1.7959	2.2010	2.7181	3.1058
12	0.6955	1.3562	1.7823	2.1788	2.6810	3.0545
13	0.6938	1.3502	1.7709	2.1604	2.6503	3.0123
14	0.6924	1.3450	1.7613	2.1448	2.6245	2.9768
15	0.6912	1.3406	1.7531	2.1315	2.6205	2.9467
16	0.6901	1.3368	1.7459	2.1199	2.5835	2.9208
17	0.6892	1.3334	1.7396	2.1098	2.5669	2.8982
18	0.6884	1.3304	1.7341	2.1009	2.5524	2.8784
19	0.6876	1.3277	1.7291	2.0930	2.5395	2.8609
20	0.9870	1.3253	1.7247	2.0860	2.5280	2.8453
21	0.6864	1.3232	1.7207	2.0796	2.5177	2.8314
22	0.6858	1.3212	1.7171	2.0739	2.5083	2.8188
23	0.6853	1.3195	1.7139	2.0687	2.4999	2.8073
24	0.6848	1.3178	1.7109	2.0639	2.4922	2.7969
25	0.6844	1.3163	1.7108	2.0595	2.4851	2.7874
26	0.6840	1.3150	1.7056	2.0555	2.4786	2.7787
27	0.6837	1.3137	1.7033	2.0518	2.4727	2.7707
28	0.6834	1.3125	1.7011	2.0484	2.4671	2.7664
29	0.6830	1.3114	1.6991	2.0452	2.4620	2.7564
30	0.6828	1.304	1.6973	2.0423	2.4573	2.7500
31	0.6825	1.3095	1.6599	2.0395	2.4528	2.7440
32	0.6822	1.3086	1.6939	2.0369	2.4487	2.7385
33	0.6820	1.3077	1.6924	2.0345	2.4448	2.7333
34	0.6818	1.3070	1.6909	2.0322	2.4411	2.7384
35	0.6816	1.3062	1.6896	2.0301	2.4377	2.7238

n	$\alpha = 0.25$	$\alpha = 0.10$	$\alpha = 0.05$	$\alpha = 0.025$	$\alpha = 0.01$	$\alpha = 0.005$
36	0.6814	1.3055	1.6883	2.0281	2.4345	2.7195
37	0.6812	1.3049	1.6871	2.0262	2.4314	2.7154
38	0.6810	1.3042	1.6860	2.0244	2.4286	2.7116
39	0.6808	1.3036	1.6849	2.0227	2.4258	2.7079
40	0.6807	1.3031	1.6839	2.0211	2.4223	2.7045
41	0.6805	1.3025	1.6829	2.0195	2.4208	2.7012
42	1.6804	1.3020	1.6820	2.0181	2.4185	2.6981
43	1.6802	1.3016	1.6811	2.0167	2.4163	2.6951
44	1.6801	1.3011	1.6802	2.0154	2.4141	2.6923
45	0.6800	1.3006	1.6794	2.0141	2.4121	2.6896

三、χ^2 分布表

$$P\left\{\chi^2(n) > \chi^2_\alpha(n)\right\} = \alpha$$

n/α	0.995	0.99	0.975	0.95	0.9
1	0.0000	0.0002	0.0010	0.0039	0.0158
2	0.0100	0.0201	0.0506	0.1026	0.2107
3	0.0717	0.1148	0.2158	0.3518	0.5844
4	0.2070	0.2971	0.4844	0.7107	1.0636
5	0.4117	0.5543	0.8312	1.1455	1.6103
6	0.6757	0.8721	1.2373	1.6354	2.2041
7	0.9893	1.2390	1.6899	2.1673	2.8331
8	1.3444	1.6465	2.1797	2.7326	3.4895
9	1.7349	2.0879	2.7004	3.3251	4.1682
10	2.1559	2.5582	3.2470	3.9403	4.8652
11	2.6032	3.0535	3.8157	4.5748	5.5778
12	3.0738	3.5706	4.4038	5.2260	6.3038
13	3.5650	4.1069	5.0088	5.8919	7.0415
14	4.0747	4.6604	5.6287	6.5706	7.7895
15	4.6009	5.2293	6.2621	7.2609	8.5468
16	5.1422	5.8122	6.9077	7.9616	9.3122
17	5.6972	6.4078	7.5642	8.6718	10.0852
18	6.2648	7.0149	8.2307	9.3905	10.8649
19	6.8440	7.6327	8.9065	10.1170	11.6509
20	7.4338	8.2604	9.5908	10.8508	12.4426
21	8.0337	8.8972	10.2829	11.5913	13.2396
22	8.6427	9.5425	10.9823	12.3380	14.0415
23	9.2604	10.1957	11.6886	13.0905	14.8480
24	9.8862	10.8564	12.4012	13.8484	15.6587

n/α	0.995	0.99	0.975	0.95	0.9
25	10.5197	11.5240	13.1197	14.6114	16.4734
26	11.1602	12.1981	13.8439	15.3792	17.2919
27	11.8076	12.8785	14.5734	16.1514	18.1139
28	12.4613	13.5647	15.3079	16.9279	18.9392
29	13.1211	14.2565	16.0471	17.7084	19.7677
30	13.7867	14.9535	16.7908	18.4927	20.5992
31	14.4578	15.6555	17.5387	19.2806	21.4336
32	15.1340	16.3622	18.2908	20.0719	22.2706
33	15.8153	17.0735	19.0467	20.8665	23.1102
34	16.5013	17.7891	19.8063	21.6643	23.9523
35	17.1918	18.5089	20.5694	22.4650	24.7967
36	17.8867	19.2327	21.3359	23.2686	25.6433
37	18.5858	19.9602	22.1056	24.0749	26.4921
38	19.2889	20.6914	22.8785	24.8839	27.3430
39	19.9959	21.4262	23.6543	25.6954	28.1958
40	20.7065	22.1643	24.4330	26.5093	29.0505
41	21.4208	22.9056	25.2145	27.3256	29.9071
42	22.1385	23.6501	25.9987	28.1440	30.7654
43	22.8595	24.3976	26.7854	28.9647	31.6255
44	23.5837	25.1480	27.5746	29.7875	32.4871
45	24.3110	25.9013	28.3662	30.6123	33.3504
n/α	0.1	0.05	0.025	0.01	0.005
1	2.7055	3.8415	5.0239	6.6349	7.8794
2	4.6052	5.9915	7.3778	9.2103	10.5966
3	6.2514	7.8147	9.3484	11.3449	12.8382
4	7.7794	9.4877	11.1433	13.2767	14.8603
5	9.2364	11.0705	12.8325	15.0863	16.7496
6	10.6446	12.5916	14.4494	16.8119	18.5476
7	12.0170	14.0671	16.0128	18.4753	20.2777
8	13.3616	15.5073	17.5345	20.0902	21.9550
9	14.6837	16.9190	19.0228	21.6660	23.5894
10	15.9872	18.3070	20.4832	23.2093	25.1882
11	17.2750	19.6751	21.9200	24.7250	26.7568
12	18.5493	21.0261	23.3367	26.2170	28.2995
13	19.8119	22.3620	24.7356	27.6882	29.8195
14	21.0641	23.6848	26.1189	29.1412	31.3193
15	22.3071	24.9958	27.4884	30.5779	32.8013
16	23.5418	26.2962	28.8454	31.9999	34.2672
17	24.7690	27.5871	30.1910	33.4087	35.7185
18	25.9894	28.8693	31.5264	34.8053	37.1565

续表

n/α	0.1	0.05	0.025	0.01	0.005
19	27.2036	30.1435	32.8523	36.1909	38.5823
20	28.4120	31.4104	34.1696	37.5662	39.9968
21	29.6151	32.6706	35.4789	38.9322	41.4011
22	30.8133	33.9244	36.7807	40.2894	42.7957
23	32.0069	35.1725	38.0756	41.6384	44.1813
24	33.1962	36.4150	39.3641	42.9798	45.5585
25	34.3816	37.6525	40.6465	44.3141	46.9279
26	35.5632	38.8851	41.9232	45.6417	48.2899
27	36.7412	40.1133	43.1945	46.9629	49.6449
28	37.9159	41.3371	44.4608	48.2782	50.9934
29	39.0875	42.5570	45.7223	49.5879	52.3356
30	40.2560	43.7730	46.9792	50.8922	53.6720
31	41.4217	44.9853	48.2319	52.1914	55.0027
32	42.5847	46.1943	49.4804	53.4858	56.3281
33	43.7452	47.3999	50.7251	54.7755	57.6484
34	44.9032	48.6024	51.9660	56.0609	58.9639
35	46.0588	49.8018	53.2033	57.3421	60.2748
36	47.2122	50.9985	54.4373	58.6192	61.5812
37	48.3634	52.1923	55.6680	59.8925	62.8833
38	49.5126	53.3835	56.8955	61.1621	64.1814
39	50.6598	54.5722	58.1201	62.4281	65.4756
40	51.8051	55.7585	59.3417	63.6907	66.7660
41	52.9485	56.9424	60.5606	64.9501	68.0527
42	54.0902	58.1240	61.7768	66.2062	69.3360
43	55.2302	59.3035	62.9904	67.4593	70.6159
44	56.3685	60.4809	64.2015	68.7095	71.8926
45	57.5053	61.6562	65.4102	69.9568	73.1661

四、F 分布表

$$P\{F(n_1, n_2) > F_\alpha(n_1, n_2)\} = \alpha$$
$$\alpha = 0.10$$

n_2 \ n_1	1	2	3	4	5	6	7	8	9
1	39.86	49.50	53.59	55.33	57.24	58.20	58.91	59.44	59.86
2	8.53	9.00	9.16	9.24	6.29	9.33	9.35	9.37	9.38
3	5.54	5.46	5.39	5.34	5.31	5.28	5.27	5.25	5.24
4	4.54	4.32	4.19	4.11	4.05	4.01	3.98	3.95	3.94
5	4.06	3.78	3.62	3.52	3.45	3.40	3.37	3.34	3.32
6	3.78	3.46	3.29	3.18	3.11	3.05	3.01	2.98	2.96
7	3.59	3.26	3.07	2.96	2.88	2.83	2.78	2.75	2.72
8	3.46	3.11	2.92	2.81	2.73	2.67	2.62	2.59	2.56
9	3.36	3.01	2.81	2.69	2.61	2.55	2.51	2.47	2.44
10	3.20	2.92	2.73	2.61	2.52	2.46	2.41	2.38	2.35
11	3.22	2.86	2.66	2.54	2.45	2.39	2.34	2.30	2.27
12	3.18	2.81	2.61	2.48	2.39	2.33	2.28	2.24	2.21
13	3.14	2.76	2.56	2.43	2.35	2.28	2.23	2.20	2.16
14	3.10	2.73	2.52	2.39	2.31	2.24	2.19	2.15	2.12
15	3.07	2.70	2.49	2.36	2.27	2.21	2.16	2.12	2.09
16	3.05	2.67	2.46	2.33	2.24	2.18	2.13	2.09	2.06
17	3.03	2.64	2.44	2.31	2.22	2.15	2.10	2.06	2.03
18	3.01	2.62	2.42	2.29	2.20	2.13	2.08	2.04	2.00
19	2.99	2.61	2.40	2.27	2.18	2.11	2.06	2.02	1.98
20	2.97	2.50	2.38	2.25	2.16	2.09	2.04	2.00	1.96
21	2.96	2.57	2.36	2.23	2.14	2.08	2.02	1.98	1.95
22	2.95	2.56	2.35	2.22	2.13	2.06	2.01	1.97	1.93
23	2.94	2.55	2.34	2.21	2.11	2.05	1.99	1.95	1.92
24	2.93	2.54	2.33	2.19	2.10	2.04	1.98	1.94	1.91
25	2.92	2.53	2.32	2.18	2.09	2.02	1.97	1.93	1.89
26	2.91	2.52	2.31	2.17	2.08	2.01	1.96	1.92	1.88
27	2.90	2.51	2.30	2.17	2.07	2.00	1.95	1.91	1.87
28	2.89	2.50	2.98	2.16	2.06	2.00	1.93	1.90	1.87
29	2.89	2.50	2.88	2.15	2.06	1.99	1.93	1.89	1.86
30	2.88	2.49	2.22	2.14	2.05	1.98	1.93	1.88	1.85
40	2.84	2.41	2.23	2.00	2.00	1.93	1.87	1.83	1.79
60	2.79	2.39	2.18	2.04	1.95	1.87	1.82	1.77	1.74
120	2.75	2.35	2.13	1.99	1.90	1.82	1.77	1.72	1.68
∞	2.71	2.30	2.08	1.94	1.85	1.77	1.72	1.67	1.63

续表

n_2 \ n_1	10	12	15	20	24	30	40	60	120	∞
1	60.19	60.71	61.22	61.74	62.06	62.26	62.53	62.79	63.06	63.33
2	9.39	9.41	9.42	9.44	9.45	9.46	9.47	9.47	9.48	9.49
3	5.23	5.22	5.20	5.18	5.18	5.17	5.16	5.15	5.14	5.13
4	3.92	3.90	3.87	3.84	3.83	3.82	3.80	3.79	3.78	3.76
5	3.30	3.27	3.24	3.21	3.19	3.17	3.16	3.14	3.12	3.10
6	2.94	2.90	2.87	2.84	2.82	2.80	2.78	2.76	2.74	2.72
7	2.7	2.67	2.63	2.59	2.58	2.56	2.54	2.51	2.49	2.47
8	2.54	2.50	2.46	2.42	2.40	2.38	2.36	2.34	2.32	2.29
9	2.42	2.38	2.34	2.30	2.28	2.25	2.23	2.21	2.18	2.16
10	2.32	2.28	2.24	2.20	2.18	2.16	2.13	2.11	2.08	2.06
11	2.25	2.21	2.17	2.12	2.10	2.08	2.05	2.03	2.00	1.97
12	2.19	2.15	2.10	2.06	2.04	2.01	1.99	1.96	1.93	1.90
13	2.14	2.10	2.05	2.01	1.98	1.96	1.93	1.90	1.88	1.85
14	2.10	2.05	2.01	1.96	1.94	1.91	1.89	1.82	1.83	1.80
15	2.06	2.02	1.97	1.92	1.90	1.87	1.85	1.82	1.79	1.76
16	2.03	1.99	1.94	1.89	1.87	1.84	1.81	1.78	1.75	1.72
17	2.00	1.96	1.91	1.86	1.84	1.81	1.78	1.75	1.72	1.69
18	1.98	1.93	1.89	1.84	1.81	1.78	1.75	1.72	1.69	1.66
19	1.96	1.91	1.86	1.81	1.79	1.76	1.73	1.70	1.67	1.63
20	1.94	1.89	1.84	1.79	1.77	1.74	1.71	1.68	1.64	1.61
21	1.92	1.87	1.83	1.78	1.75	1.72	1.69	1.66	1.62	1.59
22	1.90	1.86	1.81	1.76	1.73	1.70	1.69	1.64	1.60	1.57
23	1.89	1.84	1.80	1.74	1.72	1.69	1.66	1.62	1.59	1.55
24	1.88	1.83	1.78	1.73	1.70	1.67	1.64	1.60	1.57	1.53
25	1.87	1.82	1.77	1.72	1.69	1.66	1.63	1.59	1.56	1.52
26	1.86	1.81	1.76	1.71	1.68	1.65	1.61	1.58	1.54	1.50
27	1.85	1.80	1.75	1.70	1.67	1.64	1.60	1.57	1.53	1.49
28	1.84	1.79	1.74	1.69	1.66	1.63	1.59	1.56	1.52	1.48
29	1.83	1.78	1.73	1.68	1.65	1.62	1.58	1.55	1.51	1.47
30	1.82	1.77	1.72	1.67	1.64	1.61	1.57	1.54	1.50	1.46
40	1.76	1.71	1.71	1.61	1.57	1.54	1.51	1.47	1.42	1.38
60	1.71	1.66	1.66	1.54	1.51	1.48	1.44	1.40	1.35	1.29
120	1.65	1.60	1.60	1.48	1.45	1.41	1.37	1.32	1.36	1.19
∞	1.60	1.55	1.55	1.42	1.38	1.34	1.30	1.24	1.17	1.00

$\alpha = 0.05$

n_2 \ n_1	1	2	3	4	5	6	7	8	9
1	161.4	199.5	215.7	224.6	230.2	234.0	236.8	238.9	240.5
2	18.51	19.00	19.25	19.25	19.30	19.33	19.35	19.37	19.38
3	10.13	9.55	9.12	9.12	9.90	8.94	8.89	8.85	8.81
4	7.71	6.94	6.39	6.39	6.26	6.16	6.09	6.04	6.00
5	6.61	5.79	5.41	5.19	5.05	4.95	4.88	4.82	4.77
6	5.99	5.14	4.76	4.53	4.39	4.28	4.21	1.15	4.10
7	5.59	4.74	4.35	4.12	3.97	3.87	3.79	3.73	3.68
8	5.32	4.46	4.07	3.84	3.69	3.58	3.50	3.44	3.69
9	5.12	4.26	3.86	3.63	3.48	3.37	3.29	3.23	3.18
10	4.96	4.10	3.71	3.48	3.33	3.22	3.14	3.07	3.02
11	4.84	3.98	3.59	3.36	3.20	3.09	3.01	2.95	2.90
12	4.75	3.89	3.49	3.26	3.11	3.00	2.91	2.85	2.80
13	4.67	3.81	3.41	3.18	3.03	2.92	2.83	2.77	2.71
14	4.60	3.74	3.34	3.11	2.96	2.85	2.76	2.70	2.65
15	4.54	3.68	3.29	3.06	2.90	2.79	2.71	2.64	2.59
16	4.49	3.63	3.24	3.01	2.85	2.74	2.66	2.59	2.54
17	4.45	3.59	3.20	2.96	2.81	2.70	2.61	2.55	2.49
18	4.41	3.55	3.16	2.93	2.77	2.66	2.58	2.51	2.46
19	4.38	3.52	3.13	2.90	2.74	2.63	2.54	2.48	2.42
20	4.35	3.49	3.10	2.87	2.71	2.60	2.51	2.45	2.39
21	4.32	3.47	3.07	2.84	2.68	2.57	2.49	2.42	2.37
22	4.30	3.44	3.05	2.82	2.66	2.55	2.46	2.40	2.34
23	4.28	3.42	3.03	2.80	2.64	2.53	2.44	2.37	2.32
24	4.26	3.40	3.01	2.78	2.62	2.51	2.42	2.36	2.30
25	4.24	3.39	2.99	2.76	2.60	2.49	2.40	2.34	2.28
26	4.23	3.37	2.98	2.74	2.59	2.47	2.39	2.32	2.27
27	4.21	3.35	2.96	2.73	2.57	2.46	2.37	2.31	2.25
28	4.20	3.34	2.95	2.71	2.56	2.45	2.36	2.29	2.24
29	4.18	3.33	2.93	2.70	2.55	2.43	2.35	2.28	2.22
30	4.17	3.32	2.92	2.69	2.53	2.42	2.33	2.27	2.21
40	4.08	3.23	2.84	2.61	2.45	2.34	2.25	2.18	2.12
60	4.00	3.15	2.76	2.53	2.37	2.25	2.17	2.10	2.04
120	3.92	3.07	2.68	2.45	2.29	2.17	2.09	2.02	2.96
∞	3.84	3.00	2.60	2.37	2.21	2.10	2.01	1.94	1.88

续表

n_1 n_2	10	12	15	20	24	30	40	60	120	∞
1	241.9	243.9	245.9	248.0	249.1	250.1	251.1	252.2	253.3	254.3
2	19.40	19.41	19.43	19.45	19.45	19.46	19.47	19.48	19.49	19.50
3	8.79	8.74	8.70	8.66	8.64	8.62	8.59	8.57	8.55	8.53
4	5.96	5.91	5.86	5.80	5.77	5.75	5.72	5.69	5.66	5.63
5	4.74	4.68	4.62	4.56	4.53	4.50	4.46	4.43	4.40	4.36
6	4.06	4.00	3.94	3.87	3.84	3.81	3.77	3.74	3.70	3.67
7	3.64	3.57	3.51	3.44	3.41	3.38	3.34	3.30	3.27	3.23
8	3.35	3.28	3.22	3.15	3.12	3.08	3.04	3.01	2.97	2.93
9	3.14	3.07	3.01	2.94	2.90	2.86	2.83	2.79	2.95	2.71
10	2.98	2.91	2.85	2.77	2.74	2.70	2.66	2.62	2.58	2.54
11	2.85	2.79	2.72	2.65	2.61	2.57	2.53	2.49	2.45	2.40
12	2.75	2.69	2.62	2.54	2.51	2.47	2.43	2.38	2.34	2.30
13	2.67	2.60	2.53	2.46	2.42	2.38	2.34	2.30	2.25	2.21
14	2.60	2.53	2.46	2.39	2.35	2.31	2.27	2.22	2.18	2.13
15	2.54	2.48	2.40	2.33	2.29	2.25	2.20	2.16	2.11	2.07
16	2.49	2.42	2.35	2.28	2.24	2.19	2.15	2.11	2.06	2.01
17	2.45	2.38	2.31	2.23	2.19	2.15	2.10	2.06	2.01	1.96
18	2.41	2.34	2.27	2.19	2.15	2.11	2.06	2.02	1.97	1.92
19	2.38	2.31	2.23	2.16	2.11	2.07	2.03	1.98	1.93	1.88
20	2.35	2.28	2.20	2.12	2.08	2.04	1.99	1.95	1.90	1.84
21	2.32	2.25	2.18	2.10	2.05	2.01	1.96	1.92	1.87	1.81
22	2.30	2.23	2.15	2.07	2.03	1.98	1.94	1.89	1.84	1.78
23	2.27	2.20	2.13	2.05	2.01	1.96	1.91	1.86	1.81	1.76
24	2.25	2.18	2.11	2.03	1.98	1.94	1.89	1.84	1.79	1.73
25	2.24	2.16	2.09	2.01	1.96	1.92	1.87	1.82	1.77	1.71
26	2.22	2.15	1.07	1.99	1.95	1.90	1.85	1.80	1.75	1.69
27	2.20	2.13	1.06	1.97	1.93	1.88	1.84	1.79	1.73	1.67
28	2.19	2.12	1.04	1.96	1.91	1.87	1.82	1.77	1.71	1.65
29	2.18	2.10	1.03	1.94	1.90	1.85	1.81	1.75	1.70	1.64
30	2.16	2.09	2.01	1.93	1.89	1.84	1.79	1.74	1.68	1.62
40	2.08	2.00	1.92	1.84	1.79	1.74	1.69	1.64	1.58	1.51
60	1.99	1.92	1.84	1.75	1.70	1.65	1.59	1.53	1.47	1.39
120	1.91	1.83	1.75	1.66	1.61	1.55	1.50	1.43	1.35	1.25
∞	1.83	1.75	1.67	1.57	1.52	1.46	1.39	1.32	1.22	1.00

$$\alpha = 0.01$$

n_2 \ n_1	1	2	3	4	5	6	7	8	9
1	4052	4999.5	5403	5626	5764	5859	5928	5982	6062
2	98.50	99.00	99.17	99.25	99.30	99.33	99.36	99.37	99.39
3	34.12	30.82	29.46	28.71	28.24	27.91	27.67	27.49	27.35
4	21.20	18.00	16.69	15.98	15.52	15.21	14.98	14.80	14.66
5	16.26	13.27	12.06	11.39	10.97	10.67	10.46	10.29	10.16
6	13.75	10.92	9.78	9.15	8.75	8.47	8.46	8.10	7.98
7	12.25	9.55	8.45	7.85	7.46	7.19	6.99	6.84	6.72
8	11.26	8.65	7.59	7.01	6.63	6.37	6.18	6.03	5.91
9	10.56	8.02	6.99	6.42	6.06	5.80	5.61	5.47	5.35
10	10.04	7.56	6.55	5.99	5.64	5.39	5.20	5.06	4.94
11	9.65	7.21	6.22	5.67	5.32	5.07	4.49	4.74	4.63
12	9.33	6.93	5.95	5.41	5.06	4.82	4.64	4.50	4.39
13	9.07	6.70	5.74	5.21	4.86	4.62	4.44	4.30	4.19
14	8.86	6.51	5.56	5.04	4.69	4.46	4.28	4.14	4.03
15	8.68	6.36	5.42	4.89	4.56	4.32	4.14	4.00	3.89
16	8.53	6.23	5.29	4.77	4.44	4.20	4.03	3.39	3.78
17	8.40	6.11	5.18	4.67	4.34	4.10	3.93	3.79	3.68
18	8.29	6.01	5.09	4.58	4.25	4.01	3.84	3.71	3.60
19	8.18	5.93	5.01	4.50	4.17	3.94	3.77	3.63	3.52
20	8.10	5.85	4.94	4.43	4.10	3.87	3.70	3.56	3.46
21	8.02	5.78	4.87	4.37	4.04	3.81	3.64	3.51	3.40
22	7.95	5.72	4.82	4.31	3.99	3.76	3.59	3.45	3.35
23	7.88	5.66	4.76	4.26	3.94	3.71	3.54	3.41	3.30
24	7.82	5.61	4.72	4.22	3.90	3.67	3.50	3.36	3.26
25	7.77	5.57	4.68	4.18	3.85	3.63	3.46	3.32	3.22
26	7.72	5.53	4.64	4.14	3.82	3.59	3.42	3.29	3.18
27	7.68	5.49	4.60	4.11	3.78	3.56	3.39	3.26	3.15
28	7.64	5.45	4.57	4.07	3.75	3.53	3.36	3.23	3.12
29	7.60	5.42	4.54	4.04	3.73	3.50	3.33	3.20	3.09
30	7.56	5.39	4.51	4.02	3.70	3.47	3.31	3.17	3.07
40	7.31	5.18	4.31	3.83	3.51	3.29	3.12	2.99	2.89
60	7.08	4.98	4.13	3.65	3.34	3.12	3.95	2.82	2.72
120	6.85	4.79	3.95	3.48	3.17	2.96	2.79	2.96	2.56
∞	6.63	4.61	3.78	3.32	3.02	2.80	2.64	2.51	2.41

n_2 \ n_1	10	12	15	20	24	30	40	60	120	∞
1	6056	6106	6157	6209	6235	6261	6287	6313	6339	6366
2	99.40	99.42	99.43	99.45	99.46	99.47	99.47	99.48	99.49	99.50
3	27.33	27.05	26.87	26.69	26.60	26.50	26.41	26.32	26.22	26.13
4	14.55	14.37	14.20	14.02	13.93	13.84	13.75	13.65	13.56	13.46
5	10.05	9.29	9.72	9.55	9.47	9.38	9.29	9.20	9.11	9.02
6	7.87	7.72	7.56	7.40	7.31	7.23	7.14.01	7.06	6.97	6.88
7	6.62	6.47	6.31	6.16	6.07	5.99	5.91	5.82	5.74	5.65
8	5.81	5.67	5.52	5.36	5.28	5.20	5.12	5.03	4.95	4.86
9	5.26	5.11	4.96	4.81	4.73	4.65	4.57	4.48	4.40	4.31
10	4.85	4.71	4.56	4.41	4.33	4.25	4.17	4.08	4.00	3.91
11	4.54	4.40	4.25	4.10	4.02	3.95	3.86	3.78	3.69	3.60
12	4.30	4.16	4.01	3.86	3.78	3.70	3.62	3.54	3.45	3.36
13	4.10	3.96	3.82	3.66	3.59	3.51	3.43	3.34	3.25	3.17
14	3.94	3.80	3.66	3.51	3.43	3.35	4.27	3.18	3.09	3.00
15	3.80	3.67	3.52	3.37	3.29	3.21	3.13	3.05	2.96	2.87
16	3.69	3.55	3.41	3.26	3.18	3.10	3.02	2.93	2.84	2.74
17	3.59	3.46	3.31	3.16	308	3.00	2.92	2.83	2.75	2.65
18	3.51	3.37	3.23	3.08	3.00	2.92	2.84	2.75	2.66	2.57
19	3.34	3.30	3.15	3.00	2.92	2.84	2.76	2.67	2.58	2.49
20	3.37	3.23	3.09	2.94	2.86	2.78	2.69	2.61	2.52	2.42
21	3.31	3.17	3.03	2.88	2.80	2.72	2.64	2.55	2.46	2.36
22	3.26	3.12	2.98	2.83	2.75	2.67	2.58	2.50	2.40	2.31
23	3.21	3.07	2.93	2.78	2.70	2.62	2.54	2.45	2.35	2.26
24	3.17	3.03	2.89	2.74	2.66	2.58	2.49	2.40	2.31	2.21
25	3.13	2.99	2.85	2.70	2.62	2.54	2.45	2.36	2.27	2.17
26	3.09	2.96	2.81	2.66	2.58	2.50	2.42	2.33	2.23	2.13
27	3.06	2.93	2.78	2.63	2.55	2.47	2.38	2.29	2.20	2.10
28	3.03	2.90	2.75	2.60	2.52	2.44	2.35	2.26	2.17	2.06
29	3.00	2.87	2.73	2.57	2.49	2.41	2.33	2.23	2.14	2.03
30	2.98	2.84	2.70	2.55	2.47	2.39	2.30	2.21	2.11	2.01
40	2.80	2.66	2.52	2.37	2.29	2.20	2.11	2.02	1.92	1.80
60	2.63	2.50	2.35	2.20	2.12	2.03	1.94	1.84	1.78	1.60
120	2.47	2.34	2.19	2.03	1.95	1.86	1.76	1.66	1.53	1.38
∞	2.32	2.18	2.04	1.88	1.79	1.70	1.59	1.47	1.32	1.00